AF455337

MÉMOIRES

DU

BARON FAIN

PREMIER SECRÉTAIRE DU CABINET DE L'EMPEREUR

Publiés par ses arrière-petits-fils

AVEC UNE INTRODUCTION ET DES NOTES

PAR

P. FAIN

CHEF D'ESCADRON D'ARTILLERIE

Avec un portrait en héliogravure

PARIS
LIBRAIRIE PLON
PLON-NOURRIT ET Cie, IMPRIMEURS-ÉDITEURS
8, RUE GARANCIÈRE — 6e

1908

Imp. Eudes

LE BARON FAIN

d'après une lithographie de Grevedon

Plon-Nourrit & Cie Edit.

MÉMOIRES

DU

BARON FAIN

PREMIER SECRÉTAIRE DU CABINET DE L'EMPEREUR

Publiés par ses arrière-petits-fils

AVEC UNE INTRODUCTION ET DES NOTES

PAR

P. FAIN

CHEF D'ESCADRON D'ARTILLERIE

PARIS
LIBRAIRIE PLON
PLON-NOURRIT ET Cie, IMPRIMEURS-ÉDITEURS
8, RUE GARANCIÈRE — 6e

1908

INTRODUCTION

Ces souvenirs sur les méthodes de travail et la vie intime de Napoléon ont été écrits par mon arrière-grand-père pendant les années qui suivirent la chute de l'Empire. Les fonctions dont il fut chargé par Louis-Philippe ne lui laissèrent plus le loisir de revoir et de publier ce livre qu'il a adressé à ses petits-fils.

En livrant au public ce manuscrit qui n'est pas jusqu'ici sorti des archives de notre famille, nous nous conformons, mon frère et moi, au vœu de notre aïeul; j'estime, en outre, que c'est accomplir un devoir commun à tous ceux qui détiennent des titres historiques d'une valeur incontestable.

En particulier, s'il s'agit de Napoléon, il semble qu'aucun document authentique ne doive être négligé ; les jugements si divers portés par d'éminents esprits sur cet homme extraordinaire sont la preuve que l'histoire a besoin de plus de lumière encore pour prononcer son verdict définitif.

Alors même que ce livre ne donnerait qu'une version nouvelle de faits déjà connus, l'intérêt du témoignage d'un écrivain dont la sincérité a été reconnue par tous les historiens qui se sont occupés de Napoléon, ne serait pas douteux; d'ailleurs, ainsi que l'auteur le fait observer, la répétition ne saurait être qu'apparente : chaque témoin a sa nuance, car aucune position n'est absolument la même et l'objet ne paraît plus le même si l'œil du spectateur change.

Mais il y a plus : l'idée qui a guidé le baron Fain et le plan qu'il a suivi font de ses mémoires une œuvre absolument originale ; j'ajoute qu'ils abondent en renseignements neufs et inédits.

Le baron Fain a voulu, « le premier peut-être, faire un traité historique sur les méthodes de travail dont il a été l'instrument. » Ce n'est pas le guerrier, ce n'est pas le conquérant qui domine dans ces pages, c'est Napoléon, « moine militaire », gouvernant et administrant un empire immense du fond d'un cabinet secret, que cette retraite soit dérobée aux yeux par les lambris d'un palais ou par les rideaux d'une tente. On savait bien le labeur auquel s'astreignait l'Empereur et sa merveilleuse organisation pour le travail ; mais aucun écrivain n'avait encore révélé, avec l'assurance et le détail d'une personne initiée, les habitudes et les méthodes qui ne franchissaient pas le seuil du cabinet.

Le baron Meneval aurait pu le faire ; ses deux volumes sur *Napoléon et Marie-Louise* et ses *Souvenirs historiques* ont peut-être constitué jusqu'ici les documents les plus exacts sur la personne et les habitudes de l'Empereur ; mais il est aisé de s'assurer par la lecture des ouvrages de Meneval que leur publication n'a rien ôté ni même atténué de l'intérêt de celle des *Mémoires du baron Fain* : la comparaison permet seulement de constater la parfaite concordance des souvenirs des deux écrivains dans les parties qui leur sont communes. Mais, alors même qu'ils traitent le même sujet, Meneval ne donne qu'un aperçu, une ébauche ; Fain trace un tableau achevé et plein de vie. Que le lecteur rapproche, par exemple, du passage de Meneval relatif à la « dictée », les pages où Fain montre Napoléon semblant converser à voix haute avec un interlocuteur, s'isolant dans ce tête-à-tête imaginaire que nulle interruption n'ose rompre, obsédé par l'*idée dominante*, qui le poursuivra jusqu'aux heures même où la nuit impose le repos tant que, Minerve armée, elle ne sera pas sortie de son cerveau !

Du reste, j'ai, dans les notes, renvoyé le lecteur aux endroits des *Souvenirs historiques* qui présentent quelque analogie avec ces *Mémoires*, et même j'ai cru qu'il n'était pas sans intérêt d'en reproduire les passages les plus propres à établir l'exactitude du double témoignage ou à montrer la différence entre la portée de l'un ou de l'autre.

J'ai dit plus haut que le manuscrit laissé par mon arrière-grand-père était précieux en renseignements et en détails inédits. Il est facile de s'en rendre compte.

Au moment où il écrivait, beaucoup des documents

les plus intéressants sur Napoléon avaient déjà été publiés. C'est ainsi qu'il a eu connaissance des ouvrages de Bourrienne, de Thibaudeau, de l'abbé de Pradt, de M. de Beausset, de Savary, de Gaudin, de Champagny, de Ségur, de Fleury de Chaboulon, de Las Cases et de tout ce qui a été écrit à Sainte-Hélène...; il y renvoie le lecteur en plusieurs endroits et ne s'est pas exposé à tomber dans des redites.

Depuis cette époque, d'autres mémoires ont paru; j'ai dit ce qu'il convenait de penser de ceux du baron Meneval; les autres ont peu de points communs avec le sujet qui est traité par le baron Fain. Quelques passages seulement de Mollien, de Lavallette, du comte Beugnot fournissent des vérifications intéressantes (1). Enfin il ne faut pas oublier la source la plus importante pour l'historien, les trente volumes de la *Correspondance*.

Mais si ce précieux document permet de soupçonner les méthodes de travail de Napoléon, il ne les livre pas. L'œuvre du secrétaire intime a donc conservé toute sa valeur et les publications originales qui se sont succédé depuis 1830 aideront seulement à en confirmer la scrupuleuse sincérité.

Le texte que l'on va lire est la reproduction exacte

(1) Il est presque superflu de dire que cette remarque ne saurait être appliquée aux *Mémoires de madame de Rémusat*, dont les appréciations sur le caractère de Napoléon sont précisément le contraire de celles du baron Fain.

du manuscrit; j'ai cru cependant devoir supprimer quelques citations trop souvent reproduites par les auteurs qui ont écrit sur Napoléon.

Je tiens à exprimer ici ma très vive reconnaissance à M. le comte Albert Vandal qui a bien voulu lire le manuscrit et m'aider pour sa publication des conseils précieux de son expérience.

Paul FAIN.

NOTICE SUR LE BARON FAIN

Agathon-Jean-François Fain naquit à Paris le 11 janvier 1778; son père, d'origine normande, était entrepreneur des bâtiments du Roi. Il entra à dix-sept ans dans les bureaux du comité militaire de la Convention nationale. Peu de temps après, à l'occasion des troubles de Prairial (1795), une commission de trois représentants tirée du comité militaire fut mise à la tête de la direction de la garde nationale parisienne et des troupes de la 1re division dont le quartier général était à Paris. Les trois représentants étaient Delmas, Laporte et Goupillon de Fontenoy; ils s'établirent au quartier général de la rue des Capucines et prirent le jeune Fain pour secrétaire. Il exerçait cet emploi quand les événements du 13 vendémiaire vinrent à éclater. Le général Bonaparte arrivant au commandement de l'armée de l'intérieur lui dicta ses premiers ordres de général en chef.

Quelques jours plus tard, les directeurs Barras et Letourneur de la Manche, qui l'avaient connu plus particulièrement dans les derniers événements de Paris, lui firent une place dans l'organisation que le Directoire exécutif faisait de ses bureaux. Nommé chef de division, il dirigea en cette qualité tous les travaux particuliers et confidentiels qui étaient réservés au secrétaire général Lagarde dont il avait la confiance.

Sa position se trouvant ainsi établie, il se maria le 4 mars 1796; il était alors âgé de dix-huit ans. Chargé quatre mois après d'une mission auprès du général Bonaparte par le Directoire, il écrivait à sa femme, de Milan, le 19 vendémiaire : « Je sors de chez Bonaparte, il m'a fait le meilleur accueil; Mme Bonaparte m'a dit qu'elle souffrait de me voir à l'auberge et qu'elle ne voulait pas que j'eusse d'autre table que la sienne; je lui ai donné la main pour aller ce soir au théâtre; elle est très aimable, n'affecte pas de grands airs et possède parfaitement l'art de mettre son monde à l'aise... »

A la suite de la révolution du 18 brumaire, le secrétariat général du Luxembourg devint la secrétairerie d'État des Tuileries. M. Maret fut mis à la tête de la nouvelle organisation; il confia à Fain la division des archives, le chargea de tous les travaux qui sortaient des expéditions régulières de la secrétairerie d'État et le choisit enfin pour le suivre dans tous les voyages où le secrétaire d'État accompagna le Consul et l'Empereur.

A la fin de janvier 1806, Fain fut nommé secrétaire archiviste du cabinet de l'Empereur, tout en conservant le titre de garde des archives de la secrétairerie d'État. En fait, il partagea jusqu'en 1812 les attributions de Meneval.

L'Empereur appréciant son intelligence et sa puissance de travail le créa baron en 1809; il le nomma en 1811 maître des requêtes et le chargea de suppléer au conseil le ministre secrétaire d'État.

En 1813, le baron Fain, devenu, depuis le départ de Smorgoni, premier secrétaire par la retraite de Meneval, reçut le titre de secrétaire du cabinet. En 1814, après l'abdication, il se retira en province.

Le soir même du 20 mars 1815 il fut réinstallé dans ses fonctions aux Tuileries en qualité de premier secrétaire du cabinet de l'Empereur qu'il accompagna à Waterloo. Dans les premiers jours de juillet 1815, après la deuxième abdication, il fit les fonctions de ministre secrétaire d'État auprès du Gouvernement provisoire; le 9 juillet, jour de la rentrée des Bourbons à Paris, il rentra dans sa retraite de Lafontaine, puis de Platteville, près Montargis.

Il employa les loisirs de cette retraite de quinze années à rédiger ses souvenirs sur l'Empire.

Rappelé aux Tuileries dès le mois d'août 1830 avec le titre de premier secrétaire du cabinet, il fut également rétabli l'année suivante dans la dignité de commandeur de la Légion d'honneur qui lui avait été conférée en 1815. Lorsque à deux reprises les transformations du ministère appelèrent M. de Montalivet au département de l'intérieur, le Roi remit au baron Fain l'administration de sa liste civile.

Aux élections de 1834 il fut porté à la députation par l'arrondissement de Montargis. En 1836, il fut nommé grand-officier de la Légion d'honneur. Il mourut à Paris le 16 septembre 1837.

Le maréchal de Castellane a, dans son *Journal*, parlé en ces termes du baron Fain : « Le baron Fain, premier secrétaire du cabinet du Roi, remplissait les mêmes fonctions auprès de l'empereur à l'époque où j'étais à l'état-major de Napoléon. J'ai toujours eu à m'en louer. Le baron Fain, homme de beaucoup d'esprit, d'une tenue parfaite, cherchait à cacher son crédit sur l'Empereur. Il en avait beaucoup cependant. Il agit de même maintenant avec Louis-Philippe sur lequel il en a encore davantage (1). »

Les ouvrages que le baron Fain a publiés pendant les loisirs de sa retraite sont les suivants : le *Manuscrit*

(1) *Journal du maréchal de Castellane*, t. III, p. 77.

de l'an III, où il fait le récit des premières transactions de l'Europe avec la République française et où il retrace les derniers événements du régime conventionnel ; le *Manuscrit de* 1812 ; le *Manuscrit de* 1813 ; le *Manuscrit de* 1814.

Tous les contemporains, acteurs ou témoins de l'épopée impériale, se sont plû à reconnaître l'exactitude et la vérité de ses écrits. Parmi tant de témoignages qu'il serait trop long d'énumérer, celui du prince de Metternich est particulièrement intéressant. Le 5 février 1835, le général comte de Montesquiou écrivait au baron Fain pour lui raconter en ces termes une conversation qu'il avait eue récemment avec Metternich : « MONTESQUIOU. — Prince, je suis fort jaloux de M. le comte de Sainte-Aulaire, parce que vous lui avez lu une certaine conversation dont j'ai été spectateur à Dresde en 1813 et qui décida du sort du monde. — METTERNICH. — J'eus le soin de l'écrire sur-le-champ, il est vrai, et, dans cette occasion, figurez-vous donc que je n'avais pas de pouvoir pour traiter! Je me trouvai donc obligé tout à coup de conclure, de prolonger un armistice de trois semaines, ne sachant pas comment les puissances du Nord le prendraient; enfin je leur envoyai des courriers, et quand cela fut fini, j'allai les trouver moi-même. Elles m'approuvèrent : on était si désireux de la paix ! Cette conversation a été parfaitement rapportée par le baron Fain dans sa relation de cette campagne, à l'exception de ce prétendu début de l'Empereur qui est absolument faux (1). Jamais l'Empereur n'eut l'idée de m'adresser ces paroles si fameuses : « Combien l'Angleterre vous a-t-elle « donné? » ou du moins il ne le fit pas. S'il m'avait parlé ainsi, je lui aurais tourné le dos et tout aurait été fini. Mais l'Empereur, dans son récit à M. Fain, a pu dire qu'il l'avait dit, ce qui n'est pas vrai. Ce n'est pas la faute du baron Fain qui est un homme probe, consciencieux, qui toujours raconte les faits tels qu'ils sont ou tels qu'ils lui ont été présentés par les récits qu'il a dû croire; c'est un bon historien et un honnête homme. S'il se trompe, et qui est-ce qui ne se trompe pas! du moins ses erreurs sont les erreurs d'un honnête homme. Son livre restera comme un fil qui dans l'avenir guidera sûrement ceux qui voudront bien connaître notre histoire. Il y a deux ouvrages d'un genre différent qui resteront de cette époque-là, la *Campagne de Russie*, par M. de Ségur, et les *Relations de M. Fain*. »

Aussi bien que les contemporains du baron Fain, des historiens de nos jours, et non des moins illustres (2), ont rendu hommage au souci de la vérité qui dirigeait sa plume.

On a reproché à ses ouvrages une admiration trop

(1) On sait que M. de Metternich a constamment nié les paroles agressives de Napoléon.

(2) Cf. Frédéric Masson, *la Journée de l'Empereur aux Tuileries*. Henri Houssaye, *1814*.

exclusive pour Napoléon. Ce reproche ne sera peut-être pas épargné à son dernier manuscrit. En réalité, l'admiration si légitime et les sentiments de dévouement loyal que le baron Fain éprouvait pour l'Empereur ne lui ôtaient pas sa clairvoyance : sous les réticences du secrétaire intime, le lecteur avisé devinera une observation fine et un jugement pénétrant.

P. F.

PRÉFACE

Octobre 1829.

Toutes les capitales de l'Europe ont vu Napoléon à cheval; tous les hommes distingués de cette époque, à quelque nation qu'ils appartinssent, l'ont salué sur le trône ou dans ses audiences; il n'est pas de guerrier qui n'ait défilé devant lui, comme ami ou comme ennemi; personne n'est donc plus connu que l'Empereur dans les situations extérieures de la vie. On a même déjà commencé à soulever le rideau derrière lequel il consacrait les heures intérieures aux soins du gouvernement, aux détails de l'administration publique et à la police de sa propre maison. Que ce rideau soit la riche portière des Tuileries, ou le simple coutil d'une tente, l'intérieur qu'il recèle m'a été également familier, et je vais essayer à mon tour d'y introduire le lecteur.

Voyons-le dans sa maison, dans son cabinet, dans sa famille, avec ses amis. « La physionomie, nous dit J.-J. Rousseau, ne se montre pas dans les grands traits, ni le caractère dans les grandes actions, c'est dans les bagatelles que le naturel se découvre. » (*Émile*, liv. IV.)

Ici, ce ne sont pas des événements, c'est lui ; ce n'est pas sa vie, c'est sa journée.

Et qu'on ne me demande pas d'être impartial ! Ai-je besoin de m'en défendre ? Qui peut être impartial, quand on en est encore à disputer sur le journal de la veille ? Un secrétaire, d'ailleurs, peut-il l'être ?

Un secrétaire ne fait rien par lui-même ; ce qu'il sait, il ne le doit qu'à la confiance. Dans l'intimité où l'on a bien voulu l'admettre, qu'a-t-il pu voir d'un œil ennemi ? Qu'a-t-il pu entendre d'une oreille ennemie ? Et pourrait-il ensuite venir raconter dans une langue impassible ce qu'on l'a laissé voir et entendre ? Il me semble que quiconque respecte les convenances d'une telle position, doit se taire plutôt que de dire le mal ; et qu'enfin pour se décider à rompre le silence du métier, il faut n'avoir que du bien à dire ou ne vouloir dire que du bien.

Dans le cabinet je me taisais ; si depuis je me suis mis à écrire, c'est qu'il m'a semblé que j'avais un dernier devoir à remplir.

L'injustice des attaques a longtemps provoqué la défense, l'apologie même est devenue attrayante. Le public, de plus en plus avide, provoquait tout ce qui pouvait lui faire connaître Napoléon; aujourd'hui encore il accueille tout; il écoute ceux même qui n'en peuvent parler que par ouï-dire; quelle prime d'encouragement pour ceux qui peuvent en parler d'après eux-mêmes!

Je ne serai pas sans doute le premier secrétaire qui ait été historiographe; mais je suis le premier peut-être qui ait pensé à faire un traité historique sur les méthodes de travail dont il a été l'instrument. D'autres ont probablement dédaigné ce qu'une habitude de position rendait à leurs yeux trop familier ou trop technique; moi, j'ai cru que Napoléon perdrait plus que tout autre à ne pas être aperçu sous ce nouveau point de vue, et je me suis mis à la besogne, sans crainte de fatiguer les gens du monde par des détails qui, pour toute autre époque et tout autre homme, ne conviendraient sans doute qu'à des curieux. Ce que je crains seulement, c'est que des mémoires, qui ne devraient être que ceux du cabinet, ne soient un peu trop ceux du secrétaire..... Bien certainement il y a quelques années je n'aurais pas osé les publier avec les faits personnels qui dans un premier jet n'ont été consignés qu'à l'adresse de mes enfants. Une revision me semblait nécessaire; mais ma paresse a longtemps reculé devant un nouveau travail; aujourd'hui ne peut-elle pas se croire dispensée de ce dernier effort? Les publications qui abondent depuis quelque temps ne peuvent-elles en effet m'affranchir de tout scrupule? Maintenant que les lecteurs sont familiarisés avec tant de *moi* de toutes les espèces, le *moi* d'un secrétaire peut-il être encore une chose bien choquante?

Je finis en fixant mes dates, car l'époque à laquelle ces mémoires se rapportent ne saurait être laissée dans le vague. Je vais parler en général des temps de l'Empire; mais le cabinet que j'aurai le plus habituellement sous les yeux appartient à la période historique dont le mariage avec Marie-Louise est le commencement et l'abdication de Fontainebleau la fin. Ainsi le Napoléon qui va dominer dans ces pages sera plus particulièrement celui des cinq dernières années de l'Empire.

PREMIÈRE PARTIE

CABINET INTÉRIEUR

LA MATINÉE DE L'EMPEREUR

DANS SON APPARTEMENT INTÉRIEUR

> Sunt quidem præclara quæ in publicum profers, sed non minora ea quæ in limine tenes.
>
> PLINE.

CHAPITRE PREMIER

LA CHAMBRE A COUCHER

L'Empereur se levait dans la nuit après son premier sommeil : c'était ordinairement vers les deux heures du matin ; vêtu d'une simple robe de chambre de bazin blanc en été, de molleton blanc en hiver, et la tête entourée d'un madras, il passait dans son cabinet et consacr it ces heures silencieuses aux grandes affaires que l'entraînement de la journée ne lui avait pas permis d'approfondir à son gré. C'était aussi le moment qu'il choisissait pour contrôler à loisir, à l'aide des comptes rendus qu'il avait sur sa table, tantôt le détail d'une administration, tantôt le détail d'une autre. Si le jour venait le surprendre dans ses méditations, il demandait un bain. Il était recouché à cinq heures du matin et son dernier réveil était au plus tard à sept heures. Il s'habillait alors.

On ne sera sans doute pas fâché d'entrevoir Napoléon dans cette situation de la vie commune : laissons donc entre-bâillée la porte de la chambre à coucher.

L'appartement que l'Empereur occupait aux Tuileries donnait sur le jardin, à l'extrémité des appartements du premier étage ; sa chambre était au-dessus de celle de l'Impératrice, et l'on avait ménagé dans l'intérieur des cloisons un escalier qui servait aux communications privées.

Le service personnel de l'Empereur se composait des quatre valets de chambre : Constant, Sénéchal, Pelard et Hubert (1), et du mameluk Roustan. Constant, qui avait le titre de premier valet de

(1) Constant Véry était Belge ; il avait été placé dans la maison de Joséphine. Le Premier Consul l'attacha à sa personne, lorsqu'il partit pour la campagne de Marengo. Constant ne quitta pas Napoléon jusqu'en avril 1814. Il « déserta » à Fontainebleau.

Pelard et Hubert suivirent leur maître à l'île d'Elbe. Ségur a dit d'Hubert qu'il était distingué par son éducation, son esprit et son caractère. Il dessinait d'une façon intelligente et on a de lui un portrait de l'Empereur qui est un document intéressant.

chambre, était véritablement son valet de chambre ; c'était lui qui faisait habituellement le service de la toilette. Sénéchal, qui le suppléait, avait la même habitude du service ; les deux autres, Pelard et Hubert, étaient des jeunes gens d'honnêtes familles, qui avaient reçu de l'éducation et qui par cela même avaient moins d'habitude dans cet office ; néanmoins, ils suppléaient les premiers au besoin, apprêtaient et rangeaient ; pendant la journée, l'un des deux se tenait toujours de garde dans la chambre, pour recevoir les ordres quand l'Empereur y rentrait, et la nuit, il couchait sur un matelas derrière la porte. Le mameluk était, après Constant, le domestique le plus intime de Napoléon. Dans l'intérieur de la chambre, il lui mettait ses bottes, tenait le miroir quand il se rasait, etc. Dans les grands voyages, il montait sur le siège de la voiture. On le voyait à cheval, à côté des piqueurs, quand l'Empereur sortait en public ; à la guerre, il était toujours à cheval derrière lui ; à la chasse même, il le suivait encore, tenant ses fusils, et cette dernière fonction lui avait valu le titre de porte-arquebuse. Le costume asiatique et le turban qu'il avait conservés étaient devenus l'enseigne populaire qui signalait la présence de l'Empereur.

On sait que Napoléon s'habillait avec la plus

grande simplicité; toujours en veste et culotte blanche; il portait habituellement à Paris l'uniforme des grenadiers à cheval de la garde (1) : habit bleu, revers blancs, retroussis rouges, avec les deux épaulettes de colonel; à sa boutonnière étaient attachées la petite croix de la Légion d'honneur et la Couronne de fer; sur sa poitrine était la plaque de la Légion et sous son habit le Grand cordon. Avec ce costume, il était en bas de soie et en souliers à boucles d'or; mais en voyage, ou à la guerre, il por-

(1) Il est généralement admis que l'Empereur portait l'habit de grenadier *à pied* de la garde. « C'était peut-être, dit M. Frédéric Masson, à l'imitation de Frédéric II, lequel n'était jamais qu'en uniforme militaire, et, de préférence, de ses gardes à pied. » Quoi qu'il en soit, il ne parait pas qu'il y ait de différence entre l'habit de grenadier à pied et celui de grenadier à cheval. M. Édouard Laforge, sous-directeur artistique du musée de l'Armée, a bien voulu me communiquer à ce sujet la note suivante : « En ce qui concerne les uniformes de l'Empereur, tous les auteurs que je connais ont écrit qu'il portait habituellement le surtout de colonel des chasseurs à cheval de sa garde (habit long vert à collet, parements et retroussis rouges) et revêtait les dimanches, jours de fêtes et pour les cérémonies dans lesquelles il paraissait en tenue militaire, l'habit de colonel des grenadiers à pied de sa garde (fond bleu, collet bleu, revers blancs, parements rouges avec patte blanche à trois pointes, retroussis rouges, boutons et épaulettes en or), habit absolument semblable comme coupe et disposition des couleurs à celui des grenadiers à cheval, ainsi qu'il est facile de s'en rendre compte, soit d'après les uniformes existant au musée de l'Armée, soit d'après les descriptions contenues notamment dans l'*Histoire de l'ex-garde impériale*, sans nom d'auteur, dans l'*Histoire de la garde impériale*, par Émile Marco de Saint-Hilaire, et, enfin, par l'examen des différentes estampes datant de l'époque. »

tait les bottes et l'uniforme vert des chasseurs de la garde. Dans les temps froids ou pluvieux, il mettait par-dessus une petite redingote de couleur grise; en chasse, il portait, comme tous les chasseurs, l'uniforme de la vénerie : surtout vert, bordé d'un galon or et argent. Son chapeau était toujours le même : petit, à trois cornes, remarquablement simple et d'une forme brisée qui ressemblait à celle d'un chapeau fatigué; c'était la seule partie de son habillement qui se distinguât par une légère teinte d'originalité. Je crois qu'il n'a pas endossé dix fois un frac bourgeois. Il avait un habit habillé pour les grands cercles de la Cour; mais il se trouvait gêné dans ce qu'il appelait *cet accoutrement*, et le portait rarement.

Au total, sa tenue habituelle était aussi propre qu'elle était simple; toute sa magnificence était réservée pour le cérémonial et la splendeur du trône; mais il ne voulait pas que cette dépense, qui était la partie essentielle de l'administration du maître de la garde-robe, eût rien de commun avec les frais de sa toilette personnelle. Indépendamment de ce budget, qui ne s'élevait pas à plus de 20,000 francs par an, Napoléon en avait fait un autre pour sa dépense particulière. Deux uniformes par an; le renouvellement nécessaire de ses vestes et culottes blanches, de ses bottes, de ses bas et souliers, et de tous les accessoires de sa toilette était calculé de manière à ne pas dépasser 1,500 francs ; le maître de la garde-robe était chargé d'y tenir la main et ce fut une des causes de la disgrâce de M. de Rémusat, que d'avoir dépassé ce crédit. Je me rappelle très bien que me dictant un jour ce petit budget, l'Empereur m'interrompit pour me demander le prix de mon habit ; et que, sur l'hésitation que je mis à lui répondre, il me fit une verte réprimande de ce que je ne connaissais pas mieux mes affaires.

Les personnes que l'intimité de leur service ou la familiarité des habitudes permettait d'introduire auprès de l'Empereur pendant sa toilette, étaient le maître de la garde-robe, M. de Rémusat, et après lui M. de Turenne (1) ; le docteur Corvisart, premier médecin ; le docteur Yvan, chirurgien ordinaire (2).

(1) Le comte de Turenne d'Aynac remplaça en 1811 M. de Rémusat comme maître de la garde-robe. Il avait de l'ordre et de l'économie ; sa bravoure avait été mise à l'épreuve dans les campagnes qu'il avait faites en qualité d'officier d'ordonnance de Napoléon ; il était spirituel et plaisait à l'Empereur.

(2) Yvan avait été attaché au général Bonaparte depuis la campagne d'Italie. Il accompagna l'Empereur dans toutes ses campagnes. Nommé chirurgien en chef des Invalides, créé baron, accablé de bienfaits, en 1814, il abandonna l'Empereur à Fontainebleau. On dit qu'il avait perdu la tête à la suite de la tentative de suicide faite par Napoléon, au moyen du poison qu'il lui avait donné. (Cf. FAIN, *Manuscrit de 1814*, t. III, p. 5.)

Souvent le grand maréchal Duroc y assistait ; c'était encore dans ce premier moment de la journée que Napoléon recevait les marchands et se débarrassait de tous les petits détails qui ne regardaient que sa personne et qu'il voulait suivre lui-même.

CHAPITRE II

L'APPARTEMENT DU CABINET

La vie de l'Empereur se passait dans son cabinet ; c'était là seulement qu'il était chez lui et à lui ; on pourrait dire que toutes les autres circonstances de sa vie n'étaient que des digressions.

Toutefois, il faisait une grande différence entre son cabinet intérieur et son cabinet extérieur.

Le cabinet intérieur n'était à ses yeux qu'une dépendance de sa chambre à coucher ; il y était simple particulier ; il y venait en robe de chambre ; mais il était toujours habillé quand il passait dans l'autre : c'était le cabinet de l'État.

Les secrétaires intérieurs n'avaient à ce titre aucun rang, même dans la maison impériale ; mais le secrétaire extérieur s'appelait le ministre secrétaire d'État.

Commençons par le cabinet intérieur. Personne n'était admis au fond de cette retraite ; quand on annonçait un des ministres, ou l'un des chefs de service de la Maison, l'Empereur sortait pour les recevoir ou pour travailler, et le travail ou l'entretien fini, il rentrait dans son sanctuaire.

Je suis ici sur mon terrain et l'on me pardonnera d'y retenir quelque temps mon lecteur.

Aux Tuileries, le cabinet intérieur se composait de deux pièces : celle où l'Empereur travaillait donnait sur le salon des petits appartements et la porte qui l'en séparait était toujours fermée par un verrou ; l'autre pièce qui était intermédiaire entre la chambre à coucher et le cabinet, et que l'Empereur ne faisait habituellement que traverser, avait un renfoncement noir, fermé par une porte de glace ; c'était dans ce renfoncement que se trouvait l'issue particulière du cabinet, donnant sur un petit escalier de service éclairé par des lampes.

L'huissier ou garçon de bureau, qu'on appelait garde du portefeuille, se tenait jour et nuit derrière cette porte ; il recevait et transmettait par un guichet toutes les communications et n'ouvrait jamais l'entrée qu'aux secrétaires.

Il y avait deux gardes du portefeuille : Landoire et Haugel; l'un relevait l'autre toutes les vingt-quatre heures. C'étaient des hommes de confiance ; ils avaient le premier rang parmi les huissiers, de bons traitements et des gratifications particulières ; celui qui était de service mangeait et dormait à son guichet qu'il ne quittait un moment que pour vaquer aux soins de l'intérieur ; il faisait tout, nettoyait, rangeait, allumait les feux ; de sorte qu'aucun valet de pied ni homme de peine ne pénétrait dans cette partie réservée des appartements.

Haugel, qui avait fait le voyage de Moscou, mourut à La Ferté-sous-Jouarre, dans la voiture qui le ramenait. Il fut remplacé par Dejean, qui avait fait le même voyage comme huissier ordinaire.

Au milieu de la pièce (1) était le bureau, d'une

(1) Il n'est pas sans intérêt de reproduire ici la description du cabinet de Napoléon par Meneval, que M. Frédéric Masson a suivie presque textuellement dans son bel ouvrage : *la Journée de l'Empereur aux Tuileries*. « La pièce dont il avait fait son cabinet était d'une médiocre grandeur. Elle était éclairée par une seule fenêtre pratiquée dans un angle et qui donnait sur le jardin. Le meuble principal était un magnifique bureau placé au milieu de la pièce, chargé de bronzes dorés et soutenu par des griffons. La table formait une espèce de boite carrée dont le couvercle glissait sur une coulisse, de sorte qu'il pouvait se fermer sans déranger les papiers. Le fauteuil était de forme antique, le dossier, couvert d'une draperie de casimir vert dont les plis étaient retenus par des cordons de soie; les bras, terminés par des têtes de griffons. Le Premier Consul ne s'asseyait ordinairement à son bureau que pour signer. Il se tenait plus habituellement sur une causeuse recouverte en taffetas vert, près de laquelle était un petit guéridon qui recevait sa correspondance du jour... Dans le fond du cabinet étaient deux grands corps de bibliothèque placés dans les encoignures, en forme d'équerre et, entre les deux, une grande pendule de l'espèce de celles qu'on appelle régulateurs; une longue armoire vitrée à hauteur d'appui et à dessus de marbre contenait quelques cartons... » (*Napoléon et Marie-Louise*, t. I, p. 79.) Cette description se rapporte à l'époque de l'entrée de Meneval au cabinet en 1802; plus tard le « magnifique bureau » fut remplacé par le meuble dessiné par Napoléon. Cette cir-

forme assez singulière pour être décrit; c'était Napoléon lui-même qui l'avait dessiné et il en avait fait placer de semblables dans tous les cabinets de ses palais.

Au centre, la place où l'Empereur se mettait rentrait dans la table par une échancrure; une pareille échancrure, faite de l'autre côté, rapprochait de lui, à une distance raisonnable, la personne qui se tenait en face; à droite et à gauche, les deux bouts de la table s'élargissaient et formaient deux ronds destinés à recevoir les papiers. Cette table avait à peu près la forme d'un violon ou d'un porte-mouchette. Napoléon assis tournait le dos à la cheminée et avait devant lui la porte qui donnait sur le salon.

Au coin de la cheminée était une causeuse sur laquelle Napoléon se plaçait pour lire dans les intervalles de son travail; c'est là qu'il avait l'habitude d'ouvrir les dépêches qu'il s'était réservées; à mesure qu'elles arrivaient, on les plaçait en pile sur un guéridon qui touchait à la causeuse.

Le fond de la pièce était garni d'un corps de bibliothèque qui ne renfermait qu'un choix de livres d'histoire.

constance est confirmée par Meneval qui montre, en 1811, l'Empereur allant « à son bureau, échancré au milieu, dont les côtés, disposés en ailes, étaient couverts de nombreux papiers. » (*Napoléon et Marie-Louise*, t. I, p. 321.)

Au pied d'une haute pendule, encastrée dans la bibliothèque, on voyait une grande table d'acajou sur laquelle se déroulaient des cartes et des états.

Au retour, le long de la cloison qui faisait face au bureau et à la cheminée, était une longue console à compartiments; divers dossiers y trouvaient place, et sur le marbre de cette console venaient se ranger les livres nouveaux de la semaine.

Enfin, dans l'embrasure de la fenêtre était la table devant laquelle se tenait continuellement le secrétaire, silencieux comme les meubles de la pièce, répondant à ce que l'Empereur demandait, écrivant quand l'Empereur disait : écrivez; et, dans l'intervalle des dictées, expédiant ou se recopiant; il fallait qu'il fût toujours là. Ce secrétaire servait encore de chambellan privé; si l'Empereur avait quelques ordres à donner pour son service intérieur à ses valets de chambre, pour son service public à son chambellan ou à son aide de camp, le secrétaire se levait, allait transmettre l'ordre, et revenait aussitôt à sa place.

Trois secrétaires se sont assis successivement à cette table : M. Bourrienne, jusqu'en 1802; M. Meneval, jusqu'au mois de décembre 1812, et M. Fain, jusqu'à la chute du gouvernement impérial.

Ce secrétaire présidait à l'arrangement intérieur

du cabinet. La règle en était établie par l'Empereur lui-même qui la maintenait d'une manière invariable. Les changements de personne n'ont pu l'altérer, car il fallait que toutes les traditions se transmissent avec fidélité ; aussi l'allure du cabinet est-elle restée constamment la même jusqu'au dernier moment (1).

(1) Le premier secrétaire seul travaillait dans le cabinet. « Meneval et Fain vivaient si retirés, qu'il est des chambellans qui, après avoir servi quatre années au palais, ne les avaient jamais vus. » (*Annotation autographe et inédite* * *de Napoléon* sur l'ouvrage de M. FLEURY-CHABOULON, p. 1 **. *(Note de l'auteur.)*

* Cette annotation de Napoléon était inédite au moment où l'auteur écrivait ses Mémoires. Meneval l'a reproduite. (*Napoléon et Marie-Louise*, t. I, p. 90). Elle peut être rapprochée du passage suivant des *Mémoires de Mollien* : « Napoléon attachait un grand prix à la discrétion et les deux ou trois secrétaires particuliers qu'il employait avaient cette vertu au plus haut degré. Ils avaient besoin d'y joindre autant de patience que d'intelligence. Aucune de ces qualités ne leur manquait. Ces confidents nécessaires de toutes les pensées d'une tête qui dominait les destinées de tant d'autres têtes et les plus grands intérêts du monde semblaient eux-mêmes étrangers au monde ; on ne les voyait nulle part. »

** Le baron Fleury de Chaboulon, auditeur, puis maître des requêtes au Conseil d'État et connu personnellement de Napoléon, fut envoyé à l'île d'Elbe, en février 1815, par le maréchal Davout et le duc de Bassano pour exposer à l'Empereur la situation de l'opinion publique en France. Il fut attaché au cabinet pendant les Cent-Jours et publia en 1820 des *Mémoires* sur cette période, que Napoléon annota à Sainte-Hélène.

CHAPITRE III

PREMIER COUP D'ŒIL SUR LES PAPIERS

L'affluence des papiers était considérable et l'on peut facilement s'en faire une idée.

Indépendamment des dépêches par courriers extraordinaires et des paquets envoyés directement par chaque ministre, les facteurs de la poste en apportaient de tous les quartiers de Paris, de tous les départements de l'Empire et de tous les coins de l'Europe. C'étaient des écrits de toute nature et de tout genre; il n'était pas une classe de la société qui ne contribuât pour sa part à cette vaste correspondance.

Ce qui arrivait ainsi sous cachet n'était rien encore; le garde du portefeuille recevait sans cesse et de toutes mains: tantôt, c'était le chambellan, rapportant du salon ce qu'on venait de remettre à l'Empereur dans des audiences; tantôt c'était l'aide de camp qui, au retour d'une revue, déposait tout ce qu'il avait été chargé de recueillir; chaque promenade, chaque partie de chasse, produisait aussi sa récolte qui passait par les mains de l'écuyer. Tous les matins le valet de chambre ne manquait pas de rapporter les moindres notes qu'il avait pu trouver dans les poches de l'habit de l'Empereur, sur la cheminée de sa chambre à coucher, ou sur sa table de nuit. Dès que Napoléon avait fini de travailler avec un ministre ou un chef de service, l'huissier avait soin de relever les papiers et de les rentrer dans le cabinet. Ainsi tout arrivait au centre. Rien ne pouvait s'égarer ni être détourné ; les ordres de l'Empereur y avaient pourvu : dans toutes les habitudes de sa vie, il y avait derrière lui quelqu'un qui avait mission de recueillir et qui remettait avec un soin religieux tout ce qui était papiers. Les chefs les plus élevés, comme les officiers les plus subalternes attachaient à ce devoir la même importance et mettaient à le remplir le même empressement, sans faire la moindre distinction sur le degré d'intérêt que ces papiers pouvaient avoir, les considérant tous comme également *sacrés*

Avec de telles précautions, une lettre quelconque adressée à l'Empereur ne pouvait manquer de parvenir à son cabinet, et la poste était bien certainement la voie la plus simple. Cependant le vulgaire a pour les moyens détournés une secrète préférence qui les lui fait rechercher péniblement. Les dévots croient ne pouvoir s'adresser à Dieu que par l'intermédiaire de ses saints!

Les officiers de la maison, grands et petits, ne venaient donc jamais au palais sans avoir les poches pleines de pétitions; ils passaient, dans le monde de leurs clients, pour remettre directement ces confidences à leur haute adresse; mais la plupart ne faisaient que déposer leur mandat dans la corbeille que le garde du portefeuille voyait se combler et se vider plusieurs fois par jour. Les plus consciencieux s'adressaient au secrétaire.

Il n'est pas jusqu'aux valets de pied qui, en se substituant aux facteurs, ne semblassent au vulgaire une protection utile.

L'Impératrice elle-même envoyait par ses femmes les papiers qu'on la priait de recommander à l'Empereur. « Junon ne voulait point que ses prières fussent importunes aux oreilles de Jupiter »; quoique toujours encouragée par les plus tendres caresses, elle n'en mettait que plus de réserve pour ménager son crédit et quand elle s'intéressait réellement à quelque affaire, sans en parler à l'Empereur, elle daignait, de sa main, remettre en passant le papier au secrétaire, ou le lui faire tenir à part.

Les auteurs de ces pétitions, que le flot du jour apportait sans cesse au cabinet, espéraient au moins que leurs noms parviendraient sous les yeux de l'Empereur. Napoléon aurait voulu pouvoir tout lire, mais c'était impossible. Parmi ces voix confuses que la confiance élevait jusqu'au Trône, l'oreille avait un choix à faire; sur cent demandes ou plaintes, il y en avait tout au plus dix d'intelligibles, et, sur ce même nombre, il s'en trouvait à peine une qui fût de la compétence particulière de l'Empereur.

On avait donc sans cesse à se défendre contre le débordement de papiers insignifiants ou individuels qui menaçaient de faire disparaître les papiers d'État sous leur encombrement. Mais en même temps Napoléon recherchait tous les moyens de faire prompte justice à ceux dont il était à bon droit le refuge.

Le secrétaire avait donc ordre de ne remettre à l'Empereur que les papiers contresignés par des membres de la famille impériale, par des maréchaux, par des ministres, ou par les principaux fonctionnaires de l'État. C'étaient les seuls que Napoléon se fût réservé d'ouvrir lui-même. Le secrétaire ne les ouvrait que quand l'Empereur, occupé d'affaires pressantes, n'en pouvait détourner son attention; mais c'était en vertu d'un ordre exprès, et pour que rien d'urgent ne restât trop longtemps en souffrance.

Les lettres particulières et les réclamations personnelles que le secrétaire écartait, pour ne pas encombrer le bureau, étaient déployées et mises en ordre chaque jour avec le plus grand soin et devenaient l'objet d'un second tri. Tout ce qui pouvait offrir à l'Empereur un intérêt quelconque, était mis à part; ce choix portait sur le petit nombre de demandes qui se recommandaient, soit par une signature respectable et connue, soit par quelque circonstance particulière, à ses souvenirs ou à ses affections personnels. On ne manquait pas d'admettre dans cette catégorie toute réclamation qui indiquait un grave déni de justice à réparer, ou une indécision qu'un mot de l'Empereur pouvait seul faire cesser.

L'affaire était analysée sommairement et ce travail formait chaque jour le dossier *Pétitions* qu'on plaçait sur le bureau pour y recevoir un coup d'œil quand l'Empereur aurait le temps de s'en occuper; la semaine ne s'écoulait pas sans qu'il y eût répondu.

Le reste des demandes, lettres et pétitions journalières, était envoyé tous les soirs à la secrétairerie d'État pour de là être distribué entre les ministres, selon leurs attributions.

On ne brûlait que les papiers par trop insignifiants, les rêveries bizarres, les pièces de vers ridicules, la correspondance des fous, et il y en avait; car si le papier souffre tout, la poste à son tour remet tout; même ce qui vient de Charenton.

On ne voit encore que les paquets qui arrivent; il n'a pas été question jusqu'ici des dictées de l'Empereur et des expéditions qui sortent du cabinet, et déjà l'on comprend qu'un secrétaire seul ne peut suffire au travail. Aussi, l'Empereur, indépendamment du secrétaire qu'il tenait auprès de sa personne, en avait-il d'autres, suppléants ou auxiliaires, qui occupaient des pièces voisines.

Diverses personnes, à diverses époques et sous divers titres, ont pris une part plus ou moins directe au service du cabinet. Un précis des variations survenues dans l'organisation et le personnel de ce service ne saurait être ici déplacé; ce sera, si l'on veut, la biographie du cabinet.

CHAPITRE IV

LES SECRÉTAIRES DU CABINET

Après les hauts personnages des temps passés, l'histoire n'a pas dédaigné de citer quelques-uns de leurs secrétaires; je ne puis me défendre d'en faire ici la courte commémoration. Peut-être ces noms anciens donneront-ils quelque relief aux noms trop récents dont je vais les rapprocher.

Un jour le général Bonaparte disait gaîment : « Eh bien, Bourrienne, vous aussi vous serez immortel. — Et pourquoi, général? — N'êtes-vous pas mon secrétaire? — Général, dites-moi le nom de celui d'Alexandre! »

Plus tard, la mémoire de M. de Bourrienne a cru retrouver le nom de Callisthène. Au fait le secrétaire d'Alexandre était Eumène, qui depuis eut une part dans le vaste héritage de son maître ; on l'appelait, dit Plutarque, le premier secrétaire ou le chancelier.

Chez les Romains, Auguste avait désigné pour être son secrétaire le poète Horace.

Le secrétaire de Néron est resté célèbre par le dernier service qu'il rendit à son Empereur, en lui présentant une main fidèle pour se donner la mort.

Suétone était secrétaire d'Adrien ; il perdit sa place par une intrigue dans laquelle l'Impératrice était compromise.

Dioclétien était fils d'un scribe ; aussi ne dédaigna-t-il pas de confier à son secrétaire Sicorius Probus la mission de dicter la paix au roi de Perse Narsès. Cette négociation est une des plus intéressantes du temps des empereurs.

L'orateur Eumène fut secrétaire de Maximin et de Constance. Ses appointements étaient de 600,000 sesterces ; cela ne fait-il pas de notre monnaie à peu près 70,000 francs? Le premier secrétaire de Napoléon n'en avait que 25,000.

Eugène, secrétaire du général Arbogaste, fut placé par celui-ci sur le trône d'Occident, après l'assassinat du jeune Valentinien.

Procope, l'historien, était secrétaire de Bélisaire. Jean, secrétaire d'Honorius, s'empara du trône à la mort de son maître.

Le secrétaire d'Attila se nommait Constance; c'était un aventurier gaulois qu'Aëtius avait recommandé au roi des Huns ; dans une mission qu'il eut à remplir à Constantinople, l'Empereur Théodore lui fit obtenir en mariage une des plus riches héritières de l'Empire. Attila avait un autre secrétaire, nommé Oreste, Romain devenu sujet des Huns, par la conquête qu'ils avaient faite de la Pannonie où ses propriétés étaient situées. A la mort d'Attila, cet Oreste rentra au service des Romains et y fit un chemin rapide ; il acquit assez d'autorité pour déposer Julius Nepos ; mais il refusa la pourpre et la donna à son fils Augustule.

De tous les secrétaires de la vieille France, Eginhart, le gendre de Charlemagne, est le plus connu.

Le pape Clément IV a d'abord été le secrétaire de saint Louis.

Alain Chartier était secrétaire de Charles VI et de Charles VII.

Ici finissent les célébrités du cabinet; quelques noms plus modernes vont me servir de transition pour passer à ceux de mon temps.

Un sieur Sarret était secrétaire d'Henri II ; Revol remplissait le même office près de Henri III et Feret, près de Henri IV.

Le secrétaire de Louis XIV était le président Rose qui nous a laissé un choix des lettres de son maître ;

il y avait bien alors quatre secrétaires du cabinet, mais un seul *avait la plume*, et c'était Rose; les trois autres n'avaient que le titre et les entrées. Avoir la plume, c'était contrefaire l'écriture du Roi si parfaitement que l'écrit pût passer pour être du Roi lui-même. Le secrétaire de la plume écrivait toutes les lettres que le Roi voulait ou devait écrire de sa main, mais dont cependant il désirait s'épargner la peine; telles étaient celles aux souverains, aux étrangers de haut parage, aux généraux commandant les armées, etc. Une infinité de choses importantes passait ainsi par les mains du secrétaire *ayant la plume*.

J'ai honte de le dire, le fameux abbé Dubois est aussi sur ma liste; voulant fortifier une existence qui n'en était encore qu'à ses commencements, il se fit donner la place de secrétaire du cabinet, vacante par la mort de M. Caillère; son élévation au ministère lui permit plus tard de la céder à l'abbé Dubois, son frère.

Dans le même temps, le Régent avait M. Melon pour secrétaire.

Enfin, le dernier nom un peu connu que j'ai à inscrire est celui de l'académicien Lafaye; il était secrétaire du cabinet sous Louis XV.

J'arrive aux secrétaires de Napoléon. Tant que la

modeste étoile de général de brigade a brillé seule sur ses épaulettes, l'aide de camp Junot a pu suffire au double service de la plume et de l'épée. Mais du moment que le général Bonaparte s'est trouvé promu au commandement en chef, il lui a fallu un secrétaire. Le premier auquel il a accordé ce titre s'appelait Jacoutot (1795). C'était un très jeune homme qui succomba à la peine, dès la première campagne d'Italie. Fauvelet de Bourrienne le remplaça (1796); il avait été condisciple de Napoléon et ne tarda pas à devenir un secrétaire intime. C'est en cette qualité qu'il écrivit les ordres des campagnes d'Italie et d'Égypte. Quand il ne pouvait suffire aux expéditions, le général en chef le faisait aider par ceux de ses aides de camp qui étaient les plus habiles à la plume : notamment Louis Bonaparte et Lavallette; et quelquefois aussi par l'adjudant commandant Leclerc (1).

Les temps du Consulat étant arrivés, M. Bourrienne installa le cabinet aux Tuileries. Bientôt à son titre de secrétaire intime, il ajouta celui de conseiller

(1) « Le capitaine général Leclerc était un officier du premier mérite, propre à la fois au travail du cabinet et aux manœuvres du champ de bataille. Il avait fait les campagnes de 1796 et de 1797 comme adjudant général auprès de Napoléon... Dans l'expédition de Saint-Domingue il déploya du talent et de l'activité. » (Notes dictées par Napoléon au sujet de la Révolution de Saint-Domingue.)

d'État et son crédit sembla n'avoir plus de bornes. Les premiers magistrats de la République et les chefs de l'armée recherchaient à l'envi son amitié; le second consul Cambacérès s'empressait à tenir un de ses enfants sur les fonts baptismaux avec Mme Bonaparte. On croyait pouvoir lui parler de toutes les affaires; on le rendait dépositaire de tous les secrets; on voulait s'adresser à lui pour toutes les faveurs; et je dois ajouter qu'il répondait par beaucoup d'obligeance aux démarches qu'on faisait de toute part pour l'approcher. Surchargé d'occupations et d'importunités, le secrétaire intime avait fini par avoir besoin lui-même d'un secrétaire; mais ce n'était que pour ses affaires particulières et ses relations personnelles. M. Enoch, qui eut cette place, resta toujours étranger au service intérieur du cabinet.

Le Premier Consul donnait lui-même à M. de Bourrienne les aides dont il pouvait avoir besoin; d'abord c'étaient les aides de camp, suivant les traditions de l'armée d'Italie et de l'armée d'Égypte; les colonels d'artillerie Duroc et Lauriston étaient ceux qu'on voyait le plus fréquemment appelés au cabinet; ensuite c'était le général Clarke, avec lequel le Premier Consul avait d'anciennes habitudes qui remontaient à la section de la guerre du Comité de Salut public et aux négociations de Campo-Formio.

Le général Clarke était chargé de divers détails militaires dont le Premier Consul s'était réservé la suite; il avait auprès de lui ses anciens aides de camp Cuvillier-Fleury et Tourné, et s'était fait un bureau dans la pièce voisine du cabinet, celle où l'on a depuis rétabli la chambre à coucher. Cuvillier-Fleury est devenu conseiller d'État du roi de Hollande et Tourné a péri dans l'expédition de Saint-Domingue.

L'aide de camp Duroc ou Lauriston travaillait dans la pièce qui séparait le cabinet du bureau du général Clarke. Quand le Premier Consul ne leur dictait pas, il leur faisait faire dans ces premiers temps l'examen et le tri des pétitions.

Tel était le personnel du cabinet du Premier Consul.

Cet ordre intérieur dura jusqu'en 1802. Un coup de foudre vint tout changer, et au moment où la fortune de M. Bourrienne paraissait le plus solidement établie, l'espace d'un matin suffit pour la renverser (1). Napoléon, cédant à un vif mécontentement,

(1) Bourrienne avait obtenu, par son crédit au ministère de la guerre, la fourniture des équipements et harnachements militaires. Comme il ne pouvait paraître en son nom, ce fut aux frères Coulon que la fourniture fut adjugée. Bourrienne fournit les fonds nécessaires pour monter l'entreprise. Une maison de banque avança jusqu'à concurrence de 800,000 francs sur une hypothèque fournie par les frères Coulon, mais

se décida à l'éloigner pour jamais de sa personne (1). Dégoûté alors de la familiarité d'un secrétaire trop intime, et passant d'un extrême à l'autre, Napoléon aurait voulu ne remplacer Bourrienne que par une *machine à écrire;* du moins se proposa-t-il de n'admettre dans son intérieur qu'un très jeune homme, complètement étranger à toute liaison d'affaires, d'opinions et de partis, et qui pût rester longtemps à l'ombre, sans prétentions comme sans importance. Dans cette disposition d'esprit, son choix s'arrêta sur un secrétaire de Joseph Bonaparte, qui n'avait d'autre antécédent que d'avoir été secrétaire de leur frère Louis, au 4e de dragons (2).

elle exigea que Bourrienne restât caution du prêt. Les frères Coulon ayant à peu près fait faillite, la maison de banque exerça son recours contre Bourrienne; celui-ci plaida et perdit son procès. Le motif du procès et le scandale qui en résulta révoltèrent le Premier Consul. Jamais il ne le pardonna à Bourrienne; il le nomma cependant ministre plénipotentiaire à Hambourg où sa conduite fut loin d'être irréprochable; mais il lui refusa toujours la croix de la Légion d'honneur.

(1) Quelques mois avant la disgrâce de M. Bourrienne, il y avait eu une altercation sérieuse et un échange de paroles très dures entre le Premier Consul et son secrétaire; l'intervention de Joséphine avait tout apaisé; mais il est à croire que dès lors le Premier Consul avait senti l'inconvénient d'avoir pour secrétaire un homme qui a été camarade et qui a conservé avec ses souvenirs les libertés de son ancienne position.

(2) Meneval, élève au collège Mazarin, en fut chassé par la révolution; épris de littérature, il fut accueilli par Palissot, l'auteur de la comédie des *Philosophes*, et, dans le milieu littéraire où il fréquentait, fit la connaissance de Louis Bonaparte qui le présenta à son frère Joseph récemment arrivé de son ambassade de Rome après l'attentat

Un air doux, des habitudes modestes, une grande réserve, un extérieur timide que l'apparence d'une santé délicate rajeunissait encore, semblaient réunis à plaisir dans la personne de M. Meneval, pour en faire le *petit secrétaire* auquel Napoléon voulait se réduire. M. Meneval vint donc s'asseoir sur la chaise de M. Bourrienne ; mais plus de titre de secrétaire intime, plus de rang, plus de costume. L'incognito de ce service particulier dura près de quatre ans ; M. Meneval portait encore le frac de la ville, quand tout ce qui l'entourait portait l'habit de cour ; il n'avait pas même le ruban à sa boutonnière, quand tout le monde au palais en était déjà décoré.

Au retour de la campagne d'Austerlitz, l'Empereur ne put s'empêcher de remarquer le vide que lui offraient les pièces voisines de son cabinet. Ses aides de camp, devenus de grands personnages, n'accouraient plus s'asseoir au bureau qui leur avait été

de décembre 1797. Devenu secrétaire de Joseph Bonaparte, Meneval assista aux négociations du traité de Lunéville, du Concordat et de la paix d'Amiens. Puis il remplaça Bourrienne auprès du Premier Consul. Après la retraite de Moscou, sa santé ne lui permit pas de conserver ses fonctions, Il fut « mis en convalescence » suivant le mot de l'Empereur auprès de Marie-Louise dont il fut nommé secrétaire des commandements. Après l'abdication il se trouva l'intermédiaire naturel entre l'Empereur et l'Impératrice qu'il suivit à Vienne où il resta jusqu'à la fin de mai 1815. Il revit l'Empereur à cette époque et après Waterloo le quitta à la Malmaison. Il passa le reste de sa vie dans la retraite.

réservé ; le général Clarke, lui-même, jeté dans les hauts emplois, venait de remplir les fonctions de gouverneur de Vienne, et s'éloignait de plus en plus des habitudes de son ancienne position. L'Empereur Napoléon n'avait auprès de lui que Meneval ; et cependant les papiers de six années s'accumulaient sans ordre, et la masse des pétitions plus volumineuse menaçait d'un encombrement.

Il était urgent d'alléger de ces accessoires l'expédition des affaires courantes ; d'ailleurs, il était à craindre que l'assiduité rigoureuse à laquelle l'unique secrétaire était condamné ne finît par dépasser les forces d'un homme : l'Empereur crut donc ne pouvoir pas différer davantage de donner des suppléants à Meneval.

Depuis plus d'un an, deux places de secrétaire du cabinet figuraient sur les états de la maison ; en créant ces places, Napoléon avait eu l'idée de ménager des titres honorables pour des conseillers d'État, et des lieutenants généraux qu'il aurait occasion de charger de quelque travail particulier. Le général Clarke portait le titre d'une de ces deux places ; la seconde n'avait encore été donnée à personne, et de fait, toutes deux pouvaient être considérées comme vacantes ; mais elles étaient plutôt instituées auprès du cabinet que dedans, et l'Empereur attachait encore une grande importance à se réserver ces places honoraires et à ne pas les confondre avec ces emplois réels et utiles que son service intérieur semblait exiger.

Pour aider Meneval quand il aurait surcharge de travail et même pour le remplacer dans les cas forcés de maladie ou d'absence, il fallait de véritables secrétaires, des gens du métier, des travailleurs sûrs, exacts, déjà éprouvés, et, s'il était possible, des hommes qui n'apportassent pas des figures trop nouvelles dans l'intérieur. L'Empereur regarda donc autour de lui (1) et fixa son choix sur deux hommes qu'il avait déjà presque sous la main : M. Deschamps, qui remplissait au rez-de-chaussée du palais les fonctions de secrétaire des commandements de l'Impératrice, et M. Fain, chef de division à la secrétairerie d'État, qu'il connaissait depuis l'an III et qui venait de faire sous ses yeux les voyages de la côte de Boulogne, de la Belgique et des bords du Rhin, du couronnement d'Italie et de la campagne d'Austerlitz.

M. Deschamps reçut le titre de rapporteur des pétitions; il prit place au bureau que l'aide de camp Duroc, devenu grand maréchal du palais, avait laissé vacant; mais son travail ne s'étendit guère au delà

(1) Janvier 1806.

du tri des pétitions et de la partie matérielle de cet emploi : les analyses et les renvois. Il restait constamment étranger aux papiers d'État; il ne suivait pas le cabinet dans les campagnes de guerre et l'Empereur finit par oublier de l'approcher de sa personne, soit qu'il ne trouvât pas sa plume assez prompte sous la dictée, soit que sa position au dehors, comme secrétaire des commandements de l'Impératrice, commandât quelque réserve, soit enfin que son âge et le sérieux de ses manières le rendissent moins commode pour un travail d'intimité. M. Deschamps employa ses loisirs à traduire en vers français le poème italien de Monti, intitulé : *la Bande de la Forêt Noire;* à l'époque du divorce, il cessa définitivement de faire partie du cabinet, et suivit Joséphine à laquelle il demeura attaché jusqu'au moment où elle mourut.

M. Fain eut plus de succès; il venait de mettre en ordre les archives de la secrétairerie d'État qui comprenaient celles du Directoire et du Comité de Salut public. L'Empereur lui donna le soin de ses papiers; M. Meneval dut les lui remettre tous, jour par jour, même les plus confidentiels. Meneval avait le secret du jour; Fain avait le secret de la veille. En raison de cette attribution spéciale, il eut le titre de *secrétaire-archiviste.* La pièce où il s'établit d'abord avec ses cartons fut celle que le général Clarke avait occupée. Les dépêches qu'il classait, les minutes qu'il conservait de tout ce qui venait d'être écrit l'eurent bientôt *initié*. L'Empereur prit l'habitude de lui dicter, lui confia divers détails particuliers à suivre, tels que l'examen des comptes secrets de la police, des relations extérieures et de la cassette, la feuille des dotations, etc. ; il l'emmena dans ses voyages et dans ses campagnes, et ne vit plus en lui que le lieutenant habituel et le suppléant obligé de Meneval.

Celui-ci ne pouvait rester sans titre, quand les nouveaux venus qui n'étaient que ses auxiliaires en recevaient. Par le décret du 3 février 1806, qui nommait Fain secrétaire-archiviste, Meneval reçut le titre de secrétaire du portefeuille; par le décret du 25 avril suivant qui nommait Fain chevalier de la Légion d'honneur, Meneval reçut enfin cette décoration.

Ces deux secrétaires suffirent au service intérieur du cabinet pendant les campagnes d'Iéna et de Pologne, et pendant la campagne d'Espagne, en 1808.

A son retour d'Espagne, l'Empereur reprit l'idée qu'il avait déjà eue de créer, en dehors de son service intérieur et habituel, deux places de secrétaires de cabinet; mais le temps avait modifié ses vues; il ne s'agissait plus d'appeler à ces places des hommes d'État tout formés; l'Empereur trouva plus commode de les réserver à des jeunes gens d'espérance qu'il aurait sous la main pour des missions, que dans l'intervalle il occuperait par quelques attributions spéciales et qui achèveraient ainsi de se former sous ses yeux.

Le premier dont l'Empereur fit choix fut M. Mounier, fils de l'ancien constituant qui, sous l'Empire, avait été préfet de Rennes et conseiller d'État. Ce jeune homme, depuis la mort de son père, recevait, ainsi que sa sœur, une pension sur la cassette particulière de Napoléon ; il dut à cette espèce d'adoption la faveur qui vint le chercher dans les rangs des auditeurs au Conseil d'État et le mit en évidence.

La seconde place de secrétaire du cabinet fut donnée deux ans plus tard à M. Deponthon, lieutenant-colonel du génie qui avait été attaché à notre ambassade de Russie et que la confiance du duc de Vicence venait de recommander par des missions importantes.

MM. Mounier et Deponthon ne furent pas admis habituellement au secret du cabinet; mais leur position en était trop voisine et leur mérite personnel trop distingué pour qu'ils ne devinssent pas en beaucoup de circonstances des auxiliaires très utiles.

Leur occupation journalière était l'éternel travail

des pétitions. M. Mounier, qui savait très bien l'allemand et l'anglais, était en outre chargé de surveiller la traduction des gazettes étrangères et cet autre travail avait pour l'Empereur un vif intérêt; c'était pour lui une manière utile d'écouter le dire de l'ennemi, et de voir chaque jour sa position politique de revers. Souvent, au moment où l'on venait de lui remettre ses gazettes encore tout humides de l'eau salée des smogglers, impatient d'avoir une première idée de ce qu'elles contenaient, il appelait Mounier pour les déchiffrer tout haut devant lui.

Cinq à six traducteurs, que Mounier avait sous ses ordres, traduisaient ensuite à loisir. L'Empereur préférait leurs traductions à celles que les ministres des relations extérieures et de la police avaient, chacun de son côté, la prétention de lui préparer.

En 1812, l'Empereur se trouvant engagé dans les terres de l'empire russe, sentit le besoin d'avoir toujours à côté de lui un interprète qui pût lui servir à interroger les prisonniers et les gens du pays, ainsi qu'à déchiffrer les papiers que l'on interceptait; il créa alors la place de secrétaire interprète et la donna à l'auditeur Lelorgne d'Ideville qui parlait le russe et l'allemand; Lelorgne monta à cheval à Vitebsk et ne quitta plus l'Empereur.

Les fatigues de la retraite de Moscou et les pénibles

campagnes qui la suivirent amenèrent un dernier changement dans l'organisation du cabinet. M. Meneval, que l'Empereur, en quittant Smorgoni, avait laissé dans un état de maladie très grave, se trouva forcé de prendre dès ce moment sa retraite; M. Deponthon, qu'un commandement supérieur dans son arme du génie avait appelé à Hambourg, y demeura renfermé; de la retraite de l'un et de l'absence de l'autre, il résulta un dédoublement; les titres de secrétaire du portefeuille et de secrétaire-archiviste furent supprimés et les emplois s'appelèrent par leur nom. M. Fain, devenu par le fait premier secrétaire, prit le titre de secrétaire du cabinet, et M. Mounier, qui avait toujours eu ce titre, en prit les fonctions. Il y eut donc quelque temps encore deux secrétaires du cabinet. L'Empereur leur accorda pour auxiliaires deux premiers commis qui furent MM. Jouanne et Prévost; le premier était un des sujets les plus distingués de la secrétairerie d'État (habile dans l'art nouveau d'écrire aussi vite que la parole et de plus instruit dans les langues anglaise et allemande); le second avait été secrétaire d'ambassade du duc de Vicence et du général Lauriston à Saint-Pétersbourg; tous deux revenaient de Moscou.

Ce cabinet suivit l'Empereur à l'ouverture de la campagne de 1813; mais pendant l'armistice de

Dresde, MM. Mounier et Prévost, hors d'état de supporter plus longtemps les fatigues de la guerre, revinrent en France. M. Mounier obtint de la bonté de l'Empereur la place d'intendant des bâtiments de la couronne, et M. Prévost eut l'emploi de secrétaire général du sceau des titres.

L'Empereur n'avait donc plus auprès de lui que M. Fain et M. Jouanne. M. Fain resta seul secrétaire du cabinet, et l'emploi de premier commis laissé vacant par M. Prévost, fut donné à M. de Rumigny, ancien secrétaire de légation, employé depuis quelque temps sur les bords de l'Elbe, en qualité de ministre de France à Dessau : l'Empereur venait de remarquer sa correspondance. Le cabinet, ainsi composé, atteignit la catastrophe de 1814 (1).

Il me reste à parler du bureau topographique. L'Empereur appelait son bureau topographique une pièce accessoire où se trouvait une table de la plus grande dimension et sur laquelle on développait les cartes et les plans ; à Paris, dans les dernières années, cette vaste table remplissait le milieu de la pièce que l'Empereur traversait pour aller de sa chambre à

(1) Dans les Cent-Jours, l'Empereur ayant accordé à M. Fleury de Chaboulon le titre de secrétaire du cabinet voulut, afin de conserver l'unité de son intérieur, donner au baron Fain formellement le titre de premier secrétaire du cabinet qu'il n'avait pas pris jusqu'alors.

coucher dans son cabinet. Dans les palais de Saint-Cloud, Compiègne, Rambouillet et Fontainebleau, dans les voyages comme dans les campagnes, le bureau topographique était toujours à proximité.

Bacler d'Albe, qui avait été ingénieur géographe auprès du général Bonaparte, en Italie, reprit ce service en 1806 auprès de l'empereur Napoléon; il fut alors nommé adjudant commandant et chef du bureau topographique; plus tard, il eut pour adjoints deux ingénieurs géographes, qui tenaient en ordre le recueil des cartes, et faisaient en outre tous les travaux graphiques à l'usage personnel de l'Empereur. On appelait d'Albe, quand l'Empereur voulait lire des dépêches sur la carte; celui-ci indiquait, par des épingles à têtes rouges ou noires, les emplacements occupés par nos troupes et par l'ennemi; il faisait ensuite ressortir par des nuances coloriées les signes de rivières, de montagnes ou de frontières qui importaient le plus à la question, enfin il préparait les calculs de la distance, mettait l'échelle en évidence et ouvrait le compas à côté.

Les dépêches étant ainsi appliquées sur la carte, l'Empereur venait en prendre connaissance. D'Albe lui en faisait un rapport sommaire; l'Empereur le suivait du doigt et faisait marcher le compas à travers les épingles; souvent la grande dimension des cartes forçait l'Empereur à s'étendre tout de son long sur la table, et d'Albe d'y monter aussitôt pour rester maître de son terrain. Je les ai vus plus d'une fois étendus tous deux sur cette grande table et s'interrompant par une brusque exclamation, au plus fort de leur travail, quand la tête de l'un venait à heurter trop rudement la tête de l'autre. Cette posture ne serait que grotesque, si, dans ce moment même, on ne se représentait l'Empereur planant comme l'aigle sur les plaines éloignées où ses lieutenants manœuvraient, à perte de vue pour tout autre que pour lui.

Dans la campagne de 1814, M. d'Albe eut pour second M. le colonel Athalin qui le remplaça définitivement lorsque l'état de sa santé le força à son tour de quitter l'armée à la Ferté-sous-Jouarre, quelques jours avant la bataille de Craonne. M. d'Albe, promu en 1813 au grade de général, alla prendre à Paris la direction du dépôt de la guerre.

Nous avons suivi les variations survenues dans le cabinet jusqu'à leur dernière période. Hâtons-nous de revenir à l'Empereur, qui est la seule figure réelle dans cette enceinte mystérieuse. Toutes celles que nous venons d'entrevoir ne sont que des ombres qui disparaissent, dès que sa lumière cesse un moment de jeter sur elles un reflet qui les éclaire.

CHAPITRE V

PREMIER TRAVAIL DE LA MATINÉE

Il n'était jamais plus de huit heures du matin quand Napoléon, habillé pour tout le reste de la journée, passait dans son cabinet.

A son entrée, le secrétaire se levait, se tenait un instant debout et se remettait ensuite à sa place.

Napoléon s'asseyait d'abord à son bureau pour signer. Dans une chemise de papier tellière, il trouvait devant lui, sous le titre *à signer*, les lettres et décisions qu'il avait dictées dans son dernier travail; rarement il signait sans avoir lu et ses lettres les plus importantes le prouvent par les ratures et les additions de sa main qui les surchargent.

Après la signature, il se levait, allait jeter le dossier sur la table du secrétaire en lui disant : expédiez, et se rapprochait ensuite de la cheminée pour lire les dépêches de la nuit et sa correspondance du matin.

Il les trouvait disposées en pile sur le guéridon

auprès de la causeuse où il s'asseyait; il les avait bientôt parcourues.

Le prince de Neuchâtel, le ministre de la guerre et le ministre des relations extérieures étaient aussi dans l'usage de lui communiquer, en original ou par extrait, ce qu'il y avait de plus intéressant dans leur correspondance de la veille. Si deux mots de réponse ou d'ordre pouvaient suffire, il les dictait aussitôt par apostille ou sous la forme d'une lettre. Dès qu'il passait d'un papier à un autre, la lettre répondue, ou qui ne demandait pas de réponse, s'échappait de ses doigts pour tomber à terre; c'est ainsi qu'il se débarrassait successivement des papiers qu'il n'avait plus besoin de revoir; ce qu'il jetait par terre s'appelait *le répondu*. Sur la table, il conservait la pile des affaires dont il avait l'intention de s'occuper dans la journée; c'était *le courant*. Une autre pile se composait des dossiers qu'il se réservait de voir à tête reposée ou plus tard : c'était *le suspens*. L'Empereur avait lui-même établi cette division matérielle de sa table, et c'était un ordre invariable.

Après ce premier moment consacré à l'ouverture des dépêches et des lettres ministérielles, l'Empereur parcourait ses bulletins de police. Il y en avait de plusieurs sortes : celui du ministère, celui de la préfecture de police, celui de la police militaire et enfin le rapport d'une petite police payée 500 francs par mois sur la cassette. Ces bulletins ne contenaient pas toujours ce qu'on suppose. Quand l'Empereur était à Paris, le ministre et le préfet réservaient ce qu'ils avaient de plus secret, ou d'un intérêt plus piquant, pour l'audience qui leur était donnée tous les matins au lever.

Le bulletin du ministère présentait un inventaire assez monotone de crimes, de désastres, d'incendies et d'accidents dont les malles-postes de la veille avaient apporté le récit des divers coins de l'Empire. Ordinairement le ministre y joignait sur des feuilles volantes quelques notes de sa main ou de celle de son secrétaire particulier, que l'Empereur, après avoir lu, supprimait s'il le jugeait convenable.

Le rapport du préfet de police racontait les événements de la dernière nuit, et par conséquent il avait tout l'intérêt du moment.

Le bulletin du général Hulin se bornait aux affaires de garnison et à la population militaire qui traversait le pavé de Paris. La force des corps, le nombre d'hommes qu'ils avaient aux hôpitaux, le nom des généraux arrivés ou partis, les rixes et des observations sur la bonne ou mauvaise qualité des vivres ou des fournitures, tel était le sujet ordinaire de ce bulletin. Quant à la petite police payée sur la cassette, peut-être lui avons-nous déjà donné trop d'importance en en faisant mention. C'était le plus insignifiant de tous ces rapports où l'on recueille les propos des places publiques, des ponts, des quais et des estaminets. L'*observateur*, ancien chef de bataillon, avait fait la police militaire de Paris dans les premiers temps de l'armée de l'intérieur en l'an III, et la bonté de l'empereur Napoléon secourait sous cette forme un ancien employé du général Bonaparte.

Au surplus, l'Empereur trouvait moyen de tirer parti de la moins intéressante de ces lectures, et c'était surtout dans une disposition hostile contre les agents de la police.

Condamné à employer de pareils services, il se sentit du moins obligé de tenir fortement la main à ce qu'on n'en abusât pas au profit des intérêts privés. Aussi les actes arbitraires encouraient-ils de sa part de plus vives réprimandes que les négligences ou les maladresses. Je me rappelle, entre autres, une lettre que j'ai écrite sous sa dictée, et dont M. le duc de Rovigo aurait bien dû se souvenir, puisqu'elle lui était adressée. L'Empereur venait d'apprendre par le bulletin que, sans nécessité, un particulier avait été mis en prison, au mépris des formes légales et sur l'ordre d'un employé des bureaux de la police. Le sentiment qu'il éprouvait était de l'indignation, et jamais les droits de la liberté individuelle n'ont été mieux défendus que par Napoléon lui-même, dans sa lettre de réprimande au ministre. Il faisait à cette occasion une profession de foi si remarquable que je voudrais bien en retrouver les termes; mais je ne puis qu'en donner le sens... « Vous ne deviez pas oublier, disait-il au duc de Rovigo, que dans les affaires ordinaires, il n'appartient qu'aux magistrats de décerner mandat d'arrêt contre un citoyen, et si par une délégation de ma dictature, vous pouvez vous attribuer ce droit, sachez que ce ne peut être que dans des cas très rares de haute politique ou d'urgente nécessité, encore devez-vous me rendre compte sur-le-champ de cet acte extra-légal; mais il n'a jamais été dans mon intention qu'un tel droit pût descendre jusqu'à vos commis. C'est peut-être déjà trop qu'il descende jusqu'à vous!... C'est peut-être trop que je puisse l'exercer moi-même!... Dans les temps extraordinaires, il faut quelque pouvoir extraordinaire, mais si je vous ai remis de confiance une arme pour ma défense, vous seul devez vous en servir, et vous me répondez de l'abus que d'autres en feraient (1). »

(1) Cf. une lettre à Savary, du 20 novembre 1811, dans laquelle l'Empereur lui fait des reproches pour avoir poursuivi un individu qui avait réclamé contre le ministre de la police. (*Correspondance* 18272.)

En même temps que l'Empereur appréciait à leur juste valeur les informations que la police lui procurait tous les matins, il en puisait d'autres à une source plus mystérieuse, où les personnes que sa surveillance suprême avait besoin de connaître venaient elles-mêmes à leur insu révéler leurs passions, leurs menées, leurs intrigues et leurs faiblesses. Le secret de la poste, renfermé dans un petit portefeuille de maroquin rouge et dissimulé sous l'inscription : *Gazettes étrangères*, passait donc à son tour sous les yeux de l'Empereur.

Ce miroir magique était un meuble assez ancien dans le cabinet de France; il avait été monté du temps de Louis XIV pour surprendre le jeu des physionomies diplomatiques, dans le moment où elles se croyaient le plus impénétrables. Cette violation du cachet était un sacrilège sans doute, mais de la nature de ceux que les pontifes s'attribuent le droit de commettre; et il est notoire qu'on le commet encore dans les principaux bureaux de poste de la vieille Europe. Sous un prince comme Louis XV, plus curieux des petites affaires que des grandes, la police n'a pas tardé à partager avec la politique le profit de cet instrument d'optique secret. Louis XVI, qui l'avait trouvé dans l'héritage de son aïeul, voulut du moins le nettoyer en le confiant à la probité de

M. d'Ogny; le Comité de sûreté générale le ramassa dans les débris du 10 août, et il s'en servit, tout démonté que fût l'instrument, pour dépister quelques correspondances contre-révolutionnaires; le Directoire voulut en essayer pour la surveillance diplomatique et M. Gaudin, commissaire des postes, fut chargé de remettre l'ancien cabinet sur pied. L'institution fut d'abord défrayée au moyen d'un prélèvement que les caissiers des relations extérieures et de la police avaient ordre de faire tous les mois sur leurs dépenses secrètes, et qu'ils remettaient à une main tierce qui seule était dans la confidence de l'emploi des fonds; j'ai été pendant plusieurs années cette tierce personne.

Le cabinet des postes était donc rétabli en pleine activité quand Napoléon en hérita de la République; mais quel miroir peut être utile, s'il n'est fidèle! Il ne suffisait pas même qu'il le fût; il fallait encore que celui qui s'en servait ne pût avoir aucun doute à cet égard.

Napoléon ne crut pas acheter trop cher cette précieuse garantie en se privant des services militaires de son aide de camp Lavallette (1), pour le consacrer

(1) Lavallette avait été aide de camp de Bonaparte pendant les campagnes d'Italie et d'Égypte. Au 18 brumaire, la place de commissaire général des postes était devenue vacante par la nomination de M. Gaudin,

désormais à ce ministère confidentiel, ministère bien délicat et que Napoléon lui-même appréciait comme tel, au point de dire un jour : « que dans ce défilé, tout ce qui n'était pas absous par la raison d'État restait crime. »

A Paris, une main dès longtemps exercée, mais invisible, savait saisir habilement, au passage du tri du départ et de l'arrivée, non seulement les lettres des ministres étrangers, mais aussi celles de tous leurs subalternes que l'on connaissait pour bonnes à consulter. Ce que le ministre se garde bien d'écrire, souvent la correspondance du valet de chambre, du secrétaire, ou même du banquier, en offre la révélation. Du bureau du tri, ces lettres passaient rapidement dans un laboratoire particulier qui ne communiquait avec la maison de poste que

depuis duc de Gaëte, au ministère des finances, et fut remplie peu de temps par M. Laforest, qui devint plus tard ambassadeur, sénateur et pair de France. Comme on crut de la plus grande nécessité qu'un emploi aussi marquant fût occupé par une personne possédant la confiance particulière de Napoléon, et comme Laforest était trop lié avec Talleyrand, Lavallette fut appelé à cette fonction qui fut convertie en direction générale à l'avènement de l'Empire. Un des premiers soins de Lavalette fut de mettre fin à l'abus qui était fait du secret des lettres : « En prenant les rênes de cette administration, écrit-il dans ses *Mémoires*, j'y trouvai la funeste habitude de livrer à la police de tous les coins de la France les lettres qu'elle réclamait comme suspectes. Je détruisis violemment cet abus, en éloignant de l'administration ceux des directeurs qui l'avaient commis; et du moins les secrets des citoyens ne furent plus prostitués à la pire espèce des hommes... »

par une porte secrète. Là, ouvrir, extraire avec sagacité et refermer le paquet, n'était que l'affaire d'un moment, et la dépêche se trouvait aussitôt rendue à la circulation d'où elle avait été à peine détournée.

En vain l'art des enveloppes, des cachets et des chiffres s'épuisait en combinaisons pour échapper à de pareilles surprises. L'école de la rue Coq-Héron savait déjouer toutes les ruses. Les moyens chimiques lui étaient familiers; la science des probabilités mathématiques et de l'analyse grammaticale lui offrait des méthodes de déchiffrement éprouvées; elle n'était pas moins habile à lever les empreintes, à amollir la cire, à la raffermir sous le fac-similé du cachet, qu'à pénétrer, à l'aide du temps et de l'étude, dans les chiffres les plus inaccessibles; chaque découverte en ce genre avait sa prime d'encouragement.

Les employés de ce bureau s'y succédaient pour la plupart de père en fils; leur état était ordinairement masqué dans le monde par quelque position fictive, analogue à l'aisance dont ils jouissaient, et qui ne permettait pas de soupçonner la vie réelle à laquelle ils étaient consacrés. On préparait avec soin l'éducation des jeunes gens appelés à recueillir ce patrimoine de famille. Rien n'était négligé : des voyages pendant lesquels l'État les entretenait à grands frais dans les pays étrangers achevaient de les familiariser avec les locutions les plus populaires de chaque langue, de même qu'avec les écritures étrangères les plus difficiles et les abréviations les plus usitées. Ces études spéciales se poursuivaient à l'insu même des ambassadeurs, sous le voile de la banque, du commerce ou de la diplomatie; c'était une autre école de *jeunes de langues*. Cependant l'existence du cabinet des postes n'était plus un secret depuis longtemps pour toutes les personnes versées dans les affaires politiques. Les grandes puissances n'avaient eu qu'à réfléchir sur ce qu'elles faisaient chez elles, pour deviner ce qu'on faisait à Paris; aussi leurs ambassadeurs recevaient-ils pour première instruction l'ordre de ne rien confier à la poste. Toutes leurs communications importantes prenaient la voie des courriers extraordinaires. Mais la diplomatie du second ordre, qui n'est pas assez riche pour user de cette ressource, croyait pouvoir continuer de se servir de la poste, en se couvrant de chiffres. Ces chiffreurs obstinés étaient peut-être les meilleures et les plus abondantes captures de nos corsaires. La petite diplomatie vit autour de la grande, et par les petits, on parvenait à connaître la pensée des grands; par exemple : un courrier extraordinaire était-il parti la veille de l'hôtel de Russie pour Saint-Pétersbourg, ce qui échappait ainsi se retrouvait : tel envoyé d'une petite puissance, admis dans l'intimité de l'ambassadeur, faisait passer le lendemain ce renseignement sous les yeux de l'Empereur, en croyant le transmettre bien mystérieusement à sa Cour. Quant à la surveillance exercée sur les correspondances privées, cet examen se faisait avec une grande réserve, d'après les indications qui venaient d'en haut et seulement pour éclaircir des soupçons de haute police. Les employés aux correspondances étrangères avaient à ce sujet des scrupules ; c'était avec répugnance qu'ils se prêtaient à l'ouverture des lettres de l'intérieur, et l'on rejetait ordinairement cette corvée sur des employés de seconde classe.

Au surplus, l'Empereur avait trop de grandeur dans les idées, pour accorder aux indiscrétions de la poste plus d'importance qu'il ne fallait : « ... est-il rien de plus mobile et de plus expansif qu'une plume française! disait-il ; tel que j'aurai maltraité à mon lever va écrire dans le jour que je suis un tyran. La veille il m'aura comblé de louanges, et le lendemain il sera prêt à donner sa vie pour moi ; j'aurais donc souvent risqué de perdre mes meilleurs amis, si j'avais eu la faiblesse de les juger sur le bavardage de leurs lettres ; tandis que mes ennemis savaient toujours bien s'arranger de manière à n'avoir rien à craindre de cette inquisition. Il est tel de mes ministres dont je n'ai jamais pu surprendre une lettre! »

Napoléon, après avoir lu ses extraits de la correspondance politique et privée, brûlait tout, ne voulant conserver de cette confidence dérobée que l'impression première qu'elle avait faite sur son esprit, relativement à certaines affaires et à certains hommes. Quelques sévérités de sa part n'ont pas eu d'autre origine, et ce que les mécontents mal avisés ont attribué à des préventions, à des rivalités peu généreuses, ou même à des perfidies, ils auraient dû bien plus justement ne l'imputer qu'à l'intempérance de leur plume; disons aussi que plus d'une fois des hommes honnêtes, qui ne s'en doutent guère, ont dû le succès d'une démarche, ou une faveur inattendue, au coup d'œil qui, comme un regard du ciel, avait pénétré un moment dans le secret de leur âme. Je me rappelle un ministre d'Espagne qui, victime de son dévouement à la cause du roi Joseph, se trouvait en France dans une grande détresse. L'Empereur surprit le secret de la position de M. d'Azanza (1), dans

(1) M. d'Azanza, président de la junte réunie par l'Empereur à Bayonne, le 15 juin 1808, pour délibérer sur le gouvernement à donner à l'Espagne, avait été nommé ministre des finances du roi Ferdinand VII à l'avènement de celui-ci. Il servit le roi Joseph par qui il fut chargé

une lettre où celui-ci se confiait à un ami; aussitôt il m'ordonna d'envoyer trois mille francs au fidèle Espagnol, et de lui écrire que tous les mois pareille somme serait mise à sa disposition; cette générosité, il la faisait de ses deniers sur sa cassette. La catastrophe de 1814 a pu seule finir cette relation.

Toutes les confidences qui arrivaient par cette voie n'étaient pas des surprises; il y avait aussi dans ce portefeuille des correspondances libres et qui suivaient volontairement ce chemin. Napoléon, désirant connaître l'opinion du jour sur la marche de son administration et sur ses propres actes, s'était ménagé des *amis* qui, moyennant mille francs par mois, avaient la mission de lui écrire avec franchise sur tout ce qui se faisait, sur ce qu'on en disait, et sur ce qu'ils en pensaient eux-mêmes! Comme ils avaient des positions différentes dans la société et qu'ils appartenaient aux nuances d'opinions les plus variées, Napoléon, en les lisant, pouvait se faire une idée des

du ministère des Indes. Lorsque l'Espagne recouvra ses princes, Azanza se réfugia en France. Il adressa, en 1814, au roi Ferdinand, de concert avec l'ancien ministre O. Farril, un mémoire pour justifier sa conduite et obtenir la fin de son exil et de celui des réfugiés espagnols coupables d'avoir servi le gouvernement napoléonien. (Cf. *Mémoires de Azanza et O. Farril*, traduit par Foudras. Paris, 1815.) Azanza et O. Farril ne purent rentrer en Espagne. Leurs sentiments de dévouement pour le roi Joseph suivirent ce prince dans son exil. (Cf. *Mémoires et correspondance de Joseph Bonaparte*.)

jugements les plus opposés dont il était l'objet. Parmi ces correspondants, M. de Montlosier (1), M. Fiévée (2), Mme de Genlis (3), ont déjà été nommés, et leurs noms suffisent pour relever tout ce que ce rôle confidentiel avait d'honorable. Le couvert de M. Lavallette assurait le secret de leurs communications. M. Desrenaudes (4), qu'on aurait pu nommer également, adressait des notes par l'intermédiaire de M. le duc de Bassano. L'Empereur ou-

(1) M. de Montlosier, ancien député de Riom, à l'Assemblée nationale, où il siégeait au côté droit et qui ne prenait pas le soin d'adoucir par des expressions conciliantes l'âpreté de ses doctrines monarchiques, fut admis à exposer à l'Empereur dans une série de notes ses plans politiques, administratifs et même religieux. Napoléon l'avait engagé à composer un ouvrage sur la monarchie française qu'il ne fut pas autorisé à publier et qui ne parut que sous le gouvernement de la Restauration.

(2) M. Fiévée avait été présenté au Premier Consul par Rœderer, suivant Meneval. Mme de Rémusat prétend que c'est Mme de Genlis qui le fit entrer dans cette correspondance avec Napoléon. M. Fiévée fut censeur, puis préfet sous l'Empire, et s'occupa de la rédaction de divers journaux. Sous la Restauration, il fut royaliste ardent. Sa correspondance avec l'Empereur a été publiée.

(3) Mme de Genlis, à son retour de l'émigration, se trouva dans le dénûment. Le produit de ses écrits lui permit de vivre. Napoléon, devenu Empereur, chargea M. de Lavallette de lui remettre 500 francs par mois et, pour ménager sa délicatesse, lui fit dire qu'il désirait qu'elle lui écrivît tous les quinze jours sur des sujets de littérature et de morale.

(4) M. Desrenaudes fut successivement membre du Tribunat, archiviste du Conseil d'État, conseiller de l'Université et censeur. Il était admis à présenter à Napoléon des observations sur le gouvernement intérieur, mais les excursions dans le domaine de la politique lui étaient interdites.

vrait lui-même et brûlait après avoir lu. Il évitait surtout que les écritures de la poste ou de la correspondance dont nous venons de parler tombassent dans les mains de ses ministres ; quand il jugeait quelquefois à propos d'en faire des extraits, nos écritures seules paraissaient.

Des lettres, l'Empereur passait aux journaux qu'il trouvait réunis en une liasse sur le coin de sa table. Il aimait à relire dans le *Moniteur* les articles dont il avait pris la peine de dicter le canevas. Rien n'échappait à son coup d'œil et les préoccupations de la politique ne l'empêchaient pas de s'arrêter sur les articles littéraires du journal de l'Empire.

Ces diverses lectures donnaient lieu à quelques ordres dictés par intervalles;... « écrivez », disait chaque fois l'Empereur en élevant la voix, et le secrétaire, quittant aussitôt ce qui l'occupait, recueillait, sur des demi-feuilles de papier tellière pliées à mi-marge et préparées à l'avance, les mots plus ou moins pressés qui lui tombaient dans l'oreille.

Quelquefois aussi, l'Empereur jetait un coup d'œil sur les listes tenues aux portes du palais. Le grand maréchal en faisait chaque matin un bulletin indiquant le nom des personnes du dehors qui s'étaient présentées la veille, et le nom des personnes du dedans qu'elles avaient demandées ; ce qui pouvait donner une idée des habitudes et des relations des principaux habitants du palais avec la ville.

Enfin, la correspondance, les rapports et les journaux parcourus, Napoléon venait s'asseoir à son bureau; il attaquait alors la pile des affaires courantes et son travail commençait; bien rarement il prenait la plume; il n'écrivait habituellement de sa main qu'à l'Impératrice.

L'Empereur faisait une pension sur sa cassette à son ancien maître d'écriture et jamais pension n'a été faite à titre plus gratuit; Napoléon écrivait très mal; la vivacité de son esprit ne pouvait pas se soumettre à la marche de la main. Il ne traçait que des caractères imparfaits et n'achevait jamais ni le mot ni la ligne, passant du reste sans scrupule par-dessus toutes les exigences de l'orthographe; enfin le désordre était tel qu'il avait lui-même la plus grande peine à se relire; il préférait dicter; il en avait pris l'habitude et exploitait cette manière de travailler avec une grande habileté. Sa dictée semblait n'être qu'une conversation à voix haute, dans laquelle il s'adressait à son correspondant, comme si celui-ci eût été là pour l'entendre. Des écouteurs aux portes auraient pu en effet les croire tous deux en présence.

Écrire sous la dictée était donc l'occupation principale du secrétaire; rarement il s'agissait de composer, de préparer, de rédiger; Napoléon faisait tout cela; mais il dictait si vite que la tâche était rude, et les plumes qui pouvaient le suivre étaient rares.

Il n'y avait pas moyen de le faire répéter; l'interrompre, c'eût été intervenir comme un importun dans le tête-à-tête où son imagination s'isolait. Toute l'opération de la pensée en eût été troublée; il fallait suivre à tout risque, si l'on ne voulait se laisser trop déborder par ses phrases qui se précipitaient les unes par-dessus les autres; l'art était d'abandonner du blanc à propos pour rester constamment au fil du discours. On remplissait ensuite quand la presse était passée et la liaison des idées aidait à se retrouver; mais il fallait avoir l'intelligence de ce dont il s'agissait; c'était indispensable pour remédier au malentendu, échapper à l'amphibologie et traduire avec netteté le vague de la parole; dans ce sens on pourrait dire que le secrétaire était obligé de savoir les affaires du jour aussi bien que l'Empereur lui-même.

Napoléon se mettant au travail commençait assez doucement, mais il s'animait peu à peu; sa bouche s'échauffait à la dictée; alors il se levait, parcourait à grands pas la pièce en long et en large, et, comme le pendule marque le mouvement d'une horloge, de même la fréquence de ses allées et venues marquait l'allure plus ou moins rapide de ses idées et presque la coupe de ses phrases. Enfin, quand il était arrivé à l'*idée dominante*, et chaque jour avait la sienne, il abondait; cette idée se retrouvait ensuite dans toutes ses lettres et dans toutes ses conversations : les mots revenaient alors exactement les mêmes, tant la première impression se conservait vive et profonde dans sa pensée! Chez lui, la corde remise en vibration répétait aussitôt le même son avec une fidélité remarquable. Ces *phrases faites* étaient d'un merveilleux secours pour l'écrivain; il les savait par cœur; il les voyait venir, comme la chute d'un rondeau; un signe suffisait pour marquer leur place (1).

Si l'Empereur sortait de son cabinet, le secrétaire saisissait ce moment pour remettre en ordre les

(1) Cf. Meneval, *Napoléon et Marie-Louise*, t. I, p. 151. « Tout mon mérite consistait dans la connaissance que j'avais de l'enchaînement et de la conduite de ses affaires, dans la prévision que cette connaissance me donnait de leur direction et de leur issue et dans l'habitude que j'avais acquise de la contexture de ses idées, de la précision de son style, et de l'originalité même de ses expressions. Je ne possédais pas de procédé abréviatif comme sténographie, tachygraphie ou autre; je n'aurais donc pas pu écrire littéralement tout ce que l'Empereur dictait, mais je notais les principaux points qui me servaient comme de repères et les expressions caractéristiques. Je refaisais la lettre à peu près dans les mêmes termes, et lorsqu'il la relisait avant de la signer, ce qui n'arrivait que quand l'objet était épineux et le préoccupait, il y retrouvait sa manière, si je puis m'exprimer ainsi. »

papiers de la table et ramasser tout le *répondu* dont le parquet était jonché. A mesure qu'il ramassait, il lisait d'un coup d'œil et c'était le contrôle le plus sûr de ce qu'il venait d'écrire; en cas de doute, les termes et les circonstances de la demande expliquaient le vrai sens de la réponse. On était trop heureux d'avoir ce moyen de rectifier des données toujours difficiles à saisir à la volée, telles que les chiffres, certains termes techniques, et tous ces noms d'hommes et de lieux que Napoléon écorchait quelquefois, au point de les rendre méconnaissables. Tantôt c'était l'Ebre pour l'Elbe, tantôt Smolensk pour Salamanque et vice-versa; je ne sais plus quel nom de Pologne se confondait dans son vocabulaire avec Badajos; mais je me souviens que quand il parlait d'Hysope, c'était de la forteresse d'Osopo dont il était question.

Lorsque l'Empereur ne voulait pas écrire lui-même, soit que l'affaire n'en valût pas la peine, soit qu'il eût des raisons pour ne pas entrer dans une correspondance trop directe, il faisait écrire au nom de son secrétaire et souvent il dictait la lettre qui commençait par ces mots sacramentels : l'*Empereur me charge*, etc. ; il arrivait aussi que dans des cas pressés l'Empereur n'ayant pu attendre et n'étant plus là pour signer, le secrétaire le déclarait au bas de la lettre, à la place où aurait dû se trouver la signature de Napoléon, et signait lui-même.

Chaque dictée donnait lieu à un travail de copie assez considérable qui se répétait au moins deux fois et quelquefois trois; d'abord on faisait l'*expédition* qu'on était toujours pressé d'achever, pour qu'elle pût recevoir la signature et partir; on l'écrivait sur papier vélin doré sur tranche, format carré de papier à lettres, sans marge et sans aucun blanc pour alinéa; ensuite on s'occupait de la *minute* qui devait remplacer le brouillon de la dictée; la minute se transcrivait sur papier tellière, à mi-marges et sur feuilles volantes. Il n'y avait pas de registres, pas de tables, pas d'inventaires. Tout cela n'aurait pu se faire qu'avec des commis et l'Empereur n'en voulait pas; il disait que le secret et la bureaucratie étaient incompatibles. On suppléait au mécanisme ordinaire à force d'ordre et de mémoire. Lorsque l'Empereur avait dicté deux heures, le secrétaire avait de la besogne pour le reste de la journée; aussi ne pouvait-il pas toujours remettre au net la minute de ses dictées et l'entraînement des affaires du jour faisait perdre de vue ce qui restait à copier de la veille; c'est ainsi que bien des lettres importantes n'existent plus pour la collection du cabinet, que sur le papier chargé d'abréviations, de ratures, de blancs, d'intercalations et de renvois qui a reçu la dictée première : brouillons informes où sont enfouis des documents précieux que personne dans quelques années ne sera plus en état de déchiffrer.

Le premier travail de la matinée, interrompu à neuf heures par le lever, et repris aussitôt après, finissait quand l'Empereur passait au déjeuner.

CHAPITRE VI

LE LEVER

A neuf heures, le chambellan de service venait gratter à la porte pour annoncer le lever.

Dès que l'Empereur avait terminé la lecture ou le travail qui l'occupait, il passait dans son salon.

Là se trouvaient les principaux chefs du service de la Maison pour recevoir l'ordre. Les ministres qui avaient quelque communication urgente à faire à l'Empereur profitaient de l'heure du lever pour lui parler; le ministre de la police n'y manquait pas; ils en profitaient également pour présenter les principaux fonctionnaires de leur département qui arrivaient à Paris et que l'Empereur désirait voir.

En général, tous ceux qui avaient leurs entrées pouvaient paraître à cette heure devant Napoléon.

Lorsque le service était congédié, l'Empereur retenait les personnes avec lesquelles il avait à causer, et il n'était pas rare que les audiences, après le lever, se prolongeassent jusqu'à l'heure du déjeuner; mais si, préoccupé, il n'apercevait pas dans le cercle aucun des assistants qui pût l'y retenir, il se hâtait de rentrer dans son cabinet et de reprendre son travail au point où il l'avait laissé. Dans ce cas, le lever ne durait pas quelquefois cinq minutes.

Il y avait le petit lever et le grand lever. Le petit lever était celui de tous les jours, tel que nous venons d'en parler; il ne se composait que du service et des entrées qui venaient pour affaires.

Le grand lever se tenait le jeudi. Toutes les entrées s'empressaient d'y faire leur cour, et l'Empereur y trouvait toujours bon nombre de personnes à qui parler.

CHAPITRE VII

LE DÉJEUNER

Le temps du déjeuner appartenait à l'intimité de la famille. Cette heure, où l'Empereur se trouvait rapproché de sa femme et de son fils, n'en avait pas moins, comme toutes les autres, sa destination en réserve ; mais les audiences particulières et les conversations que l'Empereur se gardait pour ce moment étaient de nature à permettre que l'Impératrice y prît part avec quelque intérêt.

C'était ordinairement pendant le déjeuner que l'Empereur recevait son architecte Fontaine, M. Denon, le directeur du musée, M. Barbier, son bibliothécaire. C'était encore à cette heure qu'il admettait, mais moins fréquemment, son premier peintre David et quelques artistes des plus distingués, dont il aimait la conversation ; tantôt Gérard, le peintre, ou Chaudet (1), le statuaire ; tantôt l'acteur Talma ; je n'ai garde d'oublier Isabey, qui avait le titre de

(1) Statuaire et peintre, auteur de la statue de Napoléon qui surmontait avant 1814 la colonne de la place Vendôme.

peintre de la chambre et qui donnait des leçons de son art à l'Impératrice. Mais je reviens au bibliothécaire, et, à cette occasion, on me permettra de faire une excursion dans la bibliothèque, qui est une dépendance naturelle du cabinet.

Le bibliothécaire était admis au moins une fois par semaine; il venait rendre compte des nouveautés littéraires; il apportait les livres que les auteurs l'avaient chargé de présenter, et il prenait les ordres de l'Empereur pour les travaux et les acquisitions de la bibliothèque.

Je vois d'ici le bon et modeste Barbier, en habit de cour, de couleur brune, à boutons d'or ou d'acier, les cheveux frisés, poudrés et liés dans une bourse, avec jabot, manchettes de dentelle et l'épée au côté, s'avançant le chapeau sous le bras, suivi de la grande corbeille où sont les livres, et dès le premier salut s'embarrassant avec le bout de son épée dans l'osier de la corbeille, mais remis bientôt par le bon accueil de l'Empereur, répondant à la conversation littéraire qui s'engage; se retournant tour à tour vers la corbeille pour y puiser ses livres, et vers l'Empereur pour les lui présenter, et par l'activité de ses mouvements, comme par le sentiment de son discours, opposant le contraste le plus parfait entre ses manières et son costume.

Cet excellent homme n'était bibliothécaire de l'Empereur que depuis 1807. Il avait eu pour prédécesseur M. Ripault, bibliothécaire de l'Institut du Caire, que le retour d'Égypte avait naturellement amené aux Tuileries. M. Ripault, homme aimable, doux, instruit, qui a publié une *Histoire philosophique* de Marc Aurèle en quatre volumes, s'est vu alors le bibliothécaire favori de la Malmaison..., mais petit à petit il s'est éloigné d'une faveur qu'il devait à l'estime aussi bien qu'au souvenir d'Égypte.

Le titre de second bibliothécaire avait été accordé à l'abbé Denina, auteur de l'*Histoire des révolutions d'Italie*; ce n'était qu'une adjonction purement honoraire; c'est pourtant depuis cette nomination que M. Ripault a paru prendre ses fonctions en dégoût; peut-être aussi le soin de sa santé et l'exigence de ses études ont-ils exercé la véritable influence à laquelle il a cédé; quoi qu'il en soit du motif, il y avait déjà plus d'une année qu'il vivait retiré dans sa maison de la Chapelle près d'Orléans, quand l'Empereur s'est décidé à le remplacer.

M. Barbier s'était fait connaître d'abord par de grands services rendus aux livres, dans les différentes commissions conservatoires dont il avait été chargé du temps de la Révolution. On lui devait les premières bibliothèques qui avaient été tirées du chaos.

Le Directoire exécutif lui avait confié le soin de former la sienne ; il en avait créé d'autres. Son *Dictionnaire des anonymes et des pseudonymes* venait de le mettre au premier rang de nos bibliographes ; enfin, il était bibliothécaire du Conseil d'État, depuis la création du conseil.

Le secrétaire du portefeuille, Meneval, se souvint à propos d'avoir été, dans sa première jeunesse, employé quelque temps au travail des bibliothèques, sous la direction de M. Barbier ; c'est sur son témoignage que l'Empereur prit celui-ci pour bibliothécaire ; il ne pouvait mieux choisir. Barbier était l'homme spécial des bibliothèques ; il ne tarda pas à en établir à Saint-Cloud, à Fontainebleau, à Compiègne, à Rambouillet et même à Trianon, partout où la Cour doit ce moyen de distraction aux oisivetés qu'elle entraîne après elle.

Le travail particulier du bibliothécaire avec l'Empereur n'était pas sans importance ; si les auteurs, en envoyant leurs livres, les accompagnaient de lettres ou de mémoires, c'était ordinairement le bibliothécaire qui en faisait le rapport ; Barbier, entre ses livres et l'Empereur, n'était pas seulement utile, il était instructif ; tout ce qu'il apportait devenait matière de conversation intéressante, et, à la suite de questions controversées, l'Empereur lui donnait diverses commissions littéraires et scientifiques, se plaisait à mettre à profit son érudition et son expérience; tantôt c'était l'*Histoire de France*, par Velly (1), qu'il s'agissait de continuer; tantôt c'était les auteurs grecs ou latins, non traduits ou dont les traductions étaient surannées, qu'il fallait replacer à la portée du siècle; tantôt c'était des recherches sur les libertés de l'Église gallicane (2), sur les empereurs qui avaient suspendu ou déposé des papes; sur les Templiers; tantôt c'était un rapport sur l'imprimeur Bodoni ou sur l'*Iconographie* de Visconti; tantôt enfin, c'était la revue de tous les ouvrages utiles qui manquent encore aux besoins de la science, car l'Empereur mettait avant tout l'intérêt du public. Un jour Barbier lui présenta un exemplaire des *Fables* de Pilpay, imprimé en langue persane à Calcutta, en

(1) L'abbé Velly, jésuite et professeur au collège Louis-le-Grand (1709-1758), est l'auteur d'une histoire de France dont la continuation paraît avoir occupé fréquemment Napoléon. « Velly est le seul auteur un peu détaillé qui ait écrit sur l'histoire de France. L'*Abrégé chronologique du président Hénault* est un bon livre classique. Il est très utile de les continuer l'un et l'autre. Velly finit à Henri IV... Il est de la plus grande importance de s'assurer de l'esprit dans lequel écriront les continuateurs... » (Note pour le ministre Cretet, du 12 avril 1808. *Correspondance* 13735.)

(2) Barbier avait été dans les ordres et, pour avoir cessé d'être prêtre, n'en était pas moins resté catholique à sa façon, attaché aux doctrines gallicanes. Il fournissait à l'Empereur des arguments contre les idées ultramontaines. Cf. *Correspondance, passim.*

1805 ; l'Empereur ne voulut pas que cette curiosité restât enfouie chez lui, et elle fut portée à la grande bibliothèque de la rue de Richelieu ; c'est à ce dépôt national qu'il faisait remettre tout ce qu'il trouvait trop beau ou trop rare. Une autre fois, il y fit porter encore un exemplaire de l'*Iliade* en grec, imprimé sur vélin par Bodoni. A cette époque, nous avons eu à Paris le procès de Galilée, dont les pièces avaient été apportées de Rome. L'Empereur avait le projet de les faire imprimer; mais on n'a pas eu le temps et le Vatican a pu se ressaisir du manuscrit.

Dans les différents châteaux où la Cour se transportait, le bibliothécaire venait travailler avec l'Empereur, et pendant les grandes absences, il n'en continuait pas moins de le tenir au courant des nouveautés. Il lui envoyait par toutes les occasions ce qui paraissait de remarquable et presque toujours il y joignait, sous le couvert de Meneval, un petit bulletin littéraire.

A diverses reprises, l'Empereur a voulu faire imprimer exprès une bibliothèque portative à son usage; si l'on est curieux de le surprendre au milieu de ses livres, dans la proportion qu'il accordait à chaque genre de lecture et dans le système qu'il s'était fait d'une bibliothèque usuelle, on ne lira pas sans intérêt les deux lettres suivantes qu'il a dictées à Meneval pour être écrites au bibliothécaire Barbier. On y trouvera le plan d'une bibliothèque portative, fait de deux façons dans l'intervalle d'une année.

Bayonne, 17 juillet 1808.

L'Empereur désire se former une bibliothèque portative, d'un millier de volumes petit in-12, imprimés en beaux caractères. L'intention de Sa Majesté est de faire imprimer ces ouvrages pour son usage particulier, sans marge pour ne pas perdre de place. Les volumes seraient de 5 à 600 pages, reliés, à dos brisé et détaché, et avec la couverture la plus mince possible. Cette bibliothèque serait composée d'à peu près :

Quarante volumes de religion; 40 volumes des épiques; 40 volumes de théâtre; 60 volumes de poésie; 100 volumes de romans; 60 volumes d'histoire.

Le surplus pour arriver à mille serait rempli par des mémoires historiques de tous les temps.

Les ouvrages de religion seraient : *l'Ancien et le Nouveau Testament*, en prenant les meilleures traductions; quelques épitres et autres ouvrages les plus importants des Pères de l'Église; le *Coran ;* de la mythologie; quelques dissertations choisies sur les différentes sectes qui ont le plus influé dans l'histoire, telles que celles des ariens, des calvinistes, des réformés, etc., et une histoire de l'Église, si elle peut être comprise dans le nombre des volumes prescrits.

Les épiques seraient : *Homère, Lucain, le Tasse, Télémaque, la Henriade,* etc.

Les tragédies : ne mettre de Corneille que ce qui est resté; ôter de Racine *les Frères ennemis, l'Alexandre* et *les Plaideurs;* ne mettre de Crébillon que *Rhadamiste, Atrée* et *Thieste ;* de Voltaire que ce qui est resté.

L'histoire : mettre quelques-uns des bons ouvrages de chronologie, les principaux originaux anciens; ce qui peut faire connaître en détail l'histoire de France.

On peut mettre comme histoire : *les Discours de Machiavel*

sur Tite-Live, l'Esprit des lois, la Grandeur des Romains, ce qu'il est convenable de garder de l'histoire de Voltaire.

Les romans : *la Nouvelle Héloïse* et les *Confessions* de Rousseau ; on ne parle pas des chefs-d'œuvre de Fielding, de Richardson, de Lesage, etc., qui trouvent naturellement leur place ; les *Contes* de Voltaire.

Nota. — Il ne faut mettre de Rousseau ni l'*Émile* ni une foule de lettres, mémoires, discours et dissertations inutiles ; même observation pour Voltaire.

L'Empereur désire avoir un catalogue raisonné, avec des notes qui fassent connaître l'élite des ouvrages et un mémoire sur ce que ces 1,000 volumes coûteraient de frais d'impression et de reliure ; ce que chaque volume pourrait contenir des ouvrages de chaque auteur ; ce que pèserait chaque volume ; combien de caisses il faudrait ; de quelle dimension ; et quel espace cela occuperait.

L'Empereur désirerait également que M. Barbier s'occupât du travail suivant, avec un de nos meilleurs géographes :

Rédiger des mémoires sur les campagnes qui ont eu lieu sur l'Euphrate et contre les Parthes à partir de celle de Crassus jusqu'au huitième siècle, en y comprenant celles d'Antoine, de Trajan, de Julien, etc. ; tracer sur des cartes d'une dimension convenable le chemin qu'a suivi chaque armée, avec les noms anciens et nouveaux des pays et des principales villes ; des observations géographiques du territoire, et des relations historiques de chaque expédition, en les tirant des auteurs originaux (1).

Signé : MENEVAL.

Schœnbrünn, 12 juin 1809.

L'Empereur sent tous les jours le besoin d'avoir une bibliothèque de voyage, composée d'ouvrages d'histoire. Sa Majesté

(1) Cette note a été publiée dans la *Correspondance de Napoléon*, mais la suivante, datée de Schœnbrunn, ne se trouve pas dans ce même recueil ; elle a été reproduite presque intégralement par THIBAUDEAU, *Histoire de l'Empire*, t. IV, p. 458.

désirerait porter le nombre des volumes de cette bibliothèque à 3,000, tous du format in-18, comme les ouvrages de la collection in-18 du dauphin, ayant de 4 à 500 pages et imprimés en beaux caractères de Didot sur papier vélin mince. Le format in-12 tient trop de place et d'ailleurs les ouvrages imprimés dans ce format sont presque tous de mauvaises éditions. Les 3,000 volumes seraient placés dans trente caisses, ayant trois rangs, chaque rang contenant 33 volumes. Cette collection aurait un titre général et un numéro général, indépendamment du titre de l'ouvrage. Elle pourrait se diviser en cinq ou six parties :

1° Chronologie et histoire universelle;

2° Histoire ancienne par les originaux, et histoire ancienne par les modernes;

3° Histoire du Bas-Empire par les originaux, et histoire du Bas-Empire par les modernes;

4° Histoire générale et particulière, comme l'*Essai* de Voltaire;

5° Histoire moderne des États de l'Europe, de France, d'Italie, etc.

Il faudrait y faire entrer Strabon, les cartes anciennes de Danville, la *Bible*, quelque histoire de l'Église.

Voilà le canevas de cinq ou six divisions qu'il faudrait étudier et remplir avec soin :

Il faudrait qu'un certain nombre d'hommes de lettres, gens de goût, fussent chargés de revoir ces éditions, de les corriger, d'en supprimer tout ce qui est inutile, comme notes d'éditeurs, etc., tout le texte grec ou latin; ne conserver que la traduction française; quelques ouvrages italiens, seulement, dont il n'y aurait pas de traduction, pourraient être conservés en italien.

L'Empereur prie M. Barbier de tracer le plan de cette bibliothèque et de lui faire connaître le moyen le plus avantageux et le plus économique de faire faire ces 3,000 volumes.

Lorsque ces 3,000 volumes d'histoire seraient achevés, on les ferait suivre par 3,000 autres d'histoire naturelle, de voyages, de littérature, etc. La plus grande partie serait facile à rassembler, car on trouve beaucoup de ces ouvrages in-18.

M. Barbier est aussi prié d'envoyer une liste de ces ouvrages, avec des notes bien claires et bien détaillées sur tout cela, sur les hommes de lettres qu'on pourrait en charger, un aperçu du temps et de la dépense, etc.

Signé : MENEVAL.

Ce projet d'une bibliothèque portative n'a pu se réaliser. Le bibliothécaire était laborieux ; mais les événements ont été plus actifs que son zèle.

CHAPITRE VIII

Suite du travail de la matinée dans le cabinet intérieur.

LES LIVRETS

En rentrant dans son cabinet, l'Empereur trouvait sa table remise en ordre et déblayée de tous les papiers que son dernier travail avait rendus inutiles.

Après la correspondance du jour, venait le tour des différents dossiers en réserve. On voyait l'Empereur, passant de l'un à l'autre, dicter le canevas d'une note diplomatique, faire l'examen critique d'un projet de fortifications, dresser l'état de formation d'un nouveau corps d'armée, jeter les bases d'une discussion de droit civil, contrôler un état de recettes ou de dépenses du Trésor, calculer la progression des constructions navales dans un temps donné; se reposer un moment sur des états d'artillerie dont la vue lui était toujours agréable, comme un souvenir de ses jeunes années; passer des arsenaux aux travaux de route, harceler les ponts et chaussées dans leur lenteur, interroger la balance des douanes, régler les affaires de sa maison, surveiller les comptes de son trésorier, et enfin jeter partout le regard du maître.

Par combien de sujets variés l'esprit des secrétaires avait à passer dans ce long trajet d'une matinée! L'habitude adoucissait pour nous la secousse des transitions; constamment exercés à penser avec les idées de l'Empereur, nous nous étions familiarisés à toutes leurs excursions et nous savions très bien nous aider d'une infinité de documents matériels qui lui servaient d'instruments dans son travail, car le cabinet de Napoléon était un laboratoire qui avait une partie toute mécanique; il le disait lui-même : « Le métier d'empereur a ses outils comme tout autre. »

La mémoire de Napoléon était prodigieuse; mais quelle mémoire d'homme aurait pu suffire dans une position comme la sienne? Il y avait pourvu par des méthodes, qu'il avait soin de faire adopter autour de lui; il fallait que ses ministres et ses principaux officiers abandonnassent les systèmes d'ordre et de travail qui pouvaient leur être personnels pour se façonner uniquement aux siens (1). Dans le

(1) Cf. Mollien : « Par l'effet des formules particulières qu'il s'était appropriées, Napoléon s'était rendu, en quelque sorte, présent partout. » *(Mémoires d'un ministre du Trésor public.)*

cours des affaires, *on ne lui parlait que sa langue.*

Les rouages ne devaient se mouvoir que dans les rainures qu'il avait lui-même alignées. Chaque case de sa mémoire avait son supplément dans un livret, et il excellait à se servir de cette ressource. Son bureau devenait ainsi un véritable clavier où les cordes du gouvernement semblaient aboutir, et seul, avec un secrétaire, il mettait en vibration celles qu'il lui plaisait de toucher.

Dans toutes les positions de la vie, il y a la *partie du métier*. Le trône a donc aussi son atelier. Si j'ai l'honneur d'être lu par un prince appelé à régner un jour, il me semble l'entendre me dire : « Vous ne sauriez entrer ici dans trop de détails ; nous ne voudrions rien ignorer du mécanisme intérieur dont Napoléon s'aidait pour gouverner. Sa méthode est un rudiment de prince. » Encouragée par cette illusion, ma mémoire se réveille ; je fais un retour sur le passé ; je rentre en idée dans le cabinet ; mon imagination remet tout à la place où je l'ai laissé ; moi-même je me retrouve à ma table ; j'interroge ce qui se représente à ma vue, et d'abord la pile qui domine l'angle du bureau de l'Empereur frappe obstinément mes regards. Le lecteur me suivra-t-il dans cet arsenal de renseignements?

Chaque ministre fournissait des livrets dressés sur

des modèles que Napoléon lui-même avait tracés; on ne changeait rien au cadre ni à la disposition des matières, à moins que ce ne fût par son ordre. Il fallait qu'il sût mieux que personne ce qu'on devait y trouver, et qu'il pût les consulter les yeux fermés. Tous les quinze jours, tous les mois au plus tard, ces livrets étaient renouvelés; on les remplaçait par d'autres qui, dans l'intervalle, avaient été mis au courant; j'aurais peine à en retrouver la nomenclature complète. Je vais essayer, du moins, de donner une idée des principaux.

Livrets de la guerre (1).

Les livrets de ce ministère étaient les plus nombreux; dans le livret par ordre numérique, chaque

(1) Pour les livrets de la guerre et de la marine, cf. MENEVAL, *Napoléon et Marie-Louise,* t. I, p. 136. Dans la *Correspondance,* on voit à chaque instant l'Empereur préoccupé de ces états de situation et en poursuivant la stricte exécution avec une patience inlassable. Une lettre adressée de Bayonne, le 16 mai 1808, au prince Eugène, est particulièrement intéressante; Napoléon reproche au vice-roi de fournir des états inexacts sur la situation des constructions navales; il indique la forme à donner aux livrets de l'armée qui seront établis : 1° par département, puisqu'il n'y a pas en Italie de divisions militaires; 2° par régiment, donnant la situation de tous les détachements; il demande un livret pour l'artillerie, un pour la conscription. La lettre se termine par ces lignes caractéristiques : « Pour mon armée française, le ministre me remet deux fois par mois plus de dix-huit volumes in-12 et in-4° qui

régiment se présentait au rang de son numéro : il avait son feuillet, et dans les colonnes qui subdivisaient le cadre, on trouvait les noms du colonel, du major et des autres officiers supérieurs; un relevé des affaires où le régiment s'était distingué; dans quelle armée, dans quelle division active chaque bataillon de guerre était employé; l'emplacement assigné au dépôt; la force du régiment en effectif et en hommes présents sous les armes; le relevé des malades et blessés aux hôpitaux; le manque au complet; le nombre des recrues assignées au régiment sur la conscription de l'année; enfin l'indication des départements qui devaient fournir ce recrutement.

On voit que ce livret offrait un aperçu de chaque corps, considéré isolément. Toutes les parties disséminées au gré du service revenaient se grouper dans ce cadre commun, pour y figurer l'ensemble de la famille militaire.

Un autre était le livret par divisions militaires. Ici

me présentent l'état de mon armée sous tous les points de vue. » (*Correspondance* 13905.)

Napoléon disait de ces mêmes livrets : « Les états de situation des armées sont pour moi les livres de littérature les plus agréables de ma bibliothèque et ceux que je lis avec le plus de plaisir dans mes moments de délassement. » (Lettre au prince Joseph, 9 février 1806. *Correspondance* 9789.)

le point de vue était local : chaque division militaire formait un horizon; la première ouvrait le livre et la dernière le finissait; les cadres disaient le nom du général qui commandait, celui de son chef d'état-major, de ses aides de camp et des généraux de brigade, officiers supérieurs et commandants de place qu'il avait sous ses ordres; les cadres disaient encore quelles étaient les troupes employées dans cet arrondissement territorial, en distinguant ce qui était mobile et disponible de ce qui ne l'était pas.

Dans les détails, on trouvait les renseignements les plus précis sur les régiments et fractions de régiment, les compagnies de sapeurs et de mineurs, les troupes d'artillerie, les escadrons d'équipages, les légions de gendarmerie, les bataillons de vétérans, les compagnies départementales, les garnisons de place, les arsenaux; en un mot, sur tous les éléments des forces militaires dispersées dans la division : une récapitulation en donnait l'ensemble et achevait de compléter le tableau.

Plus loin, le livret par corps d'armée présentait un autre miroir; là, les combattants se voyaient, se comptaient, se subdivisaient comme dans leurs camps.

D'abord, c'était le quartier général, avec le personnel de l'état-major et les chefs des divers services de l'administration militaire.

Ensuite venait chaque division dont les régiments étaient groupés par brigades. Dans cette disposition, l'œil saisissait facilement les noms des généraux et colonels, l'indication des localités, le numéro des corps, la force de la division en hommes, en chevaux, en artillerie, avec une note indiquant les renforts qui étaient en marche pour la rejoindre.

Enfin, après les divisions actives se plaçaient les garnisons, les arsenaux et toutes les parties accessoires de l'armée.

Chaque semaine, le ministre remettait une feuille sur laquelle étaient inscrits tous les ordres de marche qu'il avait donnés; c'était la feuille des mouvements; le jour du départ et celui de l'arrivée s'y trouvaient exactement calculés; un développement par colonnes permettait de suivre chaque troupe jour par jour, pendant le trajet qu'elle avait à parcourir; et, tous les soirs, l'Empereur pouvait voir où couchait le moindre détachement qu'on avait lancé sur ses lignes d'étapes.

Dans le livret du personnel, comme dans une galerie commune, figuraient tous les généraux, depuis le plus célèbre jusqu'au plus obscur. Les états de service faisaient le fond des articles; on y voyait par quelles campagnes, par quelles armées, par quels services chacun s'était avancé. L'âge, les blessures, l'emploi actuel ou le séjour en retraite étaient indiqués. Hâtons-nous d'ajouter que ce livret ne se composait que de noms, de grades et de renseignements militaires. La police n'y jetait pas de son encre.

L'artillerie et le génie avaient un livret à part, et tous leurs détails s'y trouvaient disposés dans un ordre analogue à celui dont on a déjà pris l'idée. Car chez Napoléon l'unité des moyens et la simplicité de l'invention étaient remarquables ; le même procédé servait à tous les ressorts, comme un passe-partout sert à toutes les serrures.

Enfin il y avait un livret où les opérations de la levée des troupes étaient suivies par départements. C'était le livre noir des préfets. Le compte des retardataires et des déserteurs y formait une sorte de thermomètre politique.

Livret des armées étrangères.

C'était beaucoup, ce n'était pourtant pas assez pour l'Empereur, d'avoir sur un coin de sa table toute son armée rangée en bon ordre, les généraux en tête ; il était curieux de placer à côté les armées de l'Europe qui pouvaient devenir ses auxiliaires ou ses ennemis. Le ministre des relations extérieures avait donc aussi des livrets à tenir au courant. Cette autre collection était dressée sur les mêmes bases et avec les mêmes détails que celle de l'armée française et l'Empereur y lisait avec la même facilité; mais au lieu de chiffres précis, il n'y voyait que des chiffres probables; pour les avoir plus sûrs et plus exacts, il eût fallu corrompre et Napoléon aurait rougi de recourir à un pareil procédé; il aurait cru donner un signe de faiblesse. On a dit que plus d'un ministre étranger avait offert de se mettre à sa disposition; je ne sais, mais, s'il a pu faire ce marché, du moins il ne l'a pas fait. Peut-être a-t-il eu tort, peut-être la politique doit-elle faire sa proie de toutes les faiblesses humaines; et nous conviendrons que dans ce sens l'Empereur n'était pas le meilleur politique de son temps.

Quoi qu'il en soit, toutes les légations que l'Empire entretenait au dehors avaient pour instructions secrètes de tenir une note suivie de tous les mouvements de troupes qui passaient sous leurs yeux ou qui venaient à leur connaissance. Le nom des généraux ou des officiers commandants, le nom ou le numéro des régiments, leur force présumée; l'indication du pays qu'ils quittaient et de celui où ils allaient, telles étaient les principales notions à recueillir; il ne fallait rien négliger, pas même ce qui se trouvait dans les gazettes avec quelque authenticité. Ces renseignements étaient l'objet d'un bulletin à part et le ministère à Paris avait un bureau chargé d'en faire le dépouillement.

Entre ces différentes données, arrivant des côtés les plus opposés, des rapprochements successifs s'établissaient; une attention fortement préoccupée les comparait, les vérifiait, les complétait. Des résultats à peu près exacts s'obtenaient d'abord, se perfectionnaient ensuite, et l'Empereur, déjà si habile à juger de la force réelle des corps, d'après les probabilités de l'organisation militaire, était parvenu à la longue à se procurer, sur toutes les armées de l'Europe, des éléments approximatifs qui suffisaient pour la plupart de ses combinaisons.

Souvent les hasards de la guerre lui ont fourni l'occasion d'éprouver l'exactitude de ses livrets étrangers. Tout ce que l'interrogatoire des prisonniers ou des déserteurs pouvait produire de renseignements était aussitôt recueilli pour servir de contrôle aux livrets et presque toujours cette épreuve tournait à l'avantage du travail de Paris.

En Russie, les cosaques nous enlevèrent la calèche où étaient nos livrets de leur armée; l'ennemi s'y reconnut au point qu'il crut qu'on les lui avait dérobés, et il eut la naïveté de nous en faire des reproches dans les publications de l'époque. Rien ne prouve mieux l'habileté avec laquelle notre bureau statistique avait surpris l'empreinte de la vérité (1).

Le livret de la marine.

Celui-ci était pour l'Empereur le livre de l'avenir, et il l'interrogeait souvent. Dans la première partie, les bâtiments étaient classés par rang de constructions : vaisseaux à trois ponts, frégates, bricks, avisos, prames, bâtiments de flottille, etc. Chaque bâtiment avait son article indiquant : la date de la construction, c'est-à-dire l'âge du vaisseau, sa force en canons ; le nom du commandant et le numéro de l'équipage ; la station, la croisière, l'expédition, l'escadre, le port ou le chantier où il se trouvait. Si le bâtiment était au port, on savait d'un coup d'œil quel était l'état de son armement et de son approvisionnement ; s'il était au chantier, quels étaient les progrès de sa construction ou de sa réparation.

La seconde partie du livret groupait toute la marine par préfectures maritimes ou par grands ports de mer et par escadres. A l'article Brest que je pren-

(1) Le chef de ce bureau aux relations extérieures, depuis la nomination de M. le duc de Cadore, était l'auditeur Lelorgne d'Ideville. *(Note de l'auteur.)*

drai pour exemple, le livret interrogé nommerait le préfet maritime; les vice-amiraux, les contre-amiraux qui, par devoir ou par circonstance, habitaient ce port ou y séjournaient. Venaient ensuite les vaisseaux dans leurs différents degrés de disponibilité, savoir : les bâtiments en rade, en partance, en armement, en désarmement, sur le chantier pour réparations, enfin à la cale en construction. Les progrès de chaque construction étaient précisés par des chiffres fractionnaires indiquant que le vaisseau en était au quart, au tiers, à la moitié, etc.

Cette nomenclature des livrets devient trop longue; je sens que je dois l'abréger; et cependant il est nécessaire de dire un mot des livrets de finance.

Les livrets de finance.

Ces livrets avaient pour objet de tenir l'Empereur au courant de l'état de chaque crédit, de chaque dépense et de chaque caisse. C'est là qu'il pouvait voir les ressources que telle partie du service avait encore, les dettes dont telle dépense se trouvait grevée, les fonds que telle caisse avait à recevoir dans le mois et les payements auxquels elle avait à fournir. C'était une chose merveilleuse que sa promptitude à démêler dans ces lignes serrées ce qui était vraiment important. Un jour dans le cours du travail, son doigt s'arrête sur un article de 60,000 fr. payés à Paris à un régiment. Il le fait remarquer au ministre : « Ce payement, dites-vous, a été fait à Paris. » — « Sans doute. » — « Les pièces bien vérifiées ? » — « Assurément. » -- « C'est trop fort ! Le détachement est à cent lieues d'ici ; voyez cela de près ; il y a là une grande fraude. » Le ministre ne manqua pas de se faire rendre compte ; c'était en effet une fraude hardie commise à l'aide de formules imprimées qu'on avait revêtues de signatures parfaitement imitées.

Le tableau du revenu public lui en présentait les recouvrements mensuels ; il était ainsi en mesure de savoir comment les prévisions du budget se réalisaient, si quelques branches de recettes étaient en souffrance et si d'autres promettaient des compensations.

La situation matérielle des coffres et des portefeuilles lui était indiquée avec non moins d'exactitude ; on comptait pour ainsi dire, sous ses yeux, les sacs qui devaient satisfaire aux échéances du mois. Il aurait pu lui-même, si les fonds avaient manqué, désigner au caissier les valeurs qu'il fallait réaliser... ; en un mot il était toujours maître de suivre les moindres opérations de son trésor ; il les suivait, et peu de banquiers connaissent leurs chiffres aussi bien qu'il connaissait les siens. D'après l'ordre établi dès l'origine dans la comptabilité des finances, Napoléon voulait qu'un simple particulier, loin de tous les renseignements administratifs et à l'aide des seuls comptes publiés par les ministres, fût mis en état de retrouver facilement toutes les traces et les résultats principaux des opérations financières de l'Empire; ce que Napoléon désirait fut obtenu.

Cet ordre admirable de la comptabilité et surtout le soin que s'imposait l'Empereur de balancer lui-même ses recettes et ses dépenses, expliquent seuls comment tant de payements s'effectuaient dans tous les services, avec une régularité si invariable, sans contributions nouvelles, sans emprunts, sans anticipations, et au milieu de guerres perpétuelles.

Mercuriales.

Le prix du blé était pour l'Empereur un thermomètre de sûreté, sur lequel il avait souvent les yeux.

Pour débrouiller d'un regard tous ces chiffres qui rendent ordinairement les états de mercuriales peu commodes à comparer, il avait fait imprimer une petite carte de France où chaque département était représenté par un carré, et dans chaque carré on inscrivait le prix local du blé, suivant les dernières mercuriales; une enluminure divisait par cinq couleurs cette carte en cinq régions; le Midi, le Nord, l'Est, l'Ouest et le Centre. La couleur renvoyait à la marge où le maximum, le minimum et le médium du prix de la région était indiqué. Enfin, dans un résumé de deux lignes au bas de la carte, se trouvait le prix moyen pour toute la France, et les deux départements qui présentaient les deux extrêmes : le plus haut et le plus bas prix.

Ainsi, non seulement l'Empereur savait tous les quinze jours de la manière la plus saillante les variations du blé dans tous les coins de la France, mais encore, du même coup d'œil, il apprenait où était la pénurie, où était la surabondance, et il voyait aussitôt ce qu'il y avait à faire, pour aider au rétablissement de l'équilibre.

On comprend maintenant comment l'Empereur, du fond de son cabinet, pouvait s'occuper de tant de choses diverses, et se montrer à la fois si minutieux, si exact, et pourtant si rapide. Avec une telle munition de renseignements positifs dans la tête et dans les mains, il n'était jamais pris au dépourvu, et au contraire, il prenait à son gré sur son entourage des supériorités de tous les genres et de tous les moments.

Parlait-on au conseil et devant lui de la nécessité

de porter des troupes sur un point de l'intérieur où quelques désordres étaient à craindre, aussitôt après avoir jeté un coup d'œil sur son livret, il apprenait lui-même à son ministre de la guerre quelles troupes étaient le plus à portée et à quels généraux il fallait envoyer des ordres. Un plus grand développement de force était-il nécessaire, il trouvait sur sa feuille des mouvements les troupes en marche qui étaient au moment de passer dans le voisinage et il les faisait détourner. Les ordres étaient donnés sous sa dictée et sans désemparer.

Dans une période urgente, les calculs d'un ministre avaient-ils l'inconvénient de n'avoir pas été combinés avec ceux d'un autre, l'Empereur était en mesure d'y suppléer, et il le faisait aussitôt.

Passait-il la revue d'un corps de troupes, il savait où prendre les choses personnelles qu'il voulait adresser au général ou au colonel. S'arrêtait-il devant de vieux soldats, il savait de quelles batailles et de quelles campagnes leur parler; voulait-il faire sourire de jeunes conscrits, il avait aussitôt sur les lèvres le nom du pays qui les avait vus naître. Un maréchal se plaignait-il à tort de n'avoir pas assez de monde, l'Empereur lui écrivait, courrier par courrier ; c'était pour lui indiquer lui-même les ressources dont il n'avait pas parlé, tel corps qu'il avait oublié, tel renfort dont le ministre devait lui avoir annoncé l'arrivée.

En entrant dans une place de guerre, il savait mieux que le commandant comment l'armement de la place était composé, ce qu'il y avait sur les remparts de pièces de douze, de pièces de vingt-quatre, d'obusiers de huit pouces, etc., et dans les magasins, de quintaux de poudre, de boulets de calibre, de pièces sans affûts, etc.

Un préfet lui parlait-il de la conscription, il savait mieux que ce préfet le nombre de déserteurs que comptait le dernier contingent; allait-il visiter des travaux publics, il faisait à l'ingénieur le calcul des fonds déjà employés, et d'après la dépense savait juger le travail. Enfin, donnait-il audience à un ambassadeur étranger, il s'amusait quelquefois à lui apprendre le numéro des derniers régiments que son souverain venait de créer, ou de quelles troupes était composé le nouveau cordon qu'on formait dans son pays sur telle frontière.

Ces tours de force vont trouver moins d'admirateurs, maintenant que l'on connaît quelques-uns des ressorts qui aidaient à les produire; mais aussi ils trouveront moins d'incrédules.

Dans le temps, le prestige agissait avec une puissance extraordinaire, et bien peu de personnes, même au premier rang de l'entourage de Napoléon, se faisaient une idée juste, non seulement de toutes les facilités qu'il avait pour bien voir par lui-même, mais encore de l'habileté avec laquelle il savait se créer, pour son propre travail, des moyens de surveillance et de contrôle qui n'appartenaient qu'à lui. Pour moi, quand l'Empereur se mettait à feuilleter les papiers de sa table, je croyais voir s'ouvrir dans le fond du cabinet autant de fenêtres d'une lanterne magique, et il me semblait qu'alors l'intérieur d'aucun bureau n'échappait à ses regards (1).

(1) « Je travaillais, dit Beugnot, avec une ardeur singulière; j'en étonnais les naturels du pays qui ne savaient pas que l'Empereur exerçait sur ses serviteurs, et si éloignés qu'ils fussent de lui, le miracle de la présence réelle; je le croyais voir devant moi, quand je travaillais enfermé dans mon cabinet. » (*Mémoires*, t. II.)

CHAPITRE IX

FIN D'UNE MATINÉE DU CABINET

Toutes les heures passées dans la solitude du cabinet n'étaient pas uniquement consacrées aux affaires générales; quelques-unes étaient réservées à des délassements, ou plutôt à des travaux particuliers qui tenaient lieu de délassement.

Le domaine extraordinaire avait peut-être la plus grande part dans les occupations personnelles que l'Empereur se ménageait. C'était une ressource immense que ce domaine extraordinaire! En même temps que Napoléon y puisait des libéralités politiques peu communes, il y amassait des ressources dont le secret devait rester pour lui seul; aussi n'avait-il classé cette réserve dans les attributions d'aucun ministère; il en avait fait une administration à part, sous la direction de M. le comte Defermon; un trésor et un portefeuille à part, sous la garde de M. le baron de La Bouillerie; l'objet enfin d'une récapitulation à part, suivie dans son cabinet, sous ses yeux et par moi.

Mon travail se partageait sur deux gros livres qu'il avait toujours au coin de sa table : le livre des fonds et le livre des personnes.

Le livre des fonds contenait le total primitif des revenus, en terres et en rentes, attribués au domaine extraordinaire en Poméranie, en Pologne, dans le pays de Bayreuth, en Hanovre, en Westphalie, dans le pays de Hanau, dans les départements entre Meuse et Rhin, dans le Brabant hollandais, en Belgique, dans les départements romains, dans les départements de Parme et Plaisance, en Illyrie, sur les canaux de France, sur l'octroi du Rhin, sur le Mont de Milan et sur le Grand-Livre de France.

A côté du revenu primitif, les concessions prélevées dessus étaient annotées exactement; et ce qui restait net disponible ressortait ensuite hors de ligne.

Le livret des personnes était une espèce de dictionnaire des dotations. Un compte y était ouvert à chacun des donataires et l'on y trouvait non seulement le chiffre du revenu qui leur était concédé, mais encore l'indication du fonds sur lequel ce revenu était prélevé.

Lorsque l'Empereur voulait distribuer des dotations, il les calculait lui-même, ayant sous les yeux ce qu'il avait déjà donné.

On lui remettait avec une grande exactitude le bordereau des échéances du portefeuille. Quant à la caisse, trois clefs fermaient le caveau du pavillon Marsan qui la contenait. Le trésorier La Bouillerie avait une de ces clefs; le prince de Neuchâtel était dépositaire de la seconde, et la troisième était attachée au clou de la cheminée, dans le cabinet. Lorsqu'il fallait s'en servir, l'Empereur la confiait ordinairement au maréchal Duroc.

Je viens de montrer en passant les éléments matériels de ce fameux travail des dotations qui, pour tant de monde, semblait mettre la grande roue de fortune en branle et qui en réalité n'a pas même achevé le premier tour! Avant de détourner les yeux de cette loterie, je voudrais du moins soulager ma mémoire d'une anecdote où je puis montrer Napoléon tel qu'il était pour nous; qu'on me permette de figurer dans cette scène d'intérieur.

On était à la veille d'une de ces époques qui servent d'occasions pour la distribution des grâces et des récompenses. L'Empereur, à son bureau, tenait son Grand-Livre des dotations ouvert devant lui; une plume à la main, il faisait des chiffres sur une feuille détachée, et pendant ce temps, je m'occupais à mettre de l'ordre dans les distributions qu'il venait de me dicter. Après avoir tourné plusieurs feuillets du gros livre, il s'arrête en me regardant : « Ah! monsieur le gaillard, dit-il, je vous trouve! vous voilà! Dix mille francs de revenu en Poméranie! On ne dira pas au moins que j'ai oublié mes secrétaires. »

J'avais sur le cœur cette dotation : l'ironique interpellation de l'Empereur me décide, et me levant : « Votre Majesté daignera-t-elle me permettre un mot à ce sujet? — Qu'est-ce donc? — Assurément Votre Majesté a voulu me traiter avec une générosité infinie, et dix mille francs de rente seraient bien au delà de mes mérites. Je suis reconnaissant comme si vos bonnes intentions s'étaient réalisées; mais enfin cette dotation n'est qu'en chiffres; je n'en ai pas encore touché un sol; et j'ai honte d'être porté sur vos états pour un avantage que je n'ai pas. Je voudrais donc obtenir la permission de supprimer mon article. — Ah! voilà qui est fort! répond l'Empereur, en se levant brusquement de son fauteuil. Est-ce que cela n'est pas bon? Cela le deviendra. Au surplus, je ne reprends rien; ce que j'ai donné est donné; je n'efface rien, entendez-vous? J'aime mieux vous en donner une seconde; serez-vous content?... et à Meneval aussi qui est là dans un coin et qui ne dit rien. Dix mille francs pour chacun, vous comprenez? l'un sur le Grand-Livre, l'autre sur le Mont de Milan; arrangez cela... » Et passant aussitôt dans son salon où quelqu'un l'attendait, il nous laissa tout étourdis sous le coup du bienfait.

Il mettait de l'ordre, de l'économie et de la libéralité jusque dans l'administration de la petite cassette; on appelait ainsi sa bourse particulière.

Le trésorier de sa maison y versait tous les mois quinze mille francs en or. Son secrétaire la lui gardait dans un coffret à compartiments qui, au moment d'un voyage de long cours, a contenu quelquefois jusqu'à cent mille francs. Un petit registre, enfermé dedans, était là pour recevoir la note de la recette et celle de la dépense; on voyait figurer dans cette dépense comme articles ordinaires des prélèvements journaliers pour la poche de l'Empereur; d'autres prélèvements, à des termes plus ou moins éloignés, pour garnir le fond du nécessaire de la chambre à coucher ou du nécessaire de la voiture de voyage; le jeu des appartements; les gratifications et les secours accordés dans les visites, dans les promenades et dans les chasses; enfin, quelques rétributions particulières aux domestiques les plus intimes, tels que Constant et Roustan.

Ce courant prélevé, il restait à l'Empereur de quoi

rendre ce qu'il appelait « des services d'ami ». Cet argent de la cassette lui semblait à lui en propre et beaucoup plus le sien que tout autre; aussi trouvait-il plus de plaisir à le donner.

En général, ses dons de la cassette se rattachaient à des relations personnelles et privées; c'était l'homme qui donnait et non l'Empereur, et les sommes ne dépassaient pas les bornes dans lesquelles tout particulier, quelque riche qu'il soit, est obligé de renfermer sa générosité (1).

Plus son trésor était petit et plus il y tenait ; on va voir comment il savait le défendre.

Au retour de Russie, j'avais été assez heureux pour rapporter sa cassette saine et sauve ; mais dans l'un des plus grands embarras de la route, je ne m'étais fait aucun scrupule de prélever dessus une cinquantaine de napoléons ; c'était à la montagne de Ponary près Vilna ; nous n'avions plus que quelques pas à avancer pour arriver au faîte, quand nos chevaux avaient refusé ce dernier coup de collier. Heureu-

(1) Il ne paraîtra sans doute pas étonnant qu'il fit une pension à sa nourrice et à la fille de sa nourrice; mais ce que je ne dois pas omettre, c'est qu'il en faisait une à la nourrice de Louis XVI, considérant cette dette comme ayant passé à la charge de sa position personnelle.

J'ai dit ailleurs qu'il faisait une pension de 3,000 francs au général Cartaux qui avait été son général au siège de Toulon, et une autre aux sœurs de Robespierre qui n'avaient plus rien à elles, pas même la pitié publique. *(Note de l'auteur.)*

sement une compagnie de Bavarois passant par là avait pris pitié de notre position ; ces braves gens avaient enlevé à bras notre landau aux cris de « Vive l'Empereur », et c'était en reconnaissance que je leur avais donné cette gratification.

«... Un moment, me dit l'Empereur en s'arrêtant sur cet article de mon compte ; je ne dois pas payer cela; vous avez très bien fait de gratifier vos Bavarois ; mais la caisse de mes écuries a des fonds pour les accidents de voyage. D'ailleurs, vous êtes parvenu à leur ramener le landau qu'ils auraient perdu sans cette dépense et c'est bien le moins qu'ils vous en tiennent compte. Allez donc trouver le grand écuyer et arrangez cela avec lui ; tâchez qu'il vous rembourse l'argent des Bavarois et en or, s'il est possible, pour pouvoir le remettre dans la cassette. » On pense bien que je n'eus pas grand'peine à terminer le lendemain cette affaire au gré de l'Empereur.

Deux ou trois fois par mois, l'Empereur réglait le compte de la cassette ; il en vérifiait le livre la plume à la main ; il balançait lui-même la recette et la dépense et arrêtait de sa propre écriture la somme qui devait former la première ligne du compte suivant...

On le voit, l'Empereur se plaisait à compter ; il y avait dans le maniement des chiffres une espèce de joie pour son esprit. On ne s'étonnera donc pas que quelquefois il recherchât le rôle de maître des comptes.

Certainement il se reposait, et avec raison, sur sa Cour des comptes de l'apurement de toutes les comptabilités ministérielles ; mais il y a certaines dépenses qui ne sont pas de nature à être détaillées sous les yeux de cette Cour. Les comptes secrets des relations extérieures et de la police générale sont dans ce cas d'exception. L'Empereur s'en était réservé l'examen ; il se faisait remettre aussi par M. de La Bouillerie le compte de la grande cassette. Par combien de difficultés n'essayait-il pas alors de constater que son coup d'œil avait pénétré jusqu'au fond de ces comptes ! La moindre erreur de chiffre, le moindre défaut de forme lui suffisait pour mettre un article en suspens ; il était assurément le vérificateur de son empire le plus difficile à satisfaire.

Ce n'était pas seulement le matériel de la comptabilité que l'Empereur cherchait dans cet examen ; il y trouvait encore l'occasion de comparer les frais avec les produits. Tel genre de service lui devenait-il onéreux ou inutile, il veillait à ce que cette dépense ne se perpétuât pas. Au contraire il encourageait ce qui était utile sans être trop cher. Il avait surtout à cœur d'empêcher que le gaspillage s'introduisît dans des dépenses que la sûreté de l'État devait rendre sacrées pour toutes mains délicates.

L'Empereur m'avait formé au travail préparatoire de cet apurement. J'avais à étudier ces comptes ; je les voyais et les revoyais par détails ; je devais passer des nuits entières sur les chiffres pour y trouver des fautes ; il fallait en trouver ; les plus légères n'étaient pas dédaignées ; l'Empereur voulait à toute force qu'on lui en trouvât, fût-ce une erreur de centimes, tant il avait à cœur de prouver que rien ne lui échappait.

Un travail de cette nature me mit un jour dans une position assez piquante à l'égard du ministre de la police ; c'était le duc de Rovigo. Depuis quelque temps, il avait déposé son compte secret entre les mains de l'Empereur, et il commençait à s'inquiéter de ce que cette affaire ne finissait pas ; peut-être s'inquiétait-il plus encore du tiers inconnu que l'Empereur pouvait avoir mis dans la confidence. Plusieurs fois, dans ses allées et venues du matin aux Tuileries, il s'était glissé par le corridor noir pour venir frapper à la petite porte du cabinet et demander tantôt à Meneval, tantôt à moi ce que son compte était devenu? par où il avait passé? quelle enquête on faisait dessus? à qui il fallait s'adresser pour presser ce travail? si ce n'était pas à Maret? si ce n'était pas à tel autre? et jamais nous n'avions manqué de lui répondre que son dossier était resté entre les mains de l'Empereur lui-même. C'était notre consigne de répondre ainsi, et pour ma part, je goûtais un secret plaisir à me trouver en ces termes avec le ministre qui *devait tout savoir*. Un matin que je venais de lui répéter, du ton le plus naturel que j'avais pu prendre, la réponse accoutumée, je fus appelé par l'Empereur. Le ministre s'était décidé à parler de ses comptes; l'Empereur aussitôt avait été chercher le dossier sur sa table et la petite guerre avait commencé. Le ministre s'était vu forcé de reconnaître plusieurs inexactitudes; il avait déjà tenu note de quelques quittances à rapporter, et toutes nos sévérités produisaient leur effet, lorsqu'un article est arrivé, dans la discussion duquel le ministre était parvenu à ressaisir l'avantage. L'Empereur, qui n'avait pas eu le temps d'approfondir toutes mes observations, avait craint un moment de rester court, et c'est ce qui l'a décidé à me faire venir; dans son impatience, il a levé le voile sous lequel il lui avait plu de me cacher et me voilà forcé de m'expliquer sur des points qu'une heure auparavant j'avais fait mine de ne pas même soupçonner. Je ne pus m'empêcher d'en rire en regardant l'Empereur qui à son tour ne tint plus son sérieux, et cette fois le ministre emporta son quitus assez gaiement. Notre Cour des comptes du cabinet avait encore trois autres petites caisses dans ses attributions ; je n'en ferai point grâce.

Les fonds accordés comme subvention à l'Académie impériale de musique subissaient un prélèvement confidentiel dont l'Empereur se réservait l'emploi. Il y avait une *cassette de l'Opéra,* elle était entre les mains du grand maréchal du palais, qui délivrait les bons ; le caissier de l'Opéra les acquittait. La plus grande partie des aumônes de la grande aumônerie était puisée à cette source ; on trouvait encore dans cette réserve un fonds spécial de gratifications pour les artistes et d'indemnités pour frais divers de représentation et de service de Cour.

L'Empereur avait également à sa disposition personnelle le produit du sceau des titres. Comme cette caisse était dans les attributions de l'archichancelier, l'Empereur l'appelait la *cassette de Cambacérès*, il n'en réglait pas moins lui-même l'emploi des fonds. Cet emploi était arrêté d'avance dans un budget, et le cabinet avait la vérification des comptes du trésorier ; cette caisse fournissait des gratifications au service judiciaire et des indemnités à d'anciens magistrats dont on n'aurait pu autrement régler la pension.

Enfin, puisque je suis entré dans ces détails, je ne dois pas omettre le fonds des lots non réclamés. La loterie porte en dépense les lots qui sortent, mais elle ne trouve pas à les payer tous ; des joueurs oublient leur mise et ne s'informent plus du bonheur qu'ils ont eu ; d'autres meurent avant de le connaître, emportant avec eux le secret de leur jeu ; en un mot bien des billets se perdent et s'anéantissent, dont les numéros deviennent alors inutilement gagnants. L'argent de ces lots, une fois sorti de la caisse, n'y rentre pas. Quand il a attendu son maître et que celui-ci ne se présente pas, on lui en donne un autre. Le duc de Gaëte tenait un compte confidentiel de ces fonds variables et l'Empereur en disposait. *C'était donc la cassette de M. Gaudin* (1). L'Empereur y puisait les indemnités et gratifications méritées par la probité financière ; aussi dans cette distribution n'a-t-il jamais oublié ses deux ministres Gaudin et Mollien.

Ces cassettes secrètes, ces fonds détournés, ces distributions confidentielles qui échappaient aux règles de la comptabilité, voilà plus qu'il n'en faudrait sous tout autre régime pour faire la joie des courtisans, le désespoir d'une bonne économie, et le triomphe du gaspillage, mais avec Napoléon il y a

(1) Cf. *Correspondance*, 20 juin 1811, 17287. — « M. le duc de Gaëte, je désire que vous me fassiez connaître ce qui existe à la caisse de la loterie pour lots non réclamés sur l'exercice de 1810 et années antérieures... »

toute sécurité; d'ailleurs cette analogie qui se conserve ici entre l'origine et la destination des fonds; ce système de justice distributive qui se poursuit jusque dans les dons de la munificence; les limites étroites de ces cassettes qui n'admettent et qui par conséquent ne sauraient répandre de profusions; cette comptabilité d'office peut-être plus minutieuse que la comptabilité légale, tout exclurait le soupçon d'un abus, si déjà la ponctualité de Napoléon n'en avait prévenu la première idée. Du moment que c'est le prince lui-même qui se réserve cette irrégularité, on est tout disposé à n'y voir qu'une exception utilement ménagée à l'ordre habituel; et en effet, quand tout est si bien réglé que les caisses publiques ne peuvent s'ouvrir à l'arbitraire de l'imprévu, il y a une foule de dettes qui retombent à la charge de la munificence et de la justice personnelle du prince.

Napoléon y faisait face avec les balayures de caisses que nous venons de voir; il se les pardonnait comme un supplément à son droit de faire grâce; toutes ces petites cassettes réunies ne lui donnaient pas un million par an; mais ce million passait bien réellement par ses mains.

Ce que j'ai dit des différents genres de travail que Napoléon avait l'habitude de trouver dans l'intérieur de son cabinet, quand il y prolongeait sa matinée, suffit, ce me semble, pour qu'on puisse entrevoir ce qu'il faisait, sinon dans une seule matinée, du moins dans la succession de celles qu'il employait ainsi.

Cependant, au milieu d'un travail aussi opiniâtre et aussi continu, il fallait bien de nécessité s'arrêter de temps en temps; alors un livre devenait la ressource ordinaire de l'Empereur; tantôt il prenait dans la collection de la semaine une brochure du jour, quelque opuscule littéraire de Chénier, d'Esmenard (1) ou de Legouvé ou quelque roman nouveau de Mme Gay, de Mme de Genlis ou de Mme de Staël; tantôt il ouvrait la bibliothèque et relisait une scène de Corneille, un fragment de Tacite, les commentaires de César, quelques pages de Quinte-Curce ou de Frédéric. Quelquefois aussi l'arrivée d'une dépêche télégraphique, d'un officier en mission, ou d'un courrier, venait déranger tout à coup l'allure tranquille et silencieuse que le travail avait fini par prendre. Cette surface mobile qui naguère se berçait dans une oscillation toute régulière, le moindre vent suffit alors pour la soulever en flots bondissants. Les secrétaires sont appelés; ils se succèdent la plume à la main et avant même qu'ils aient pu s'asseoir,

(1) Esmenard, membre de l'Académie française, auteur du poème de *La Navigation* qu'il avait écrit au retour de Saint-Domingue où il avait accompagné le général Leclerc.

l'Empereur leur dit : *écrivez*; ils ne sauraient recueillir assez promptement toutes les idées qui l'assiègent. Napoléon va dictant de l'un à l'autre : à Meneval, la réponse au maréchal ; à Fain, l'ordre au ministre ; à Mounier, la minute d'un décret ; à d'Albe, l'article qui sera inséré le lendemain dans le *Moniteur* ; à l'aide de camp de service, une instruction pour des messages à porter d'urgence ; il veut dicter encore ; mais les expéditions ne vont pas aussi vite que la dictée ; il n'a plus assez de secrétaires ; on lui apporte une première lettre à signer ; il signe ; il veut faire partir ; il envoie chercher le courrier ; il plie la lettre et souvent se brûle les doigts en voulant cacheter lui-même. Cependant il est cinq heures ! C'est le moment où le ministre secrétaire d'État vient faire son travail ; on devrait l'avoir annoncé ; on l'annonce enfin... L'Empereur passe aussitôt dans le salon, et ce travail avec le ministre achève ordinairement la matinée.

Cette première partie a été consacrée tout entière au cabinet intérieur ; la seconde va l'être au cabinet extérieur.

DEUXIÈME PARTIE

NAPOLÉON

DANS SON CABINET EXTÉRIEUR ET DANS SES CONSEILS

CHAPITRE PREMIER

LE CABINET EXTÉRIEUR
TRAVAIL AVEC LE PRINCE DE NEUCHATEL

Il est temps de sortir de l'intérieur. L'Empereur aimait à s'y tenir renfermé ; mais le Conseil des Ministres, les conseils d'administration et certaines séances du Conseil d'État réclamaient à jour fixe sa présence. Il avait en outre bien des heures à distribuer entre l'archichancelier, le ministre des relations extérieures, le prince de Neuchâtel, et ceux de ses ministres et conseillers d'État qui apportaient quelque travail pressé.

J'ai déjà dit que l'Empereur ne recevait pas dans son cabinet intérieur ; c'était dans le salon voisin qu'il passait pour travailler avec ceux qui le demandaient. Là, deux petites tables, recouvertes d'un tapis vert, bordé d'une frange d'or, étaient placées diagonalement en avant des deux angles du fond de la pièce ; sur chaque table était une écritoire, et derrière, un fauteuil réservé à l'Empereur. Quand il s'asseyait à l'une ou à l'autre table, il tournait le dos au fond de la pièce et avait la fenêtre devant lui. Le ministre développait sur le bout du tapis les papiers de son portefeuille et ne s'asseyait lui-même que quand l'Empereur, voyant un changement à faire, un développement à y ajouter, ou quelque instruction à donner pour un nouveau travail, se levait et dictait ses idées ; le ministre se plaçait alors à l'extrémité de la table, prenait ses notes et retenait de son mieux tout ce que l'Empereur dictait. Le prince de Neuchâtel, M. de Bassano et M. Daru étaient d'une grande habileté à suivre la parole de l'Empereur. Quelquefois Napoléon appelait un secrétaire pour écrire et l'autre table restée vacante servait à cet usage.

Ordinairement la conférence se passait debout : l'Empereur allait et venait du fond de la pièce à la fenêtre et son interlocuteur suivait les mêmes mouvements. Quand de pareilles audiences s'étaient succédé pendant plusieurs heures, et cela arrivait assez souvent, l'Empereur commençait à le ressentir à ses jambes et se trouvait heureux, en rentrant dans le cabinet, de se jeter sur sa causeuse pour y prendre quelque repos.

Pendant tout le temps que l'Empereur était en conférence dans son salon, on ne se permettait pas de l'interrompre, à moins que ce ne fût pour une cause urgente, et, dans tous les cas, le chambellan ne se serait jamais présenté sans avoir auparavant gratté à la porte.

Dans le petit nombre de travailleurs intimes entre lesquels l'Empereur partageait volontiers les heures de sa matinée, je dois citer d'abord le prince de Neuchâtel. Tout l'intervalle de temps qui s'écoulait d'une campagne à l'autre, Berthier venait le passer à Paris. L'État voyait en lui son vice-connétable, et la Cour son grand veneur; mais pour Napoléon, à travers ces rangs, ces titres, ces honneurs, il n'a jamais vu dans Berthier que son chef d'état-major. Il ne faut pas perdre de vue que Napoléon lui-même, tout Empereur qu'il était, n'a jamais quitté un moment ses habitudes de général en chef, et que de près ou de loin, il fallait toujours qu'il en fît un peu le métier. C'est dans cette habitude que se place l'existence réelle de Berthier auprès de Napoléon. Le général en chef, en se continuant sous le titre d'Empereur, a conservé le chef d'état-major; Berthier a donc aux Tuileries son travail courant d'état-major comme à l'armée; il correspond de Paris, comme du camp, avec ceux des corps d'armée éloignés dont il a plu à l'Empereur de se réserver la direction. Nous le voyons en 1810 et 1811 suivre avec l'Espagne la correspondance militaire par laquelle l'Empereur s'efforce de suppléer au zèle et à l'ensemble que sa présence seule pourrait donner; et les hivers suivants, c'est encore Berthier qui, de Paris et sous la dictée de Napoléon, opère dans le Nord tous ces grands mouvements de troupes dont les dernières campagnes de l'Empire ont été précédées.

CHAPITRE II

TRAVAIL AVEC L'INTENDANT GÉNÉRAL ET LES PRINCIPAUX OFFICIERS DE LA MAISON. — SOINS QUE L'EMPEREUR DONNAIT A SES DÉPENSES DE MAISON.

Le travail de l'Empereur avec l'intendant général et le trésorier pour les dépenses de sa maison était la répétition de celui auquel il se livrait avec ses ministres pour les dépenses de l'Empire; même ordre, même système, mêmes formes; l'intendant pouvait facilement passer ministre et le ministre, intendant. Avec l'Empereur, la grande affaire était de savoir se renfermer dans un budget, et chacun y parvenait sans trop de parcimonie; il est même des années qui n'ont pas employé tous leurs fonds; l'Empereur alors distribuait volontiers le restant en gratifications : c'était une prime qu'il assignait au zèle sur l'économie. On avait en outre une réserve pour les cas extraordinaires; mais l'on n'y touchait qu'en vertu d'ordre exprès; c'était un compte à part. Le couronnement, le mariage, le baptême ont eu leur

8

budget séparé. Napoléon conciliait une grande représentation de cour avec l'exactitude et la régularité d'une maison de commerce; il revisait tout; mais pour voir vite et juste, il avait sa méthode favorite; c'était d'opposer un calcul de raison au calcul des chiffres; on va voir comment.

Tous les comptes étaient dressés par spécialité. Il s'arrêtait sur le premier article venu, sur la dépense du sucre, par exemple, au chapitre des frais de l'office : prenant une plume, il se mettait à calculer le nombre de livres de sucre qui devaient avoir été employées, d'après la somme portée pour cette dépense : « Combien de personnes compte-t-on dans ma maison qui consomment du sucre? demandait-il ensuite. — Sire, tant... — Combien de livres puis-je allouer pour la consommation de chaque personne, l'une dans l'autre? — Sire, tant... — Bon, » disait-il, et il achevait son calcul. S'il trouvait la dépense justifiée dans une quantité approximative pour une consommation raisonnable, il se montrait satisfait, et l'affaire de cette comptabilité était dès lors terminée dans son esprit; mais si la probabilité de la consommation accusait la dépense d'exagération ou le compte d'inexactitude, il se récriait; il ordonnait une vérification; il fallait que cela s'éclaircît : *en fait de comptes, tout doit se retrouver*; c'était sa maxime.

Admirable ressource que la persévérance du maître à compter lui-même. On ne saurait trop dire quel parti Napoléon en a tiré ! C'est en procédant obstinément et graduellement, par budget et par année, qu'il a pu suffire aux plus grandes dépenses, aux plus grandes largesses ! « Je n'ai pas meublé mon château de Fontainebleau tout à la fois », disait-il avec quelque orgueil en le présentant aux Hollandais. Tout en défrayant la cour la plus brillante, on sait ce qu'il a réservé de millions pour la réparation à neuf des palais de la Couronne ; et cependant sa maison avait toujours des fonds de reste. En quittant le trône, il a laissé pour cinq millions d'argenterie et pour plus de cinquante millions de meubles et de diamants (1). Il est assez remarquable que celui qui a disposé de tant de richesses n'a jamais eu de propriété particulière. La Malmaison était à sa première femme. « Chacun a ses idées, disait-il un jour à M. de Las Cases ; j'avais le goût de la fondation, mais je n'ai jamais eu celui de la propriété. » Il a institué le domaine privé; mais ce n'était qu'une filière pour

(1) En retour, deux misérables millions avaient été accordés par le traité de Fontainebleau, comme indemnité testamentaire, aux derniers serviteurs qui l'entouraient alors ; eh bien ! j'ai eu l'occasion de le dire ailleurs ; après dix ans je le répète encore : à la honte de la probité de nos Princes, cette dette sacrée de la Restauration n'a pas encore été acquittée par ses ministres. *(Note de l'auteur.)*

constater l'héritage que l'économie personnelle de chaque prince laisserait à l'avenir au domaine de la couronne.

Si la gloire militaire de Napoléon jette un reflet sur ses hommes de guerre, si l'éclat de son gouvernement rejaillit sur ses hommes d'État, les succès de son économie domestique ne font pas moins d'honneur à la probité de ses hommes d'affaires. Comme Trajan, il les avait si bien choisis que la plupart des citoyens qui auraient eu à plaider contre lui n'auraient pas voulu d'autres juges que ses intendants (1). Leurs noms donneront peut-être quelque intérêt à des détails d'administration de maison qui ordinairement en comportent peu.

Le premier intendant a été M. Claret de Fleurieu, ancien ministre de la marine sous Louis XVI. A la mort de M. de Fleurieu, l'Empereur appela M. Daru, et celui-ci est resté *l'homme de la place ;* c'est M. Daru qui a été véritablement l'intendant de la couronne; il était aussi intendant du domaine privé. J'ai vu ce laborieux administrateur apportant en cette dernière qualité un grand état dont les colonnes présentaient tous les éléments du produit d'une ferme rurale; il s'en était occupé lui-même, comme il eût

(1) *Ingens hoc meritum... quod eos procuratores habes ut plerumque cives tui non alios judices malint.* (PLINE.)

pu faire d'un état de magasin de vivres et de fourrages.

Dans les dernières années, M. Daru ayant passé à l'administration de la guerre, ce fut M. le duc de Cadore qui consentit à venir le remplacer. La modestie de cet ancien ministre se prêtait à tous les services d'intérim que l'Empereur pouvait lui demander.

Le Trésor fut longtemps confié à M. Estève qui avait été payeur de l'armée d'Égypte; mais sa santé s'étant gravement dérangée, l'Empereur s'était vu forcé de lui donner un successeur; il voulut le choisir dans les payeurs d'armée dont il avait le plus à se louer; c'est à ce titre que M. de La Bouillerie devint trésorier général de la couronne en 1809.

Après ces deux chefs de l'administration de la maison venaient les administrateurs secondaires, dans lesquels l'Empereur se plaisait à retrouver d'anciens camarades d'enfance, ou d'anciens compagnons d'Égypte.

Pour Napoléon, M. Desmazis, administrateur du mobilier de la couronne, et, je crois, M. Lelieur de Ville-sur-Arce, administrateur des parcs et pépinières, dataient de Brienne; le baron Costaz, intendant des bâtiments, et le baron Denon, directeur du musée, dataient de l'Égypte.

Je ne sais comment, entraîné par mes habitudes

paperassières à travers tous ces comptes d'administration, je n'ai pas encore nommé ceux à qui l'Empereur devait principalement l'ordre actif de sa maison. Duroc et Caulaincourt fournissaient peu d'écritures aux travaux du cabinet; mais l'un comme grand maréchal du palais, l'autre comme grand écuyer, ne vivaient que de la vie de l'Empereur; on eût dit qu'ils n'avaient d'autre pensée, d'autre règle, d'autre volonté que la sienne! C'était comme d'instinct qu'ils allaient si juste au-devant de ce qu'il fallait faire et qu'ils comptaient si net de ce qui avait été fait.

Le grand maréchal et le grand écuyer arrivaient jusqu'à l'Empereur à toute heure, suivant l'urgence de l'ordre qu'ils avaient à demander; c'était ordinairement au lever et au coucher qu'il leur suffisait de se présenter; mais avec l'intendant général et le trésorier, il y avait des portefeuilles à vider et il fallait tables, plumes et encre : l'Empereur leur assignait un jour et une heure de la matinée. Ce travail se répétait au moins une fois par semaine; il avait lieu hors de nos yeux, dans le cabinet extérieur.

Nous aurons tout dit sur les serviteurs avec lesquels l'Empereur faisait réellement les affaires de sa maison, quand nous aurons nommé son premier architecte Fontaine, qui possédait à juste titre sa confiance et comptait parmi ses serviteurs les plus familiers.

CHAPITRE III

CABINETS DES GRANDS APPARTEMENTS
CONSEIL DES MINISTRES

Le conseil des ministres et les conseils d'administration se tenaient dans le cabinet des grands appartements; les personnes qui devaient y assister arrivaient par le grand escalier du milieu et attendaient dans la salle du trône; la convocation était ordinairement pour une heure. L'Empereur, averti par le chambellan de service, passait dans le grand cabinet par un couloir ménagé entre la chambre à coucher et le cabinet des cartes.

Le mercredi était le jour consacré au conseil des ministres. La table ronde était dressée; il y avait autant de chaises que de ministres; le fauteuil de l'Empereur tournait le dos à la cheminée, la chaise du ministre secrétaire d'État y faisait face. Les ministres introduits, l'Empereur s'asseyait; chacun prenait place et la séance commençait.

Chaque ministre vidait à tour de rôle son portefeuille sur la table et faisait en présence de ses collègues les différents rapports de son département. Dans bien des cas, après un exposé sommaire, on ne donnait lecture que du projet de décret qui contenait les conclusions. L'Empereur provoquait toujours l'avis de ceux des autres ministres qui pouvaient avoir des connaissances relatives à l'affaire; lui-même il disait ce qu'il pensait dans ce premier aperçu, et quand l'affaire était bien entendue, on passait à une autre.

Dans cette réunion intime, l'Empereur s'attachait surtout à résoudre tous les doutes, à fixer toutes les incertitudes qui pouvaient embarrasser les ministres. Il cherchait, dans les diverses questions qui lui étaient soumises, l'occasion d'appliquer ses règles d'administration et de gouvernement; il s'abandonnait même volontiers à leur développement; il voulait qu'aucun effort ne se perdît hors du mouvement qu'il fallait fournir en commun. La force de son gouvernement devant être dans l'unité du système dont il était l'âme, le plus important de ses soins était de maintenir cette unité entre lui et ses ministres.

Pour ceux-ci, cette réunion était un *cours pratique où ils apprenaient l'Empereur* et se perfectionnaient dans l'art de gouverner à son gré. En sortant, ils se sentaient toujours plus habiles et marchaient d'un pas plus ferme.

L'Empereur ne s'était pas mis dans la sujétion de signer en conseil. A mesure qu'un projet de décret était présenté, le dépôt en était fait sur le bureau avec le rapport et les pièces à l'appui. Une feuille de travail contenant le sommaire des différents projets apportés par le ministre servait d'enveloppe au dossier qu'il laissait pour la signature, et, dans cet état, le tout passait dans les mains du ministre secrétaire d'État ; celui-ci recueillait ainsi successivement le travail de chacun de ses collègues et demeurait chargé de le présenter plus tard à la signature de l'Empereur.

Les ministres ne remportaient donc de la séance que l'impression de ce qui s'était dit et passé devant eux. Le secrétaire d'État avait tenu note de toutes les décisions et instructions qui devaient leur être envoyées par écrit plus tard avec le résultat du travail de la signature.

CHAPITRE IV

CONSEILS D'ADMINISTRATION

Les lundi, jeudi et samedi étaient les jours les plus habituellement réservés pour la tenue des conseils d'administration. Quand il n'y en avait pas plusieurs dans la même matinée, l'heure de la convocation était ordinairement la même que pour le conseil des ministres. Rien de moins rare cependant que des conseils d'administration qui commençaient dès neuf heures du matin pour se succéder jusqu'à sept ou huit heures du soir ; il en était ainsi presque toujours à l'arrivée d'un long voyage ou dans les derniers jours qui précédaient une nouvelle absence. Alors l'Empereur croyait n'avoir jamais assez de temps pour tout voir, tout entendre et tout décider.

Nous n'avons pas encore dit ce que c'était qu'un conseil d'administration, et cette dénomination un peu vague a cependant besoin d'être précisée.

Les conseils d'administration avaient pour objet l'examen à fond d'une seule affaire ou d'une seule espèce d'affaires. Le plus souvent, c'était à l'occasion du règlement des budgets de détail, tels que le budget des ponts et chaussées, celui du génie militaire, celui du génie maritime; le budget particulier de la Ville de Paris, etc. Il s'agissait alors d'examiner l'emploi qu'on avait fait de l'argent accordé précédemment et de régler les crédits qu'il faudrait continuer.

Diverses questions particulières de finance et de commerce devenaient aussi le sujet de ces délibérations élémentaires. Non seulement l'Empereur appelait auprès de lui des hommes d'État dont l'expérience dans la matière lui était bien connue; mais il appelait aussi *le bureau* et, pour un moment, s'en faisait pour ainsi dire *le chef*. Le ministre, le chef de division, le chef de bureau travaillaient sous lui. Il se faisait ouvrir les cartons, s'instruisait des traditions, comparait les devis, étudiait les plans, ne reculait devant aucun détail, et les attirait au contraire avec l'ardeur de bien connaître. La théorie de la science, les habitudes du bureau ne lui suffisaient pas; il lui fallait encore l'expérience pratique et la connaissance du terrain, des localités ou du pays. Il faisait donc venir à Paris les directeurs des travaux, les administrateurs des communes ou des établissements et les principaux intéressés qu'il lui paraissait utile d'entendre ; il les faisait appeler au conseil, et là, il se plaisait à mettre en présence ceux qui donnaient les ordres et ceux qui les exécutaient.

Ce débat entre des hommes techniques qui ne parlaient que de ce qu'ils savaient bien, était le principal avantage que l'Empereur se proposait dans ces réunions.

On sait maintenant ce que c'était qu'un conseil d'administration et il est facile d'en supposer l'application à tous les genres d'affaires (1).

Ceux que Napoléon convoquait le plus habituellement étaient les conseils de finance, les conseils de commerce, les conseils de subsistances, les conseils du génie, les conseils d'artillerie, les conseils des

(1) Cf. l'ordre du 11 janvier 1808 sur les conseils d'administration : « Il y aura conseil d'administration les lundi, jeudi et dimanche de chaque semaine... Le conseil d'administration du lundi sera pour la guerre, celui de jeudi pour l'intérieur, celui du dimanche pour les finances...

« On y appellera, indépendamment des ministres et conseillers ministres d'État, les conseillers d'État ou autres personnes qui seront demandées par les ministres et les maîtres des requêtes qui seront désignés par Sa Majesté.

« Les ministres amèneront les chefs de division et de bureau qu'ils croient pouvoir être utiles pour donner des renseignements.

« *Conseil d'administration de la guerre :*

« Seront membres du conseil d'administration de la guerre les ministres de la guerre, de l'administration de la guerre et le ministre d'État

ponts et chaussées et des travaux publics, les conseils des travaux maritimes, les conseils d'administration de la guerre, etc.

Les conseils du génie et des ponts et chaussées étaient ceux de prédilection. Il y passait en revue, et plusieurs fois dans certaines années, tous les travaux qui se poursuivaient dans l'Empire ; les ouvrages d'Alexandrie, d'Anvers et de Danzig ; les canaux de l'intérieur, les rampes des Alpes, les bassins de Cherbourg et les embellissements de Paris lui fournissaient des détails inépuisables.

Le ministre de la guerre était toujours présent dans les conseils de l'administration de la guerre, du génie et de l'artillerie.

Pour les conseils d'administration de la guerre, le comte Daru, le comte Lacuée de Cessac, le comte

Lacuée. On y appellera également M. Denniée, secrétaire général de la guerre...

« *Conseil d'administration de l'intérieur :*

« Seront membres de ce conseil le ministre de l'intérieur et le ministre d'État Regnauld...

« *Conseil d'administration des finances :*

« Seront membres de ce conseil le ministre des finances et le ministre d'État Defermon... » (*Correspondance* 13445.)

On possède peu de renseignements sur ces conseils. Dans la *Correspondance* se trouvent insérées quelques instructions ou quelques notes dictées en conseil d'administration, ayant la sécheresse de procès-verbaux. Le chapitre que le baron Fain consacre à ce sujet restitue la véritable physionomie de ces réunions.

Mathieu Dumas, les anciens ordonnateurs de l'armée d'Italie Denniée et Villemanzi, et le conseiller d'État Maret (1), directeur des vivres, étaient presque toujours convoqués; quand il s'agissait de remontes, le général Bourcier était appelé.

Dans les conseils du commerce, c'étaient le comte Chaptal, le comte Jaubert, directeur de la Banque, et M. Defermon, qui, avec les ministres Montalivet et Collin de Sussy (2), éclairaient la délibération.

Un conseil à part avait pour objet, chaque mois, la répartition des fonds courants du trésor, dans la proportion des besoins de chaque ministère. On y maintenait, au profit du crédit public, l'équilibre qui devait exister entre la présentation des ordonnances de payement et les moyens que la caisse avait d'y satisfaire. Les chefs de comptabilité se trouvaient quelquefois dans le cas de comparaître à ce travail.

Les ministres de l'intérieur, de la police et du commerce, c'est-à-dire le comte Montalivet, le duc de Rovigo et le comte Collin de Sussy assistaient tous les trois au conseil de subsistances; l'Empereur réunissait avec eux le comte Regnaud de Saint-Jean-

(1) Le comte Maret, conseiller d'État, était le frère du duc de Bassano.

(2) Collin, comte de Sussy, directeur général des douanes, fut nommé en 1812 ministre du commerce et des manufactures, à la création de ce département. (*Correspondance* 18426.)

d'Angély, président de la section de l'intérieur du Conseil d'État, le conseiller d'État Réal, le conseiller d'État Maret, directeur des vivres de la guerre, le comte Dubois, ancien préfet de police, et le baron Pasquier, préfet de police actuel : tous plus ou moins familiarisés avec les exigences et les ressources de la halle de Paris.

Les habitués des conseils d'artillerie étaient les généraux Sorbier, Gassendi et La Riboisière. L'Empereur se trouvait là à côté de ses camarades; Gassendi avait été son capitaine. Rien de plus doux et quelquefois de plus gai que l'intimité qui présidait à cette réunion; c'était un conseil de famille. Le colonel Evans, chef du bureau de l'artillerie au ministère de la guerre, était là comme le greffier du corps.

Le comité du génie avait aussi ses habitués : c'étaient le général Dejean, premier inspecteur; le général Bertrand, aide de camp de l'Empereur; le général Chasseloup-Laubat, directeur du génie au delà des Alpes; le maître des requêtes Allent, major du génie, qui était secrétaire du comité des fortifications, et le major Decaux, qui dirigeait le bureau du génie au ministère de la guerre.

Lorsqu'on discutait sur Alexandrie, le général Chasseloup-Laubat occupait le tapis; était-il question d'Anvers? c'était le colonel Sabathier qui venait rendre compte des travaux. Le général Haxo accourait du fond de l'Allemagne ou de l'Espagne; le général Poitevin de Maureilhan venait de Palmanova ou des Bouches du Cattaro. Tous les officiers directeurs des principaux travaux défilaient ainsi à leur tour.

Le conseil des ponts et chaussées et des travaux publics mettait peut-être plus de monde encore en mouvement. Les membres sédentaires du conseil étaient le ministre de l'intérieur Montalivet et le comte Molé, directeur des ponts et chaussées. Le ministre amenait avec lui le maître des requêtes Bruyère (1), ingénieur lui-même, et qui dirigeait au ministère le bureau des travaux publics.

Les autres personnes admises variaient suivant l'ordre du jour.

Quand il était question de Paris, ou même des canaux ou des routes qui y aboutissent, le préfet de la Seine était toujours convoqué. Chaque travail amenait son ingénieur. Chacun déroulait successivement ses plans et développait ses devis, défendant ses œuvres, faisant ses demandes et obtenant le plus qu'il pouvait. Tantôt c'était M. Sganzin, l'homme des ports de mer; tantôt c'était M. Lepère, l'homme des canaux de la Loire; tantôt M. Six, l'homme de la na-

(1) Bruyère, ingénieur et professeur à l'École des ponts et chaussées, dirigea à Paris beaucoup de grands travaux (Bourse, Madeleine, etc.).

vigation du Rhin; tantôt M. Ceard, l'homme des Alpes; tantôt M. Girard, l'homme des eaux de Paris. Enfin avec eux c'étaient MM. Prony (1), Lamandé, Deschamps, Tarbé (2) et beaucoup d'autres hommes de mérite que je ne saurais tous nommer.

En faisant passer ainsi presque tous les chefs de service pendant des heures entières par cette rude épreuve, Napoléon apprenait aussi bien les hommes que les choses; voilà le secret de tant de bons choix qu'il savait faire. En se livrant ainsi lui-même dans l'intimité du travail, il laissait apprécier l'homme dans l'Empereur, et voilà le secret de l'attachement tout à fait personnel que tant d'hommes de mérite ont pris pour lui.

Je m'aperçois que j'ai omis de nommer les personnes qui composaient les Conseils de finances. D'abord c'étaient les deux ministres, M. Gaudin, duc de Gaëte, et M. le comte Mollien. A côté d'eux se plaçaient M. le comte Defermon, président de la section des finances du Conseil d'État, et les conseillers d'État Bérenger (3) et Jaubert; les conseillers

(1) Prony, inspecteur général des ponts et chaussées, comme Sganzin, aux travaux duquel il fut plusieurs fois associé. Il est l'inventeur du frein qui porte son nom.

(2) Bernard Tarbé des Sablons qui fut directeur des ponts et chaussées et pair de France.

(3) Le comte Bérenger fut directeur général de la Caisse d'amortissement en 1812.

d'État Louis et Corvetto y étaient quelquefois appelés à leur tour; et, comme dans les autres conseils dont nous avons déjà parlé, la matière en délibération déterminait le choix du reste des assistants. C'étaient les hommes des hypothèques et de l'enregistrement, quand il s'agissait de cette partie du revenu public; c'étaient les domanistes, quand on devait traiter des intérêts domaniaux. C'était le comte Lavallette, si l'on devait s'occuper des postes; le comte François de Nantes, s'il devait être question des impôts indirects; et toujours dans ces conseils, comme dans les précédents, les chefs de bureau et les hommes techniques étaient interrogés ou consultés. On a remarqué sans doute que chaque ministre avait soin d'amener au Conseil celui de ses collaborateurs qui pouvait lui être le plus utile. L'Empereur, de son côté, avait toujours auprès de lui son ministre secrétaire d'État. Celui-ci, constamment occupé à suivre les idées de Napoléon, tenait procès-verbal de la séance; il donnait ensuite, par sa rédaction, la forme, et par sa sa signature, l'authenticité convenables aux résultats qui devaient être expédiés.

Les Conseils n'employaient pas moins de cinq à six heures par jour. Il arriva que le duc de Bassano, surchargé de besogne et, je crois, indisposé, se trouva pour quelque temps dans l'impossibilité de les suivre.

Cependant l'Empereur tenait à avoir quelqu'un auprès de lui et les travaux qu'il faisait suivre ne pouvaient s'interrompre. Il était donc indispensable de donner un suppléant au secrétaire d'État; mais introduire un nouveau venu dans cette position ne laissait pas que d'avoir des délicatesses pour l'Empereur lui-même comme pour le duc de Bassano. On pensa à un homme qui n'était pas de caractère à faire bruit de cette commission, qui était déjà dans l'intimité du cabinet, que le duc de Bassano avait eu longtemps sous ses ordres, et qui convenait au travail puisqu'il avait une ancienne habitude des bureaux de la secrétairerie, d'où il sortait... Je reçus donc la lettre suivante (de la main de Meneval).

Monsieur le baron Fain, mon intention est que toutes les fois que mon ministre secrétaire d'État ne pourra point assister aux Conseils d'administration pour y tenir la plume, vous la teniez en son lieu et place. Vous lui remettrez les procès-verbaux qui seront transcrits sur les mêmes registres, et s'il en résulte quelque avis à expédier à un ministre, les expéditions en seront soumises par vous au secrétaire d'État. La présente lettre n'étant à autre fin, je prie Dieu qu'il vous ait en sa sainte garde.

Signé : NAPOLÉON.

Cet ordre de venir m'asseoir au milieu des habits brodés de l'État eut pour conséquence immédiate de me faire nommer maître des requêtes. Il fallait bien me donner à moi-même un habit qui fût aussi brodé; d'un autre côté, on ne pouvait guère me faire *au dehors* cette faveur sans en accorder une semblable à celui dont je n'étais que le second dans l'*intérieur;* mon camarade Meneval fut donc nommé maître des requêtes également. Dès ce moment, nous sortîmes de la position privée où l'Empereur avait eu jusqu'alors l'idée de nous retenir; il nous fut permis de déposer le frac bourgeois; l'uniforme de maître des requêtes devint notre unique habit, de jour, de nuit, de cour, de ville et de voyage.

Dans les séances où j'ai tenu la plume, l'Empereur, entouré d'hommes habiles et supérieurs, m'a paru exercer une supériorité intellectuelle qui n'en était encore que plus grande. Dans toutes les discussions, il était éminemment l'homme du bon sens; c'est lui qui m'a toujours semblé avoir raison. Au surplus, ce témoignage lui a été constamment rendu par ceux-là mêmes qui avaient eu l'honneur de discuter contre lui : non pas peut-être pour le point qu'ils avaient soutenu, mais pour tous les autres où ils ont pu être auditeurs désintéressés.

Les Conseils des ponts et chaussées et des travaux publics sont principalement ceux que j'ai suivis. N'ayant conservé par devers moi aucune des notes que je tenais à ces séances, je n'essaierai pas d'en reproduire les détails, mais quelques idées dominantes de l'Empereur m'ont frappé et je voudrais en déposer ici le souvenir.

Napoléon portait toujours ses regards sur l'avenir, était le premier à raisonner dans la supposition que des événements pouvaient survenir et apporter de l'interruption dans les travaux qu'il entreprenait tous les jours. Il prenait donc toutes ses précautions. D'abord, pour préserver ses entreprises d'une suspension qui n'aurait pour cause qu'un embarras momentané des caisses publiques, il avait le système des fonds spéciaux. Il dotait donc autant que possible chaque atelier d'un revenu qui lui était propre et devait le rendre indépendant de bien des vicissitudes.

Ensuite, prévoyant le cas où l'interruption serait inévitable, il voulait du moins que ce qui serait déjà fait ne fût pas entièrement perdu. Il avait à cet égard plusieurs idées fixes.

Chaque année, ses ingénieurs et ses architectes devaient s'acheminer par des achèvements partiels vers l'achèvement total. La tendance qu'ont en général les directeurs de travaux à entamer la besogne par tous les bouts à la fois était son épouvantail! « Tout commencer, disait-il, c'est pour ne rien finir! » Or, en tout, personne plus que lui n'aspirait à la fin. Il veillait donc, avec le plus grand soin, à ce qu'on ne disséminât pas sur trop de points à la fois les moyens qu'il accordait; et ce n'était pas sans impatience que dans les travaux de longue haleine il voyait se perdre les premiers crédits et les premières années en rassemblements prématurés de matériaux; préparatifs faits toujours trop en grand qui, dans le cas d'une interruption fortuite, menaçaient de ne laisser à la postérité que des monceaux de bois de charpente, des chantiers de pierre de taille et de profonds bouleversements de terrain; triste aspect pour prix d'une grande dépense.

J'arrive au système dont l'Empereur s'était armé contre ces inconvénients.

A chaque fonds qu'il accordait, il assignait un résultat déterminé; il voulait que chaque saison de travail eût son produit immédiat et fini, et que, pour les travaux de longue haleine, il y eût toujours une proportion nette et progressive entre les sommes qui se dépensaient et la fraction de travaux qui s'achevaient. Prenons quelque exemple. Un travail devait-il se répartir sur dix années? chaque année épuisant un dixième du crédit total devait produire un dixième fini dans la totalité de l'ouvrage. Accordait-il vingt-cinq millions pour perfectionner une place de guerre? il fallait bien se garder d'aller mettre le marteau à tort et à travers dans tout ce qui existait, de manière à courir le risque de n'avoir plus qu'une place démantelée pendant toute la durée des nouveaux travaux ; une guerre pouvait intervenir et, dans ce cas, on se serait trouvé avoir dépensé son argent à faire *du mal* au lieu de faire *du mieux*. On devait suivre une marche toute contraire ; il fallait que, sans porter aucune atteinte à la force actuelle, on ne travaillât qu'à l'accroître ; chacune des améliorations projetées devait, l'une après l'autre, et au fur et à mesure de la dépense, s'introduire complète et finie dans l'ancien ensemble.

Était-ce une nouvelle place de guerre qu'il fût question de créer? Chaque million qu'on y dépensait devait lui donner un degré de force distinct : d'abord un fossé d'enceinte ; ensuite des murailles au corps de la place ; puis après, et successivement, tous les ouvrages avancés. Moyennant cette progression, la nouvelle place pouvait dès les premiers travaux être susceptible d'un commencement de défense, ne fût-ce que comme poste retranché ; dans la seconde période des travaux, elle obtenait la force d'une ville fermée ; d'année en année, elle gagnait dix jours, vingt jours, trente jours de défense de plus, et toujours utile depuis son premier fossé, elle arrivait ainsi de degré en degré jusqu'au rang auquel elle était destinée.

S'agissait-il d'architecture, c'était encore le même système. Napoléon entreprend la seconde galerie du Louvre, mais après avoir arrêté le plan de l'ensemble, il veut que l'architecte exécute par travées : « Si je ne puis achever, dit-il, du moins je ne veux pas laisser après moi une longue file de piliers tronqués, attendant tristement debout qu'on les couronne de leur voûte et du reste de l'édifice ; le coup d'œil du carrousel s'embellira d'autant d'arcades complètes que j'aurai pu en élever et le service des Tuileries profitera de cette aile plus promptement que du Louvre. »

Pour un canal, pour une route, il faisait les mêmes conditions.

Une fois que le tracé du canal était bien étudié, il voulait qu'on l'ouvrît complètement sur un premier point et qu'on poussât ensuite devant soi sans s'interrompre et toujours finissant ce qui était entamé, afin que la première communication obtenue pût s'allonger chaque année de tout ce que le travail pourrait lui donner. « Il vaut mieux, disait-il, entrer tous les dix ans en possession d'un canal de dix lieues que d'avoir un siècle à attendre pour qu'un canal de cent lieues soit terminé (1). »

(1) Cf. la lettre au comte de Montalivet du 31 décembre 1810 : « Monsieur le comte de Montalivet, j'ai parcouru le projet de distribu-

S'agissait-il de percer une route nouvelle, à quoi bon bouleverser toute la ligne à la fois? La chaussée devait se dérouler comme un ruban, toise par toise, sur l'espace qu'elle avait à aplanir. Chaque année, la communication se prolongeait ainsi d'une ville à l'autre, et les travaux faits étaient utilisés indépendamment de ceux qui restaient à faire. J'en ai assez dit. C'était toujours la même idée reproduite sous ses différentes faces. On sait maintenant comme moi que l'Empereur voulait en toute entreprise que le service public profitât de la dépense aussi immédiatement que possible. Ce système trouvait sans doute dans quelques localités et dans la nature de certains travaux des obstacles qui obligeaient à des modifications; mais enfin, pour les ingénieurs et les architectes, c'était la loi de l'Empereur; et si cette forte volonté ne s'obstinait pas toujours à vaincre toutes les résistances, elle parvenait du moins à triompher du plus grand nombre.

Les séances qui m'offraient un intérêt plus parti-

tion de 30 millions à employer en vingt ans pour le perfectionnement de la Seine et des canaux y affluant. Bien des accidents peuvent naître en vingt ans. En commençant tout, on risque de ne rien finir et de ne jouir de rien. Il faut que dans l'espace de trois ou quatre ans on ait déjà obtenu des résultats. Je désire donc un nouveau projet de répartition tel que la dépense de tous les 5 millions employés me représente finalement un avantage pour Paris. » (*Correspondance* 17254.)

culier étaient celles que l'on consacrait aux affaires de la ville de Paris ; je suis Parisien et ces séances faisaient une vive impression sur moi. Qu'on ne croie pas cependant que mon intention soit de repasser ici tout ce que j'ai vu ordonner d'embellissements et de travaux utiles ; ce serait à ne pas finir et je prendrais d'ailleurs une peine inutile, car ce que Napoléon a fait pour Paris frappe aujourd'hui tous les yeux et parle bien autrement que les pages d'un livre ! Mais on ne sait pas assez que ce luxe de capitale ne coûtait rien ou presque rien au trésor de l'État.

Je ne voudrais puiser dans mes réminiscences sur ces Conseils de Paris que de légers aperçus propres seulement à donner quelques idées nettes à cet égard.

L'Empereur ne prêtait à la ville de Paris que la justesse de son coup d'œil et la force de sa bonne administration. Pour bien faire connaître l'impulsion qu'il savait donner à cette grande machine municipale, l'affaire des maisons des hospices, qui s'est traitée en ma présence, peut suffire entre mille.

Depuis longtemps les hospices n'avaient plus que des revenus insuffisants ; quoique richement dotés, ils étaient tombés à la charge de la ville ; ces rapports entre les hospices et la ville étaient pénibles : l'Empereur, par une simple mutation de propriété, les changea à tel point que la ville n'eut plus à s'épuiser pour donner des secours aux hospices, et que les hospices au contraire purent rendre des services d'argent à la ville; voici comment.

L'Hôtel-Dieu, vieux propriétaire s'il en fut, pouvait se vanter de posséder les maisons les plus anciennes de Paris, et ces reliques tombaient, d'année en année, dans un état qui absorbait presque tout ce qu'elles pouvaient rapporter. Certes, nulle propriété ne pouvait être ni plus hideuse, ni plus onéreuse! et cependant les *gens à scrupules* y tenaient: « c'était le bien des pauvres; c'était un dépôt que la charité des ancêtres avait laissé sous la garde de la postérité; on ne pouvait pas le changer de nature; on ne pouvait pas se permettre d'y toucher. » L'Empereur voyait de plus haut. A ses yeux le dépositaire infidèle, c'était le temps qui dénaturait le dépôt en le réduisant à presque rien; ce ne pouvait être l'administrateur assez intelligent pour rendre à la dotation la valeur qu'elle avait perdue. Fort de sa conviction, il ordonna, et cette fermeté, je m'en souviens, parut presque un coup d'État. Le préfet lui-même, l'intègre Frochot, avait un moment hésité. « Vous vendrez ces vieilles maisons, leur dit l'Empereur, parce que c'est une charge et non plus un revenu, et qu'il faut aux pauvres des revenus et non des charges; vous vendrez ces vieilles maisons, que la mainmorte a frappées dans toute la force du terme, et en les vendant à l'industrie particulière, vous les ferez rentrer dans la circulation des biens productifs; enfin vous vendrez ces maisons pour réaliser un capital qui, au lieu d'un revenu fictif, vous donnera un revenu réel, un revenu de 5 pour 100 net de tous frais et qui peut s'élever à un taux bien plus avantageux encore. La ville de Paris emprunte à 5 pour 100 pour faire ses travaux; les hospices ne peuvent-ils pas d'abord placer là les capitaux qui proviendront de la vente de leurs maisons, et, terminant plus tard par un arrangement définitif qui les substituerait à la ville, devenir propriétaires de ces grandes halles, de ces beaux marchés, de ces immenses entrepôts dont les produits vont toujours croissant? Les loyers des halles sont précisément supportés par cette classe du peuple pour laquelle les hôpitaux dressent le plus habituellement leurs lits de douleur! La nouvelle destination du revenu en allégera la charge, et le loyer perçu par les hospices ne semblera plus qu'une retenue de prévision exercée sur le travail pour le temps de la misère et de la maladie! » Ainsi parlait Napoléon dans les affaires municipales.

Ces belles spéculations ne sont pas restées dans la

haute région des projets ; elles ont touché terre, elles se sont réalisées, mais sans bruit, presque inaperçues... et il me semble que j'en parle le premier !

Soyons donc encore le premier à parler de son grand système de *déblaiement* appliqué à l'embellissement de Paris. Les éloges ne manquent jamais aux constructions : les démolitions ont aussi leur mérite ; mais on les oublie bien vite, parce qu'elles disparaissent sous les créations qui les remplacent. Disons donc que les masures des hospices ne sont pas les seules dont Napoléon ait nettoyé l'alignement des rues de Paris et qu'on lui a bien d'autres obligations de ce genre. « Pour embellir Paris, disait-il, il y a plus à démolir qu'à bâtir! Comment ne pourrait-on pas mettre en évidence tous ces édifices qu'on semble avoir pris plaisir jusqu'à ce jour à cacher?... Et ces petites rues qu'on a eu soin de fermer au soleil et au froid, quand on avait en arrière de grandes cours et de grands jardins pour respirer, n'est-il pas urgent de les désinfecter par de larges courants d'air, maintenant que tous les espaces intermédiaires sont remplis et comblés ! Ce qui suffisait à la circulation des transports à dos de mulet et des bêtes de somme, des chevaux de main et des mules de luxe, peut-il suffire à la circulation de nos larges et longs attelages, de nos grosses diligences et de nos lourdes charrettes? N'y a-t-il pas ici quelque grand parti à prendre? Après avoir si longtemps reculé devant la nécessité qui toujours a marché, il n'est plus guère possible de différer davantage. Il faut, sous peine de suffocation, évider cet intérieur devenu trop compact: la fourmilière étouffe! Pourquoi, par exemple, ne pas abattre tout ce quartier de la Cité? C'est une vaste ruine qui n'est plus bonne à loger que les rats de l'ancienne Lutèce! Ici, les vieux plâtras ne doivent pas être aussi chers que ceux qui encombrent le Carrousel, et quelques millions répartis sur plusieurs années pourront en faire l'affaire... Je voudrais qu'un quinconce comme celui des Champs-Élysées fût planté sur cet emplacement, ce serait la plus belle promenade de Paris. La basilique de Notre-Dame et le vieux palais de saint Louis, consacré à la Justice, en feraient le majestueux ornement.

« L'ignoble quai de la ferraille aurait bientôt changé d'aspect.

« En général, ces belles terrasses qui forment vos quais de Paris devraient être mieux dégagées; bordées d'un côté par le cours du fleuve, de l'autre elles mériteraient de l'être par les plus belles maisons de la ville!... la devanture de vos principales places publiques devrait offrir aussi un aspect régulier qui n'admettrait que des maisons de première valeur. De tels emplacements appellent bien certainement la spéculation. L'accroissement de capital qui résulterait de la transformation des maisons actuelles en maisons de première classe, offre un gage certain à toutes les avances. Voyez la place Vendôme! Voyez la place des Victoires! figurez-vous la place qu'on pourrait faire devant Saint-Sulpice! et calculez si, dans la différence de ce qui existe et de ce qui pourrait être, il n'y a pas de quoi payer grandement tous les frais de ces embellissements! pourquoi la Ville n'interviendrait-elle pas pour chaque entreprise de ce genre? Une première association ne pourrait-elle pas se former entre ceux qui possèdent dans l'état actuel, et la Ville qui, se portant garant de l'opération, assurerait d'abord aux anciens propriétaires le revenu dont ils jouissaient, en se réservant ensuite pour bénéfice le supplément de valeur que la maison viendrait à acquérir. Chaque opération aurait sa liquidation particulière et ne se confondrait pas avec d'autres. La place ou la façade entreprise étant terminée, la Ville vendrait aussitôt sa part de propriété et, rentrant ainsi dans ses avances et ses bénéfices, les porterait sur un autre point. » Une foule d'idées de ce genre étincelaient dans les conversations que l'Empereur avait avec ses conseillers; toutes celles qu'il n'a pu réaliser ne seront peut-être pas perdues pour l'avenir ; l'Empereur a pris soin lui-même d'en conserver les traces, on est déjà familiarisé avec l'ordre matériel qu'il savait introduire dans tous ses travaux ; on ne sera donc pas étonné d'apprendre que tout ce qui se disait d'important dans les conseils d'administration était sommairement recueilli dans le procès-verbal de la séance. L'expédition de cette pièce, envoyée le soir même au ministre exécutant, devenait pour ce fonctionnaire un mémorial fidèle et le texte fécond de toutes les instructions secondaires qu'il avait à donner. Quant à la minute, on la transcrivait avec soin sur un registre, et les registres qui se sont ainsi remplis sont en grand nombre. Cette pile des procès-verbaux de la secrétairerie d'État reste comme un monument érigé à la mémoire de *Napoléon administrateur !*

. . . .

Un autre monument non moins précieux devrait se trouver dans les procès-verbaux des séances du Conseil d'État que l'Empereur présidait.

Le Conseil d'État s'assemblait assez régulièrement les mardis et vendredis. Quand l'Empereur s'y rendait, c'était au plus tard à deux heures. Le colonel général de la garde, l'aide de camp et le chambellan de service l'y accompagnaient. Il sortait par le cabinet des grands appartements et descendait l'escalier du milieu pour traverser ensuite le vestibule de la chapelle; le Conseil d'État se tenait de ce côté. Passons un moment dans cette partie du palais.

CHAPITRE V

CONSEIL D'ÉTAT

Je crois que du temps de l'Empire on ne se doutait guère dans le monde de ce qu'était le Conseil d'État de Napoléon ; le sait-on mieux aujourd'hui?

C'est bien méconnaître le temps et les personnes que de chercher dans ce conseil « un pouvoir qui contenait le maître, qui cassait les actes arbitraires de ses ministres et qui servait en cela à rendre le joug moins insupportable » ! (1) — On entrevoit cela quelque part dans les premiers projets du Consulat ; mais suffit-il d'avoir lu un programme pour avoir une idée juste de ce qui s'en est suivi ! Il n'est pas une de nos institutions qui, jusque dans ses moindres détails, n'offre de notables différences entre ce qui devait être et ce qui est : le Conseil d'État était dans ce cas. On peut chercher dans la lettre des règle-

(1) Voilà pourtant ce que M. de Villèle nous a dit du haut de la tribune en février 1817. *(Note de l'auteur.)*

ments ce qu'il devait être; je vais dire ce qu'il était.

Ce n'était pas un pouvoir; ce n'était qu'un supplément à la pensée administrative; c'était un Conseil dans toute la force du mot, qui n'avait de mouvement et d'action que par l'impulsion qu'il recevait de l'Empereur; qui ne conseillait que quand l'Empereur lui disait : conseillez-moi ; qui ne s'occupait que des affaires sur lesquelles il était consulté ; dont le devoir alors était d'éclairer l'Empereur sur les avantages ou les inconvénients des propositions faites par les ministres, indiquant les amendements et les améliorations dont les projets paraissaient susceptibles; mais ne présentant jamais que des *avis*. Tel était en effet l'intitulé officiel de ses délibérations et l'objet réel de ses travaux.

C'était ordinairement à l'issue du conseil des ministres que l'Empereur faisait le tri des propositions ministérielles sur lesquelles il lui plaisait de consulter son conseil, avant de se décider; et c'était par l'intermédiaire de la secrétairerie d'État que les dossiers parvenaient au secrétariat du conseil. Les projets de lois, les projets de règlements d'administion publique et, pour le contentieux administratif, tous les appels faits à l'*Empereur mieux informé*, composaient la première classe des attributions que l'Empereur réservait au Conseil d'État. Mais beaucoup d'autres dossiers d'un intérêt secondaire lui étaient journellement renvoyés ; telles étaient toutes les affaires des domaines nationaux ; les échanges, aliénations ou acquisitions des communes ; les affaires de même nature pour les fabriques des paroisses ; les budgets des villes, les tarifs des octrois, etc. Enfin, une longue habitude avait fini par établir des catégories d'affaires pour lesquelles le renvoi préalable au Conseil d'État était comme sous-entendu.

La loi était ordinairement provoquée par le ministre de la matière.

L'Empereur la provoquait souvent de son propre mouvement.

Dans le premier cas, le ministre faisait un rapport et y joignait son projet de loi.

Dans le second cas, l'Empereur faisait préparer son projet de loi par son ministre, ou se passant d'intermédiaire, il dictait lui-même un projet de rédaction.

Mais de quelque façon que le projet eût été formé, du moment qu'il était mis en état d'être présenté, il était envoyé par le ministre secrétaire d'État au secrétaire du Conseil d'État et celui-ci le transmettait à la section chargée du travail.

Cinq comités permanents, formés dans le sein du Conseil d'État, se livraient à tous les travaux préparatoires. Ces comités s'appelaient *sections ;* il y avait une section pour la législation, une pour l'administration intérieure, une pour les finances ; la quatrième était pour la guerre et la cinquième pour la marine. Cinq ou six conseillers d'État seulement formaient le noyau de chaque section. L'Empereur les désignait tous les trois mois ; mais à un petit nombre de mutations près, la composition personnelle des sections éprouvait peu de changements, et cette habitude des mêmes personnes dans les mêmes travaux avait introduit insensiblement pour chaque question une jurisprudence administrative qui aidait à l'expédition des affaires, en donnant de la suite et de la fixité aux décisions.

Chaque section était présidée par celui de ses membres que la liste du trimestre indiquait. Il y avait également peu de variations dans ces préférences. M. Boulay de la Meurthe, sauf l'intervalle de la présidence de M. Bigot de Préameneu et de M. Treilhard, présidait habituellement la section de législation. M. Defermon a constamment présidé la section des finances. M. Regnaud de Saint-Jean d'Angély, successeur de M. Rœderer en 1802, est de même resté constamment président de la section de l'intérieur. M. Lacuée n'a quitté la présidence de la section de la guerre que pour être ministre, et c'est M. Andreossi qui l'a remplacé. Enfin l'amiral Ganteaume, successeur de M. de Fleurieu dans la section de la marine, l'a conservée depuis 1801 jusqu'à la fin. A l'exception de ce dernier, les présidents de section avaient successivement obtenu le titre de ministre d'État, et l'Empereur les appelait ses *petits ministres*.

Le travail de chaque section, à mesure qu'il était terminé, devait repasser sous les yeux de l'Empereur. Quand il y avait importance et urgence, le président de la section pouvait le remettre lui-même ; à cet effet, il avait ses entrées et se présentait au lever ; mais pour toutes les affaires courantes, cette remise avait lieu par l'intermédiaire du ministre secrétaire d'État.

L'Empereur se faisait rendre compte des observations ou des amendements présentés, et, de deux choses l'une : ou il renonçait au projet ou il y donnait suite ; dans ce dernier cas, l'affaire était renvoyée à l'assemblée générale du conseil ; mais auparavant, si toutefois le changement avait quelque importance, le ministre était consulté par une communication du secrétaire d'État. Le dissentiment amenait-il une discussion, le ministre venait la soutenir, soit directement auprès de l'Empereur, soit en se rendant lui-même à la séance du Conseil d'État.

La séance commençait à midi. En l'absence de l'Empereur, c'était l'archichancelier qui présidait et la séance alors finissait au plus tard à l'heure du dîner.

Les projets à l'ordre du jour étaient imprimés d'avance, pour qu'on pût les méditer avant la discussion, mais la distribution n'en était faite qu'à ceux qui devaient en délibérer.

La section faisait rapporter l'affaire par un de ses membres, et le rapport se faisait presque toujours verbalement.

Quand la discussion était épuisée, on allait aux voix : chaque conseiller donnait la sienne en levant la main pour ou contre.

L'avis du conseil, une fois arrêté, était porté à l'approbation ; l'Empereur, eût-il assisté à la délibération, n'arrêtait ordinairement sa décision que dans son travail particulier avec le ministre secrétaire d'État.

D'après le texte du règlement, l'avis du Conseil pouvait être porté à l'Empereur par le secrétaire général ; mais dans l'usage, c'était toujours par l'intermédiaire du ministre secrétaire d'État que M. Locré s'acquittait de ce devoir.

L'Empereur faisait ensuite l'emploi qui lui convenait des avis du Conseil, les supprimait, les approuvait tels qu'on les lui présentait, ou s'en servait en y faisant des changements ; dans tous les cas, c'était assez que le Conseil d'État eût été entendu.

En général, les travaux du Conseil d'État surchargés de détails administratifs d'ordre secondaire ne présentaient pas un grand intérêt. On ne faisait pas des codes tous les jours et plus d'une demi-année s'est passée sans que l'Empereur ait pu venir présider. Mais le côté brillant de l'existence du Conseil d'État était plutôt dans sa composition personnelle que dans ses attributions ordinaires avec lesquelles cette réunion d'élite amusait le tapis, en attendant des travaux plus dignes d'elle. [1]

Il y avait pour l'Empereur dans le Conseil d'État tout autre chose que la fabrique d'avis dont nous venons d'indiquer le mécanisme.

De même que Napoléon avait coutume de livrer à des membres de l'Institut ses idées scientifiques, il lui fallait des commentateurs d'un autre genre auxquels il pût livrer ses hautes idées de gouvernement, d'ordre et d'administration. Il avait besoin d'hommes éloquents pour parler en son nom à la tribune du Sénat et du Corps législatif; d'habiles écrivains et de savants publicistes ne lui étaient pas moins nécessaires.

De même encore qu'il avait dans ses aides de camp

des généraux éprouvés, habiles à comprendre au premier mot une nouvelle manœuvre et à courir la faire exécuter sous le feu de l'ennemi, il lui fallait dans le civil des hommes d'État non moins habiles à saisir sa pensée, non moins prompts à se porter partout où la marche de l'administration avait besoin d'une impulsion auxiliaire.

Il fallait aussi rallier quelques-uns des hommes d'État qui restaient des temps antérieurs ; de bonnes traditions, d'utiles renseignements et les conseils d'une expérience acquise au maniement des grandes affaires ne devaient pas être dédaignés.

Enfin, pour procéder à la refonte générale de tous les règlements d'administration publique, chaque branche offrait des hommes de métier non moins expérimentés qu'instruits ; l'Empereur aimait les hommes techniques, mais il fallait les tirer de leur ornière.

Toutes ces différentes modifications de l'homme d'État, Napoléon travaillait constamment à les réunir auprès de lui, et le Conseil d'État était le titre et la bannière sous lesquels il les tenait comme enrégimentés.

Une seule pensée dominait l'Empereur dans ses choix, c'était le besoin de s'entourer d'hommes utiles ; négligeant les préventions de partis, dédaignant de remonter aux circonstances, aux opinions ou aux coteries qui avaient pu commencer la célébrité de chacun, il ne s'attachait qu'à reconnaître l'habileté qui pouvait encore le servir avec probité. Aussi presque tous les conseillers d'État de Napoléon, indépendamment de leur notabilité politique, avaient une réputation particulière bien établie d'expérience et d'instruction dans la partie à laquelle ils s'étaient plus spécialement consacrés ; et comme on ne sait bien qu'après avoir beaucoup travaillé, c'étaient tous des travailleurs ; et comme on parle facilement de ce qu'on sait bien, c'étaient presque tous des orateurs bons à entendre, quand ils étaient sur leur terrain.

L'Empereur était donc parvenu à ranger à sa disposition les aptitudes les plus variées. Orateurs, publicistes, apprentis ministres, commissaires actifs, administrateurs spéciaux, liquidateurs scrupuleux, jurisconsultes, bureaucrates, diplomates, hommes de plume et d'épée à la fois ; économistes et négociants ; toutes les supériorités personnelles qu'il voulait mettre en jeu, son Conseil devait les lui offrir.

Mais dans les vues profondes de Napoléon, après avoir satisfait au présent, il fallait penser à l'avenir ; ce n'était pas assez que ce choix d'hommes supérieurs fût un corps de réserve pour l'administration présente, il fallait qu'ils fissent école ; toutes les sciences du gouvernement pouvaient y trouver des maîtres habiles : par l'institution des auditeurs, Napoléon pourvut à ce que les maîtres eussent des disciples. « J'élève des administrateurs pour l'avenir. Ils se forment dans l'atelier des règlements et des lois ! Ils s'y pénètrent de nos principes et de nos maximes d'ordre public ; toujours environnés de bons conseils et de bons juges, tantôt sous les yeux du gouvernement, tantôt dans des missions importantes, ils arrivent successivement aux fonctions publiques avec la maturité de l'expérience et la garantie que peuvent me donner personnellement un caractère et des connaissances déjà éprouvés. » (Exposé de situation, an XII.)

Les auditeurs étaient donc la pépinière qui devait fournir aux emplois secondaires de l'administration. Ils achevaient leur éducation par l'expérience des hommes et des choses. « Un jour, disait encore Napoléon, ils relèveront tous les postes de l'Empire. » (Las Cases.)

Les maîtres des requêtes formaient au Conseil une classe intermédiaire entre les auditeurs et les conseillers ; ils se composaient d'hommes déjà trop avancés dans la carrière pour n'être que des disciples ; tandis que les auditeurs devenaient de jeunes administrateurs, l'élite des administrateurs déjà mûrs arrivait aux places de maîtres des requêtes; c'étaient des conseillers d'État au petit pied : ils en avaient déjà l'habit.

L'Empereur essayait les membres de son Conseil d'État et les employait à tout. Souvent ce n'était pas sans des vues particulières qu'il les exerçait sur telle matière ou sur telle autre : « Faites creuser une question, c'est un moyen sûr, disait-il, pour connaître la force d'un homme, étudier ses penchants politiques, et même éprouver sa discrétion. »

Napoléon trouvait ainsi dans son Conseil le moyen de résoudre une des plus grandes difficultés du gouvernement, celle des choix. La question politique est en effet plus personnelle qu'on ne pense et le plus souvent les serviteurs font le mérite du maître ou tous ses torts.

Ici le maître échappait autant que possible à l'inconvénient ordinaire de nommer des inconnus : il fallait du moins que les réputations de complaisance, les prétentions de la faveur et les protections de l'intrigue passassent par une candidature qui mettait ce qu'il y avait de mérite en évidence.

Napoléon ne nommait ainsi que des hommes qu'il connaissait personnellement au moins de vue. Si c'étaient des hommes d'âge, il les avait éprouvés. Si c'étaient des jeunes gens, ils sortaient de son école et pour ainsi dire de dessous son aile!... Les services seuls achevaient ensuite la fortune de chacun.

L'assemblée générale du Conseil d'État ne se composait guère que de quarante à cinquante membres présents, y compris les maîtres des requêtes; cependant le nombre en était bien plus considérable; plus de cent personnes ont porté le titre de conseiller d'État sous Napoléon; plus de cinquante ont été maîtres des requêtes. Le nombre des auditeurs, qui s'est beaucoup accru dans les dernières années, a dépassé quatre cents; et si l'on compte aussi les étrangers agrégés au conseil par suite des réunions allemandes, italiennes et hollandaise qui ont été faites à l'Empire, on trouvera que le personnel du Conseil d'État sous Napoléon s'est élevé à plus de six cents; mais la plupart étaient éloignés du conseil par des missions, par des emplois aux armées, dans les ambassades, dans l'organisation administrative ou par des fonctions particulières dont l'assiduité ne leur permettait pas de prendre séance.

Les trente ou quarante membres qui assistaient aux délibérations composaient ce qu'on appelait le service ordinaire; il y avait le service ordinaire dans les sections (nous en avons parlé plus haut) et le service ordinaire hors des sections. Dans cette dernière catégorie se trouvaient quelques conseillers d'État détachés du conseil, mais employés à Paris, et dont la présence pouvait être utile pour les assemblées générales. De ce nombre étaient les directeurs généraux, le préfet de la Seine, le préfet de police, les conseillers d'État de l'office des relations extérieures et ceux qui appartenaient à la Cour de cassation. A cette exception près, tous ceux qui étaient employés hors du conseil étaient reportés sur une seconde liste, et c'était le service extraordinaire.

La classification des deux services devenait mobile comme l'aptitude des individus pouvait l'être, d'après les circonstances qui survenaient. On passait du service ordinaire dans le service extraordinaire; on rentrait du service extraordinaire dans celui des sections. Tous les trois mois, la formation des listes fournissait à l'Empereur l'occasion de varier l'emploi de ses conseillers d'État, suivant les besoins du service.

L'assemblée générale du Conseil d'État se tenait aux Tuileries dans la salle qui longe la chapelle, du côté de la cour; c'était, du temps de la Convention, un salon de conférence qui précédait l'entrée de la salle des séances : on l'appelait le salon de la Liberté. Cette pièce, aujourd'hui, précède la salle de spectacle, et, sur le côté intérieur, n'est séparée de la chapelle que par des portes pleines qui, ouvertes le dimanche, forment autant de travées d'où la Cour assiste au service divin. C'est un carré long dont le principal ornement était dans le tableau de la bataille d'Austerlitz qui en décorait le plafond. Les jours qu'il y avait assemblée, on y dressait l'appareil nécessaire pour la tenue de la séance. La grande table autour de laquelle les conseillers d'État venaient s'asseoir se subdivisait en une infinité de petites tables légères qu'on détachait avec une grande facilité et qui, réunies, offraient l'ensemble de deux branches d'un fer à cheval.

L'espace intérieur restait vide. Au fond de la salle, sur une estrade, étaient la table de l'archichancelier et celle de l'architrésorier, et derrière, plus haut, le fauteuil de l'Empereur. A la vue, du haut de cette estrade, les conseillers d'État présentaient deux rangées qui se regardaient : chacun était assis à la place qui se trouvait désignée par le carton portant son nom et renfermant ses papiers; et derrière les conseillers d'État un espace suffisant restait encore pour placer une ligne de chaises, sans gêner la circulation extérieure.

A l'autre extrémité de la salle, au bout des deux files formées par les tables des conseillers d'État, une troisième ligne de tables se présentait transversalement; elle était réservée pour les maîtres des requêtes, qui se trouvaient ainsi placés en face de l'Empereur. Les auditeurs n'avaient pas de tables devant eux ; ils prenaient place sur les chaises qui étaient le long des côtés de la salle, en arrière des conseillers d'État.

Le baron Locré, secrétaire général du conseil, avait son petit bureau séparé au pied de l'estrade de la présidence, à gauche.

Quand l'Empereur venait, le tambour qui battait aux champs dans la salle des gardes l'annonçait d'avance : la grande porte du conseil s'ouvrait. Les huissiers criaient « l'Empereur ! » Tout le monde se levait et Napoléon, traversant l'espace vide réservé entre la table des conseillers d'État, allait occuper à l'autre extrémité le fauteuil de la présidence. Ceux qui avaient suivi l'Empereur se plaçaient derrière lui.

Sa présence suffisait pour donner aussitôt une tout autre physionomie à la séance. Il n'y avait pas une délibération qui ne fût alors du plus grand intérêt, parce qu'il y disait toujours quelque chose et que ce qu'il disait était extrêmement remarquable.

« Je l'ai vu, dit M. de Las Cases, prolonger quelquefois la séance jusqu'au soir, et montrer à la fin autant de facilité, d'abondance, de fraîcheur d'esprit et de force de tête qu'en commençant, quand nous autres nous tombions tous de lassitude ! »

. . . .

« Il avait établi, dit M. Rœderer, une discussion vive et familière, exempte des inconvénients de tribune où l'auditoire se partage ordinairement entre les orateurs qui entraînent et les orateurs qui endorment. »

D'abord, il indiquait l'affaire dont il désirait qu'on s'occupât. Le conseiller chargé du rapport en faisait la lecture et la délibération commençait. Chacun pouvait prendre la parole. Si plusieurs se présentaient, l'Empereur désignait l'ordre. On parlait de sa place et assis. On ne pouvait pas lire, il fallait improviser et le ton était toujours ce qu'il doit être pour aider au mouvement de l'esprit, sans exciter celui des passions.

M. de Las Cases, dans son précieux Mémorial de Sainte-Hélène, a laissé peu de chose à dire sur ce qu'était une séance du Conseil d'État présidée par l'Empereur. M. de Las Cases était maître des requêtes. Assidu aux séances, il y tenait souvent des notes ; le Conseil d'État était donc pour lui un terrain bien étudié ; et quand l'Empereur a voulu s'y reporter dans ses Causeries de Sainte-Hélène, M. de Las Cases était en mesure de bien l'entendre. Aussi les différents passages qu'il a consacrés au Conseil d'État ont été le guide le plus fidèle que ma mémoire ait pu retrouver en s'engageant dans ce chapitre.

« L'Empereur, contre l'opinion commune, était si peu absolu et même tellement facile avec son Conseil d'État, qu'il lui est arrivé plus d'une fois de rester seul de son avis. Souvent il faisait remettre une affaire en discussion et même annuler une décision déjà prise, parce qu'un membre du conseil était venu lui donner en particulier des raisons nouvelles. » (Las Cases.)

« Il est tel règlement, celui de l'Université, par exemple, qui a subi peut-être plus de vingt rédactions différentes. » (Las Cases.)

La question une fois lancée, chacun soutenait son opinion avec d'autant plus de chaleur que l'Empereur excitait à la plus grande liberté. .

. . . .

La discussion des Codes a été l'épisode le plus brillant de l'existence du Conseil d'État comme assemblée délibérante ; les jurisconsultes y occupaient le tapis ; mais la haute sagacité de Napoléon s'y est distinguée autant et plus que leur science ; il a souvent déjoué l'instinct de routine et de métier dont les meilleurs praticiens ne peuvent pas toujours se défendre ; les innovations les plus généreuses sont de lui ; mais bien des surprises lui ont été faites par les vieilles idées. Dès 1806, il avait entrevu que le Code de procédure ne serait pas un ouvrage parfait. Il se flattait du moins qu'il serait meilleur que ce qui existait auparavant.

Combien de fois, dans les dernières années, je l'ai entendu se reprocher de n'avoir pas donné un pouvoir plus indépendant et des formes plus paternelles à la justice de paix! Il regrettait amèrement de n'avoir pu faire lui-même la revision du Code pénal et du Code de procédure. Ce qu'il déplorait surtout, c'était qu'on lui eût fait accorder si peu à la justice des arbitres et tant à la forme des avoués! En 1813, il ordonna au grand juge de s'occuper des moyens de satisfaire aux plaintes qui s'élevaient de toutes parts sur les frais excessifs qu'occasionnaient les honoraires des avoués et les salaires des officiers de justice. Il était trop tard : les événements qui déjà maîtrisaient tout ont rendu le remède impossible.

Lui-même, dans une lutte qui dura toute une séance, ne fut-il pas forcé de reculer devant la dureté systématique de ses criminalistes? Une pauvre femme d'Amsterdam, menacée d'une condamnation à mort, avait été trois fois acquittée, et cependant il s'agissait de la remettre pour la quatrième fois en jugement. L'Empereur voulait que cet heureux concours de trois absolutions eût épuisé la sévérité de la justice à l'égard de l'accusée, et qu'une telle succession de jugements favorables tournât tout à fait à son profit.

On lui répondait que le cours de la justice n'était pas achevé et qu'il fallait qu'il s'achevât; qu'il exercerait ensuite son droit de grâce s'il le jugeait à propos. M. Muraire, président de la cour de cassation, parla : il entraina tout le monde, et l'Empereur, resté seul de son avis, prononça ces paroles remarquables : « Messieurs, on prononce ici par la majorité; je demeure seul; mais je vous déclare que, dans ma conscience, je ne cède qu'aux formes. Vous m'avez réduit au silence et nullement convaincu. Quant à la question de grâce, cela me regarde, et si le quatrième jugement dément les trois premiers, j'entends bien user de mon droit. »

L'Empereur avait encore cette affaire sur le cœur à Sainte-Hélène.

Le mouvement dramatique des séances présidées par Napoléon se retrouve dans quelques fragments trop peu nombreux que nous devons aux notes fidèles tenues sur le moment même par les conseillers d'État Las Cases et Thibaudeau. Pourquoi faut-il que toutes les paroles de Napoléon législateur ne nous aient pas été ainsi conservées? Le baron Locré était cependant dans une belle position pour rendre ce service à sa mémoire! Mais, par un travers déplorable, méconnaissant son propre talent et la responsabilité qu'il aurait envers l'histoire, il s'est réduit au rôle de greffier. Sous sa plume, les discours de Napoléon, traduits en style mesuré, grave, froid et uniforme, ont perdu la liberté de leur allure, la hardiesse de la pensée, l'originalité et la force de l'expression (1), et le procès-verbal ainsi refroidi, lardé de commentaires, de conférences et de termes d'école, exploité ensuite en collection, a fini par ne plus offrir qu'une pâture indigeste, même pour des légistes!

(1) On peut en juger par le rapprochement que fait M. Thibaudeau de quelques-unes de ses notes avec la version de M. Locré. Voy. *Mémoires du Consulat*, p. 414. *(Note de l'auteur.)*

CHAPITRE VI

LA SECRÉTAIRERIE D'ÉTAT

La matinée de Napoléon se terminait toujours par un travail avec le ministre secrétaire d'État. Le moment est donc venu de montrer la secrétairerie d'État sous son véritable aspect. Élevé à cette école, il me tardait d'aborder ce sujet familier, et je n'ai encore ici qu'à me bien souvenir.

La secrétairerie d'État était le rouage essentiel du ministère, et cependant les contemporains l'ont méconnu. Si son action a été à peine soupçonnée, c'est que, circonscrite entre l'Empereur et les ministres, il suffisait à l'Empereur qu'elle fût confidentielle, tandis qu'il importait peu à l'amour-propre des ministres qu'elle fût révélée dans toute son étendue. Pour l'œil du vulgaire, le ministère de la secrétairerie d'État, trop voisin du foyer lumineux, se perdait comme certaines planètes dans le disque du soleil.

Il y avait dans le travail ordinaire de la secrétairerie d'État une partie bureaucratique toute d'expédition et d'archives, dont l'utilité matérielle avait suffi pour rendre de prime abord son chef un collaborateur indispensable. Les habitudes du travail survivent quelquefois aux révolutions du gouvernement. La secrétairerie d'État en est l'exemple. Elle était la continuation du secrétariat du Directoire, qui de même, quelques années auparavant, avait continué le secrétariat général du Comité de Salut public. Les chefs avaient successivement disparu, mais les employés en sous-ordre étaient restés avec leurs traditions. Dans ce greffe central, le gouvernement continuait de déposer les minutes de ses actes comme les particuliers déposent leurs contrats chez un notaire. On en gardait la minute et on en délivrait toutes les expéditions nécessaires aux ministres chargés de l'exécution. Chaque jour, un procès-verbal enregistrait les actes de la journée et servait comme de matricule pour constater la date et pour ainsi dire le moment où de simples projets étaient devenus des actes obligatoires. La réunion de ces inventaires formait la série chronologique la mieux suivie. Dès le lendemain, les principales dispositions de chaque acte étaient dépouillées sur de petits bulletins destinés à présenter aux recherches les noms propres, les noms de lieux et les mots de matière dont ils pouvaient éveiller l'idée; et ces bulletins, recueillis immédiatement par ordre alphabétique dans les tiroirs d'un casier, tenaient constamment au courant le répertoire le plus complet dont la mémoire d'un gouvernement puisse être armée.

Telle était la partie active du travail de la secrétairerie d'État. Les minutes expédiées, inventoriées au procès-verbal et inscrites à la table sous tous les mots qui pouvaient donner prise aux recherches, faisaient place à d'autres et les dossiers, se succédant comme les jours auxquels ils avaient appartenu, passaient alors dans le domaine du conservateur des archives. Là, le dossier venait se rompre et les minutes allaient se distribuer dans les cartons destinés à leur servir de dernière demeure. Ce classement, indépendant de toute méthode systématique et personnelle, n'avait d'autre objet que de rétablir les papiers du gouvernement dans un ordre analogue à la division et à la subdivision de ses ministères et de ses différents bureaux. Ainsi tous les actes des finances se trouvaient dans une même travée, tous ceux de la guerre dans une autre, etc. Dans la travée des finances, une tablette était consacrée à la subdivision des domaines; une autre à celle des forêts, etc. et sur chaque tablette, un même carton réunissait les actes qui étaient du ressort du même bureau ministériel : autant de bureaux dans l'organisation du ministère, autant de cartons qui les représentent aux archives; ainsi chaque matière principale d'administration et de politique avait le sien, et de même que sur un champ de bataille les files des morts restés sur le terrain peuvent donner une idée des diverses positions dans lesquelles on a combattu, de même l'ordre dans lequel les papiers de l'État se conservaient après le travail qui les avait produits pouvait encore offrir une image morte de ce travail et rendre plus facile tout rapprochement entre ce qui était fait et ce qui était à faire.

La perfection de cette machine bureaucratique était due à M. Lagarde, qui sous le Directoire exécutif l'avait montée avec une grande habileté.

Napoléon la trouva commode pour son travail particulier; il apprécia au premier coup d'œil toutes les facilités qu'elle offrait pour rattacher les huit ministères à un centre et leur imposer un formulaire commun, pour simplifier les rapports journaliers du cabinet avec les ministres, et même pour se passer de chacun d'eux quand cela lui plaisait, notamment pour la recherche des antécédents, pour les élaborations préparatoires et toutes les écritures confidentielles.

Il tira de l'existence de la secrétairerie d'État un autre avantage : celui de s'affranchir de la fatigue de répéter sa signature. Il ne signa plus que la minute, et se servant de la main du secrétaire d'État comme d'une griffe, il lui délégua la vertu de rendre toute expédition suffisamment authentique pour le ministre qui avait à la contresigner.

Les ministres exécutaient donc sans voir la signature originale de Napoléon et sur la simple garantie que le secrétaire d'État leur donnait de son existence en la rapportant en ces termes : signé Napoléon; puis venait la signature du secrétaire d'État précédée de cette formule : *par l'Empereur, le Secrétaire d'État*. J'ai cru devoir entrer dans ce détail, parce que bien des personnes, s'imaginant que la signature de Napoléon sur les expéditions était réelle, n'ont considéré celle du secrétaire d'État que comme un vain luxe de contre-seing. Il est maintenant bien entendu que cette signature du secrétaire d'État était en réalité la seule, autographe, qui pût suppléer celle de l'Empereur aux yeux des ministres.

Quand les charges s'appelaient encore par leur nom, le dépositaire du signe qui donnait l'authenticité officielle à la volonté du chef de l'État était le chancelier; il s'est appelé aussi, dans des temps plus récents, le garde des sceaux; mais l'usage ayant détourné ces titres pour les appliquer à d'autres hommes et à d'autres rangs, il a fallu en chercher un équivalent qui révélât de quelle haute confiance la signature du secrétaire d'État était investie; la secrétairerie d'État prit donc rang dans les ministères, et son chef s'appela le ministre secrétaire d'État.

Le service du secrétaire d'État lui donnait accès auprès de l'Empereur à toute heure du jour et de la nuit; il le suivait dans tous ses voyages et dans toutes ses campagnes de guerre. Peut-être pourrions-nous donner une première idée assez exacte de ce service en nous contentant d'indiquer tout ce qu'il avait d'analogue avec un autre que nos relations militaires ont mis à la connaissance de tout le monde : je veux parler de la charge de major général, qui était remplie par le prince de Neuchâtel. Quand il s'agit de l'entourage personnel de Napoléon, il nous semble que toute comparaison qui tend à jeter un reflet militaire sur un service purement civil, doit ajouter à la couleur un degré de plus d'exactitude et de vérité.

Ce que le major général était auprès de Napoléon général en chef à l'armée, et seulement pour les opérations de l'armée, le secrétaire d'État l'était auprès de Napoléon empereur, pour toute affaire de gouvernement quelconque, en tout temps et en tous lieux : en campagne, en voyage comme aux Tuileries. Ainsi l'on pouvait dire avec quelque raison que le major général était un secrétaire d'État pour l'armée, et que le secrétaire d'État était un major général pour l'Empire.

Dépositaire de la pensée du général en chef, quand elle devenait un ordre, le major général l'expédiait sous sa seule signature et servait ainsi d'intermédiaire officiel à toutes les communications écrites qui avaient lieu dans l'horizon de l'armée entre l'Empereur et ses lieutenants.

Il en était de même du secrétaire d'État, pour toutes les transmissions officielles à faire aux ministres. Du moment que la pensée de l'Empereur se transformait en décret, il en devenait dépositaire officiel et le soin d'expédier cet acte souverain ne regardait plus que lui. Suivant l'importance de la matière ou les distances à parcourir, les messagers d'État, les facteurs du gouvernement, le télégraphe, les courriers du cabinet et, au besoin, tous les auditeurs du Conseil d'État étaient à sa disposition. Enfin, pour chaque impulsion à donner à l'action ministérielle, la secrétairerie d'État était toujours là sous la main de Napoléon, comme la manivelle du gouvernail sous la main du pilote.

Aussi était-ce une des institutions dont Napoléon se félicitait davantage et qu'il déclarait lui avoir rendu le plus de service. « De mon ministre secrétaire d'État, disait-il à Sainte-Hélène, émanaient tous les actes. C'était le grand notaire de l'Empire; signant et légalisant toutes les pièces, par lui je faisais parvenir mes décisions et mes volontés dans toutes les directions et partout; si bien qu'avec le secrétaire d'État et une demi-douzaine de secrétaires, je pouvais gouverner l'Empire du fond de l'Illyrie ou des rives du Niémen avec autant de facilité que dans ma capitale. »

Non seulement Napoléon mettait la secrétairerie d'État au rang des institutions qui lui avaient été le plus utiles, mais même il ne pouvait comprendre que l'action d'un gouvernement bien organisé pût s'en passer. « Du moment, disait-il encore, que les ministres, chacun dans sa partie, s'attribuent les fonctions de secrétaire d'État, tous les éléments de centralisation, tous les moyens matériels de contrôle disparaissent et rien ne peut aider le chef de l'État à connaître par lui-même l'ensemble de ses affaires. Les fenêtres du cabinet se bouchent et l'observatoire du maître n'est plus qu'une chambre obscure qui a perdu sa vision magique et, ce qui est pis encore, il n'y a plus aucune action en responsabilité possible de la part de qui que ce soit contre un ministre; car du moment que chaque ministre emporte et conserve à sa discrétion les minutes des actes qui peuvent engager sa responsabilité, quelle garantie a-t-on que ces actes ne subiront pas les altérations dont cette responsabilité aura besoin de se couvrir ? Un dépositaire intermédiaire et désintéressé peut seul préserver le Prince et l'État de pareilles infidélités, ou du moins fournir le moyen de les reconnaître et de les constater. »

L'importance que Napoléon accordait à son secrétaire d'État est maintenant bien connue. Il nous reste à introduire ce ministre, car nous n'avons pas perdu de vue que ce chapitre est consacré au travail du secrétaire d'État avec l'Empereur.

Napoléon le reçoit dans le salon des petits appartements qui précède son cabinet intérieur, et leur travail se fait sur un des deux bureaux que nous avons déjà indiqués comme se trouvant au fond de cette pièce.

S'il y a des bulletins télégraphiques, le secrétaire d'État commence p. les remettre, car c'est lui qui est le centre de ces communications ultra-officielles. Il dispose ensuite ses portefeuilles pour la signature. L'Empereur s'assied, prend la plume, et le secrétaire d'État, debout sur le côté, indique d'un mot l'objet de chaque signature. Tout ce que les ministres ont déposé sur la table du dernier conseil, tout ce qui est sorti des dernières délibérations du Conseil d'État, passe alors de nouveau sous les yeux de l'Empereur. Sur les projets qui sont de pure forme, sur les affaires habituelles qu'entraîne le grand courant de l'administration publique, enfin sur tout ce qui n'est susceptible d'aucune difficulté sérieuse, la plume qui signe passe avec autant de rapidité que l'indication sommaire qui le précède. La plus grande partie de la signature se fait ainsi ; mais viennent les cas réservés. Tout ce qui a présenté dans son ensemble ou dans ses détails quelque difficulté au conseil ; tout ce qui est de nature à éveiller des questions accessoires auxquelles la politique du jour peut donner un intérêt présent ; les innovations de quelque importance ; les propositions contre lesquelles l'Empereur a déjà montré quelque velléité de dissentiment ; tout ce que l'expérience personnelle du secrétaire d'État juge de nature à fixer plus particulièrement l'attention de l'Empereur, lui est soumis plus lentement, avec les remarques propres à éveiller ses souvenirs et l'espèce d'intérêt qu'il peut y mettre. De cette revision faite à tête reposée, il résulte alors une foule de modifications, d'additions, de corrections, que Napoléon dicte ou dont il surcharge de sa main les minutes. Les changements équivalent quelquefois à une refonte totale. Quand l'Empereur veut refaire le travail de ses ministres, il se lève et le secrétaire ministre, qui recueille à la hâte la dictée, s'identifie avec la pensée dominante, au point que dans la rédaction définitive tout se raccorde comme coulé d'un seul jet.

L'Empereur se plaisait à laisser une grande influence à son secrétaire d'État sur la partie de son travail qui avait les nominations pour objet. Ordinairement chaque décret de nomination était en blanc et une liste de candidats y était jointe. Le secrétaire d'État, dépositaire des promesses que l'Empereur a pu faire dans ses campagnes ou dans ses voyages ; témoin dans tous ses travaux de ses jugements sur les services, et confident habituel de ses affections pour les personnes, l'aidait de ses notes et de ses souvenirs à distinguer entre les candidats du ministre celui pour lequel il pouvait avoir des motifs personnels de préférence. Dans les nominations qui n'étaient que des faveurs, l'Empereur aimait assez à se soustraire au patronage des bureaux et à constater par quelque exemple le droit *de proprio motu*. Il lui arrivait même assez souvent de signer des décrets de nominations en laissant au secrétaire d'État le soin de remplir le blanc. « Vous lirez les notes, lui disait-il, et celui des *nôtres* qui vous paraîtra le plus convenable, vous mettrez son nom. »

La conférence avec le secrétaire d'État finissait ordinairement par le travail du *Moniteur*. La nouvelle du jour occupait alors le tapis. L'Empereur avait de la peine, dans cette intimité, à sortir de la pensée qui l'avait captivé pendant le jour. Il repassait alors les différents travaux qui en étaient résultés et si quelques-uns de ceux commencés avec ses secrétaires demandaient encore un complément, il les achevait avec le secrétaire d'État. Il se faisait apporter les dépêches dont il était préoccupé; la part qu'il fallait en faire au public, il l'indiquait lui-même par de gros traits sur les marges. Mais le plus souvent il dictait des notes pour servir aux articles qu'il voulait faire paraître le lendemain dans le *Moniteur;* souvent aussi il en dictait pour ce qu'on appelait alors les petits journaux, afin que leur couleur particulière pût prêter des nuances différentes à ces publications semi-officielles.

De toutes les attributions du secrétaire d'État, la plus féconde en insomnies était bien certainement la rédaction du *Moniteur*. Ce n'était pas assez que cette rédaction prît une partie des heures que l'expédition des ordres et des décrets se disputaient avant minuit, il fallait encore pendant la nuit en recevoir les premières épreuves, satisfaire aux messages par lesquels l'Empereur ajoutait ou retranchait, et quelquefois ces changements étaient tels que le secrétaire d'État osait différer l'impression pour en appeler à Napoléon plus calme de Napoléon ému.

On le voit : les matières les plus variées, les travaux des genres les plus opposés, dès que l'attention de l'Empereur s'en saisissait, devenaient aussitôt par le fait de la compétence du secrétaire d'État. Cette partie confidentielle de ses attributions était sans contredit la plus importante, elle était accordée à l'homme peut-être plus encore qu'à la place... mais nous n'avons parlé que de la place ; il nous reste à nous occuper des personnes qui l'ont remplie : M. Maret et M. Daru.

CHAPITRE VII

M. MARET

La révolution du 18 brumaire avait mis M. Maret à la tête de la secrétairerie des consuls. Fondateur du *Moniteur,* il était l'ami des hommes honorables qui restaient encore de l'Assemblée constituante; secrétaire général du ministère des affaires étrangères en 1792, il était du petit nombre de ceux qui avaient conservé la tradition de la diplomatie française; sa mission à Londres au commencement de 1793, sa longue captivité dans les fers de l'Autriche pour la cause de la Révolution française; son échange à Bâle contre la fille du roi Louis XVI; enfin sa négociation à Lille avec lord Malmesbury, l'avaient mis au premier rang de notre monde politique. La confiance du Premier Consul ne tarda pas à placer ses talents et sa probité dans tout leur jour; mais il lui fallut plusieurs années pour créer la secrétairerie d'État telle qu'on vient de la voir.

M. Maret se distinguait par l'élégance de ses manières, autant que par la solidité et l'agrément de son esprit. Son travail était facile et flexible ; son dévouement pour Napoléon prenait sa source dans la conviction qu'il acquérait chaque jour de la supériorité de ce grand homme et il en résultait de sa part une abnégation sincère qui soumettait toutes ses facultés à le comprendre et même à le deviner, et qui lui faisait sacrifier sans regret les relations du monde à l'assiduité jalouse que son service exigeait. Napoléon dans sa vie intérieure était presque un moine militaire et il fallait que tout ce qui le servait de près vécût dans sa règle. Ce ne fut qu'à force de longs et assidus services que M. Maret parvint au degré de confiance qui fit de lui un premier ministre de fait et qui, sous tout autre homme que Napoléon, en aurait fait un premier ministre de droit. M. Maret passa plus de douze ans dans cette situation de travail et de faveur. On comprend combien il lui a fallu développer d'activité et de talent, au milieu de tant d'agitation et d'affaires; combien à la longue il a dû acquerir de supériorité dans l'art de saisir les idées de l'Empereur et de les développer aux autres; combien le temps et le succès ont dû augmenter l'intimité de ces rapports, et par combien de rivalités boudeuses et de détracteurs secrets il a fallu payer cette continuation de confiance. Le titre de duc ne fit que constater l'élévation à laquelle il était parvenu; jamais faveur n'a été acquise par des voies plus légitimes, car c'était le prix du travail et des plus honorables services.

Le duc de Bassano, qui ne saurait présenter à qui que ce soit la contradiction d'une manière désobligeante, devait moins qu'un autre heurter de front les idées de l'Empereur; mais si dans la vie ordinaire la vérité exige des ménagements, pourquoi n'en exigerait-elle pas également quand on la présente aux Princes ? La brusquerie, la tracasserie, la rudesse, sont-elles le cortége obligé de la loyauté ?

Des hommes d'État se sont vantés depuis quelques années, parmi nous, d'avoir payé leur résistance à l'Empereur par la perte de leur ministère. Peut-être veulent-ils justifier de cette façon une disgrâce dont il leur importe de dissimuler les véritables motifs; mais enfin, s'il est vrai que d'habiles ministres aient échoué dans cette lutte, disproportionnée sous tant de rapports, le système de conduite adopté par le duc de Bassano n'en doit paraître que plus raisonnable : à quoi eût-il servi qu'il échouât comme eux ? Leur disgrâce ne présentait-elle pas un écueil à éviter plutôt qu'un exemple à suivre ?

Ses formes douces et conciliantes, sa probité et le désintéressement de son zèle, lui donnaient de meilleurs moyens pour servir la vérité ; et si ce n'eût été chez lui l'heureuse réunion d'avantages naturels, nous pourrions en faire honneur à son habileté ; d'ailleurs le libre accès qu'il avait auprès de Napoléon lui permettait de choisir ses moments. Après avoir paru céder dans la salle du Conseil, il avait plus tard des occasions que d'autres n'avaient pas pour revenir à la charge, et tels qui l'ont entendu commencer une discussion, savent-ils bien comment dans la soirée même ou le lendemain il a su la finir ? Je le sais, moi : car, à son insu peut-être, j'ai été plusieurs fois témoin des victoires qu'il remportait dans le secret de l'intimité.

Le duc de Bassano savait mieux que donner des conseils ; il savait, à propos, faire à l'intérêt de l'État le sacrifice de son opinion personnelle. Dès qu'une mesure politique était arrêtée, il se gardait bien de la contrarier ; avait-il été d'avis opposé, il ne se permettait plus de parler de son opinion personnelle, dans la crainte de porter la moindre atteinte au crédit que la mesure qui venait d'être prise devait avoir dans le public ; bien plus, il se croyait obligé de soutenir désormais cette mesure de tous ses efforts et de toute son influence. A ses yeux, la probité n'exigeait pas moins d'un ministre fidèle. Voilà comment il s'est attiré le reproche de n'avoir jamais désapprouvé et d'avoir au contraire constamment défendu toutes les opérations politiques de Napoléon. Bien des rois voudraient voir leurs ministres encourir de pareils reproches.

. . . .

Le duc de Bassano quitta le poste de secrétaire d'État quelque temps après le mariage de Napoléon avec l'archiduchesse Marie-Louise, événement auquel il avait eu grande part. Il passa alors au département des relations extérieures ; c'était encore un ministère d'intimité.

Deux ans après, il reprit son ministère de la secrétairerie d'État. Dans cet intervalle de temps, c'était le comte Daru qui l'avait occupé.

CHAPITRE VIII

M. DARU

M. Daru était le plus habile de nos administrateurs militaires ; il réunissait deux genres de mérite qui se trouvent rarement ensemble : homme de lettres distingué, il était le travailleur le plus infatigable de la bureaucratie moderne.

Avec tous ces avantages M. Daru ne parvint pas cependant près de l'Empereur à l'intimité qu'avait eue le duc de Bassano.

Sa plume habile n'avait pas la même flexibilité que celle de son prédécesseur. Quand il était chargé de refaire un travail, le travail qu'il apportait était le sien, mais ce n'était plus celui de l'Empereur. Il en résulta que la secrétairerie d'État perdit sous lui une partie de ses excursions confidentielles ; mais la haute estime que l'Empereur faisait de son habileté dans l'administration militaire lui valut d'amples dédommagements en le mettant sur le terrain qui lui était le plus familier ; et surtout dans les campagnes de 1812 et de 1813, la secrétairerie d'État se trouva plus d'une fois envahie par les papiers de l'administration de la guerre et par les états de l'intendant de l'armée.

M. Daru reçut enfin le prix de ses grands travaux en passant au ministère de l'administration de la guerre (1) ; mais tout en changeant de position, il ne se trouva, pour ainsi dire, changer ni de travail, ni de spécialité.

Je dois faire mention aussi de l'intérim de M. le duc de Cadore qui, dans les dernières années, s'est prêté à faire les fonctions de secrétaire d'État auprès du gouvernement présidé à Paris par l'Impératrice et l'archichancelier (2).

(1) Le ministère de l'administration de la guerre, créé le 21 ventôse an X (1802) eut trois titulaires : le général Dejean, jusqu'au 3 janvier 1810; le général Lacuée, comte de Cessac, jusqu'au 20 novembre 1813; le comte Daru, jusqu'à l'abdication de 1814.

(2) Composition des bureaux de la secrétairerie d'État :

Division d'expédition.........	M. Aubusson, chef de division.	
	M. Vergniaud,	sous-chefs.
	M. Evrat,	
Division des procès-verbaux....	M. Lemolt, chef de division.	
	M. Jubinal,	sous-chefs.
	M. Benoit,	
Division de correspondance....	M. Agasse, chef de division.	
	M. Durand, sous-chef.	

Archives impériales...........	M. le baron Fain, maître des requêtes, secrétaire du cabinet, garde des archives impériales. Section du répertoire. — M. Husson. Section des arts et décrets. — M. Levallois. Section historique. — M. Desrenaudes, conseiller titulaire de l'Université.
Cabinet particulier du ministre.	M. Étienne. M. Mounier. M. Benoit.

CHAPITRE IX

FIN DE LA MATINÉE

Entraînés par cette digression sur les personnages qui ont occupé le poste de secrétaire d'État, nous avons laissé Napoléon s'efforçant de reculer le terme du travail de la matinée à mesure qu'il approchait et profitant de la plume de son secrétaire d'État pour achever de débarrasser sa pensée des affaires qui l'occupaient encore. Cependant six heures ont sonné; l'exact M. de Luçay, remplissant les fonctions de préfet du palais, est venu gratter à la porte pour annoncer que l'Empereur était servi. Ce n'est quelquefois qu'une heure après que l'Empereur se souvient que l'Impératrice l'attend. Laissant alors le secrétaire d'État ramasser ses signatures, ses dossiers, les notes cursives dont ce ministre a couvert presque une main de papier, et renfermer tout son bagage dans ses portefeuilles, il se décide enfin à quitter la partie et à passer à table.

Les distractions de la soirée commencent alors et quelques instants de loisir s'ensuivent.

TROISIÈME PARTIE

NAPOLÉON

DANS LES HEURES CONSACRÉES A LA COUR ET A L'INTIMITÉ, DANS SES GRANDS VOYAGES ET DANS SES CAMPAGNES DE GUERRE

CHAPITRE PREMIER

LE DINER

Pour achever la journée, il nous faudrait maintenant passer dans les salles à manger et dans les salons; mais le secrétaire restait étranger à cette partie des appartements. Je vais poursuivre cependant, en m'aidant de ce que les habitudes du palais ne m'ont pas permis d'ignorer, et j'espère arriver ainsi au moment où la fin de la soirée fera repasser Napoléon par son cabinet.

A six heures et plus souvent à sept, l'Empereur dînait. La disposition de son couvert était telle qu'il n'y avait jamais personne d'assis en face de lui. Aux Tuileries, il se mettait ordinairement seul à table avec l'Impératrice. A la campagne, il invitait quelques personnes du voyage; à Saint-Cloud, tous les mercredis, à l'issue du conseil des ministres, il retenait ses ministres à dîner; à l'armée, c'était le prince de Neuchâtel qui occupait de fondation la seconde place; le maréchal Bessières, le duc de Bassano étaient fréquemment appelés. Napoléon mangeait vite; les mets les plus simples étaient ceux qu'il préférait. Quelquefois par distraction il mangeait de gros morceaux, mais il était habituellement sobre. Il avait pour maxime que, quelque peu de nourriture qu'on prît à dîner, on en prenait toujours trop. Son vin d'ordinaire était le Chambertin.

Le service de la table était présidé par un préfet du palais. A Paris ou à Saint-Cloud, c'était presque toujours M. de Luçay; MM. de Beausset et de Saint-Didier se sont succédé dans les grands voyages. J'ai vu le même service fait quelquefois par MM. de Cussy et Devin de Graville. Derrière le fauteuil de l'Empereur et celui de l'Impératrice étaient les pages; mais en réalité la table était servie par le premier maître d'hôtel (1), par des tranchants et par des valets de chambre d'appartement. Longtemps le chef de cette partie avait été M. Fischer; dans les dernières années, c'était M. Colin; ce dernier avait le titre de premier contrôleur.

La fin de M. Fischer avait été malheureuse; cet ancien serviteur, qui tenait la maison du général Bonaparte dès les premiers temps de l'armée d'Italie, disparut en 1809 dans la marche de Ratisbonne sur

(1) M. Lecler et après lui M. Dunan. *(Note de l'auteur.)*

Braunau (26 avril). On le croyait assassiné ou pris. L'Empereur le fit inutilement redemander aux Autrichiens. On le retrouva enfin dans les bois de Landshut, vivant, mais dans un état complet de démence. Il a survécu peu de temps.

Son successeur, M. Colin, a eu toutes les tribulations des dernières campagnes et de la catastrophe qui s'ensuivit. Il est, par une honorable exception, le seul des intendants et maîtres d'hôtel de l'époque qui ne soit pas riche : Napoléon autour de lui enfantait des miracles (1) !

La responsabilité du service de la table était d'une nature bien délicate ; je n'ai cependant jamais entendu parler d'inquiétudes d'empoisonnement, ni de précautions extraordinaires. Le meilleur préservatif se trouvait dans le dévouement des chefs et dans le bon ordre établi. L'œil du grand-maréchal du palais passait partout. Quant à Napoléon, plein de confiance dans ses serviteurs, il leur abandonnait sa vie, comme s'il n'eût pas même eu l'idée du danger.

Le dîner de l'Empereur ne durait pas plus de quinze à vingt minutes.

Il y avait deux autres tables : celle des grands

(1) M. Colin n'a pas même la pension que les liquidateurs de 1816 ont donnée à tous ses subordonnés, et, il faut le dire à la honte de cette liquidation, il ne l'a pas parce qu'il a suivi Napoléon à l'île d'Elbe.

officiers et celle des petits officiers ; on les appelait ainsi dans le langage habituel, et je conserve cette dénomination, parce qu'elle marque bien les deux grandes divisions hiérarchiques de la Maison.

La table des grands officiers était censée présidée par le grand-maréchal ; en son absence, c'était le grand écuyer ou l'aide de camp de service qui la tenait. Les dames du palais, les chambellans, le préfet du palais, l'écuyer, les généraux de garde, enfin tout le service du premier salon y prenait place. Cette table était servie la première, afin qu'on pût se trouver dans le salon quand l'Empereur y entrait.

Deux petites tables particulières en étaient comme un démembrement : celle que le grand-maréchal se faisait servir chez lui, et celle que l'Empereur avait fait établir en 1806 pour ses secrétaires. Ceux-ci ne se présentaient à la table des grands officiers, que lorsqu'il était impossible, par suite de quelque embarras de voyage, de les servir séparément. Leur service dans l'intérieur ne leur permettait guère d'arriver qu'au moment où le dîner finissait, et d'ailleurs l'Empereur ne les voyait jamais avec plaisir exposés aux conversations du palais ; leur table particulière était tenue par Meneval ; en son absence et après lui par Fain ; le secrétaire des commandements

Deschamps, le baron Mounier, et le colonel Bacler d'Albe en ont été les premiers commensaux ; MM. Deponthon, Lelorgne d'Ideville, Prévost, Jouanne et Rumigny s'y sont trouvés successivement admis. Cette table recevait en outre deux commensaux étrangers au cabinet, que des convenances personnelles approuvées par l'Empereur y faisaient asseoir de préférence à la grande table ; c'étaient le baron Yvan, chirurgien ordinaire, et le lieutenant-colonel Gourgaud, lorsque le titre de premier officier d'ordonnance (1) l'eut mis hors de pair avec ses camarades.

Une autre table était dressée pour la lectrice et les *dames rouges* de l'Impératrice. On appelait ainsi les dames qui avaient été choisies dans les maisons impériales d'Écouen et de Saint-Denis pour venir présider au service intérieur de l'appartement de l'impératrice Marie-Louise ; elles avaient conservé les robes nacarat de Saint-Denis et c'est ce qui leur valait ce surnom de *dames rouges ;* mais leur titre était : premières femmes de l'Impératrice. Deux

(1) L'Empereur se plaisait à reconnaître le dévouement et l'activité de Gourgaud. Il dérogea en sa faveur au règlement qui prononçait que ses officiers d'ordonnance ne resteraient auprès de sa personne que durant dix-huit mois et que, s'ils obtenaient de l'avancement pendant ce temps, ils rentreraient avec leur nouveau grade dans les corps de l'armée. Il créa pour lui la place de premier officier d'ordonnance.

restaient constamment dans la pièce voisine de celle où se trouvait l'Impératrice; et, comme les secrétaires, elles ne passaient pas dans l'appartement extérieur, à moins que par hasard une commission les forçât de sortir de leurs limites.

La table des petits officiers était tenue par un fourrier du palais; elle était servie pour les officiers d'ordonnance, les aides de camp des aides de camp de l'Empereur, les pages, les officiers de la garde, le médecin et le chirurgien de quartier; pour tous les officiers enfin dont le grade était inférieur à celui de colonel, ou dont le rang dans la maison n'était que de la deuxième classe.

Venait ensuite la table de l'office qui avait aussi des couverts particuliers pour les valets de chambre de l'Empereur, pour les femmes de chambre de l'Impératrice et pour le maître d'hôtel; mais je ne crois pas devoir entrer plus avant dans ces détails, et je remonte au salon.

CHAPITRE II

LE SALON ET LA SOIRÉE

Nous voici sur le terrain des chambellans, ils fournissent les personnages de la tapisserie qui décore les pièces où nous entrons. Leur habit est rouge, brodé d'argent, et la plupart portent un nom qui a tout l'éclat de leur habit. Nommons-les donc (1). C'étaient les comtes :

D'Alsace.
D'Angosse.
D'Aubusson de la Feuillade.
Galard de Béarn.
De Beaumont.
De Beauvau.
Taillepied de Bondy.
De Brancas.
De Brigode.
Auguste de Chabot.
De Kergariou.
De la Briffe.
De Las Cases.
De Lastic.
De Lillers.
De Louvois.
De Contades.
De Saint-Simon Courtomer.
De Croÿ.
Didelot.
Dumanoir.
Dusaillant.
De Lur-Saluces.
Germain.
Charles de Gontaut.
De Grammont.
D'Haussonville.
De Choiseul-Praslin.

(1) Cf. *Almanach impérial.*

Songis de Pange.
De Rémusat.
De Rambuteau.
De Sainte-Aulaire.
Auguste de Talleyrand.
(Baron) de Lostanges.
De Marmier.
Georges de Mathan.
De Miramon.
De Montault.
Trion de Montalembert.
De Montaigu.
Anatole de Montesquiou.
Henry de Montesquiou.
De Montguyon.
Tristan de Montholon.
Louis de Montholon.
(Baron) de Montmorency.
Moreton de Chabriant.
De Mun.
De Nicolay.
Just de Noailles.
Perregaux.
De Forbin.
Ferdinand de Laville.
De Villeneuve.
De Thiars.
De Turenne.
Turpin de Crissé.
De Vaulgrennand.
De Vertillac.
De Viel-Castel.
De la Vieuville.
De Viry.

CHAMBELLANS DES PRINCES ET PRINCESSES DE LA FAMILLE AYANT EU RANG DE CHAMBELLAN A LA COUR DE NAPOLÉON

MM.
D'Arjuzon.
De Cossé-Brissac.
De Clermont-Tonnerre.
Mathieu Dumas.
D'Esterno.

ÉTRANGERS DEVENUS CHAMBELLANS

Belges.

Comte d'Arberg.
Mercy d'Argenteau.
De Gavre.
De Bellissen.
Charles de Croix.
Cornelissen.
Pellaërt de Ghistelle.
De Harchies.
De Smetz.

Hollandais.

Van de Zip.
Van Nyvenheim.
Othon de Byland.
Corver-Hooft.
Van Spaen.

Italiens.

Comte Falotti de Barrol.
Ponte de Lombriasco.
Ghilini.
Prince Corsini.
Comte P. de Mozzi.
Émile Pucci.
Albizzi.
Marc Lomellini.
Luc Durazzo.
Amédée de Lur-Saluces.
Grimaldi de la Pietra.
Garzoni Venturi.

Polonais.

Prince Radziwil.
Comte Alexandre Potocki.
Comte de Bronic.
Comte Krasinski.
Prince Sapieha.

GÉNÉRAUX AYANT LE TITRE ET LE RANG DE CHAMBELLAN

Les généraux :

Dorsenne.
Curial.
Walther.
Guyot.
Sorbier.
La Riboisière.
Dumoutier.
Rogniat.
Michel.
Saint-Sulpice
Colbert.
Amiral Ganteaume.

L'Empereur, en sortant de table, trouvait réunies dans le salon de l'Impératrice les diverses personnes formant sa société ordinaire. C'était de fondation la dame d'honneur (Mme la duchesse de Montebello), ainsi que les dames et officiers du palais qui étaient de jour. Les allant et venant se composaient des princes et princesses de la famille, de grands dignitaires, de maréchaux, de ministres; enfin des plus assidus à jouir du privilège des petites entrées, tels que les sénateurs Monge, Laplace, Fontanes, le comte de Ségur, le comte Chaptal, le baron Denon, etc. S'il me fallait nommer ici tous ceux que leur rang dans l'État et dans la Maison impériale autorisait à se présenter aux soirées du Palais, je serais exposé à faire la répétition d'une liste qui est partout. Je n'ai prétendu citer que quelques habitués. Quant aux intimes et aux familiers, c'étaient le prince Berthier, l'archichancelier Cambacérès, le maréchal Bessières, duc d'Istrie; le grand-maréchal Duroc, duc de Frioul; le grand écuyer Caulaincourt, duc de Vicence; le ministre secrétaire d'État Maret, duc de Bassano; le comte Montalivet, ministre de l'intérieur; l'ancien aide de camp Lavallette, le général Lauriston, le général Savary, duc de Rovigo; le comte Caffarelli, le général Mouton, comte de Lobau; M. de Champagny, duc de Cadore; l'amiral Decrès, ministre de la marine; et, dans les derniers temps, le comte de Montesquiou, le général Narbonne, le comte Bertrand et le général Drouot. M. de Talleyrand n'est pas de ces hommes qu'on oublie. Si je ne l'ai pas nommé, c'est que depuis 1809, le prince de Bénévent, rejeté dans les honneurs de vice-grand-électeur, n'avait plus que les apparences de l'intimité; il en était de même de Fouché, depuis que le duc de Rovigo avait remplacé le duc d'Otrante au ministère de la police.

Tandis que le cercle se formait autour de l'Impératrice, le reste du salon se partageait entre les tables de jeu et les conversations particulières.

L'Empereur n'aimait pas le jeu; on l'a cependant vu jouer au vingt-et-un et au whist. Il préférait les échecs et le billard; il y avait un billard dans les appartements de l'Impératrice.

Si l'Empereur trouvait là un interlocuteur qui lui convînt, il l'attirait vers une embrasure de fenêtre et une longue causerie s'ensuivait : son esprit recherchait ce genre d'exercice et de délassement.

Il savait écouter; il se plaisait surtout à écouter ceux qui parlaient de ce qu'ils savaient.

« Comme il n'avait pas toujours eu le temps de lire, il apprenait en écoutant et s'appropriait merveilleusement ce qu'il entendait de manière à le rendre neuf et sa chose propre. Sa conversation étincelait de traits, attachait par sa singularité, par sa facilité à saisir mille rapports inattendus... Un mot lui faisait déployer ses ailes. Il ne se refusait rien quand il était lancé; il laissait alors échapper des choses qu'on eût craint d'entendre de toute autre bouche que de la sienne. C'était le prince qui attachait le plus grand prix au secret, et souvent il lui arrivait de se répandre dans les plus étranges indiscrétions sur lui-même et sur ses projets...; il était dans la discussion comme à la tête d'une armée : toujours en action, en avant et sur l'offensive! Ses facultés étaient immenses et l'on pourrait demander s'il a eu plus d'esprit que de génie; il ne s'est pas écoulé un jour où il n'ait dit quelque chose de remarquable. » (De Pradt) (1).

. . . .

La soirée était ordinairement assez courte pour tout le monde, et bien souvent l'Empereur se voyait forcé de l'abréger pour tenir un conseil que la plénitude de la journée avait forcé de remettre à huit heures du soir; dans ce cas, il n'était pas rare que le conseil se prolongeât bien avant dans la nuit.

Quelquefois l'Empereur sortait, tantôt pour aller passer une heure ou deux aux Français ou à l'Opéra, tantôt pour faire une promenade incognito. Dans ce cas, c'était ordinairement le général Duroc qui l'accompagnait; mais quelquefois aussi le maréchal Bessières ou l'aide de camp de service.

Si la soirée n'avait pas été détournée du salon, elle se terminait de neuf à dix heures. Napoléon remontait alors pour le *coucher;* c'est-à-dire qu'avant de se retirer dans son appartement intérieur, il recevait les chefs du service d'honneur réunis pour prendre ses ordres pour le lendemain. Souvent le

(1) *L'Europe et l'Amérique en 1821.*

ministre secrétaire d'État saisissait ce moment pour se représenter : c'était une dépêche télégraphique à remettre, une dernière signature urgente à recevoir ou quelque article pour le *Moniteur* à faire relire avant de l'envoyer.

L'Empereur rentrait ensuite par son cabinet, parcourait d'un coup d'œil les dépêches qu'il trouvait sur le guéridon, signait ce qu'il ne pouvait se dispenser de signer et ajournait le reste : « A demain, disait-il, la nuit porte conseil. » Presque toujours à dix heures il était couché.

Telles étaient les habitudes d'une journée de Napoléon, si toutefois on peut appeler ainsi la manière de vivre de l'homme qui semblait prendre plaisir à dérouter l'habitude aussitôt qu'il la voyait venir.

Achevons cet aperçu par un parallèle ; les hommes, bien mieux encore que les événements, se connaissent par la comparaison ; c'était le système de Plutarque. Malheureusement, l'histoire nous a bien rarement ménagé des vues sur les intérieurs. Je ne vois qu'une journée de Frédéric, qui, sans sortir de nos temps modernes, puisse venir se placer à côté d'une journée de Napoléon.

« Le grand Frédéric se levait en été à quatre heures et en hiver à cinq. Toutes les lettres que chacun de ses sujets pouvait lui écrire, tous les placets ou papiers qui arrivaient le soir ou pendant la nuit, étaient devant lui sur une table. Il ouvrait tout, parcourait tout. De tous ces papiers, il faisait trois tas : à l'un, il répondait sur-le-champ, un autre parvenait, avec les marques écrites en marge de sa propre main, aux ministres, aux intendants, aux tribunaux ; et le troisième qui n'avait ni rime ni raison était jeté au feu. Venaient ensuite les secrétaires du cabinet ; tout leur était remis par le monarque pour être expédié sur-le-champ ; puis il montait à cheval, allait voir ses régiments et recevait les étrangers qui voulaient le voir. Ensuite il se mettait à table où il montrait une présence d'esprit continuelle et disait des choses qui frapperaient dans tous les siècles par leur vérité et leur sagesse. Après le dîner revenaient les secrétaires qui apportaient à signer toutes les lettres dont ils avaient reçu le canevas le matin. Entre quatre et cinq heures du soir tout l'ouvrage du jour était fait. Alors le monarque se reposait, et ce repos consistait à se faire lire jusqu'au souper les meilleurs écrits des anciens et des modernes ou à les lire lui-même à son lecteur. Un monarque qui employait ainsi son temps pouvait bien exiger de ses ministres, de ses généraux et de ses officiers qu'aucun d'eux ne dissipât le sien. »

CHAPITRE III

LA SEMAINE. — LE DIMANCHE. — LES PROMENADES, LA CHASSE ET LES PALAIS DE PLAISANCE

Si Napoléon craignait les habitudes, il aimait la règle. Nous avons vu que toutes les heures de sa journée avaient une destination; les jours de la semaine avaient aussi la leur.

Le lundi était consacré aux conseils d'administration, le mardi au Conseil d'État, le mercredi au conseil des ministres. Le jeudi il y avait grand lever et conseil des bâtiments et des travaux publics. Le vendredi comme le mardi appartenait au Conseil d'État, et le samedi fournissait encore quelques heures aux conseils d'administration.

Le dimanche était le jour de *représentation*. On ouvrait les grands appartements et les galeries. Tout ce qui formait la Cour s'y réunissait au grand complet, toutes voiles dehors! Riches habits, costumes variés, larges broderies, avec force cordons, décorations et croix de toutes les paroisses! Mais ce qui distinguait cette Cour et ce qui lui donnait une physionomie toute particulière, c'est qu'en général elle se composait d'hommes qui, pris individuellement, avaient une utilité spéciale dans l'État. Ils ne paraissaient au palais comme courtisans que le dimanche ; ils avaient travaillé toute la semaine ! Cette foule allait se distribuant dans les salons, selon le rang assigné à chacun par l'étiquette ; et chez Napoléon l'étiquette n'était que de l'ordre. Les princes de la famille, les grands-officiers de l'Empire, les ministres, les ambassadeurs et les cardinaux, dans le grand cabinet ; les sénateurs, les conseillers d'État, les généraux de division, les évêques, dans la salle du Trône.

Les membres du Corps législatif, les maîtres des requêtes, les auditeurs, les maîtres des comptes, les juges de la Cour de cassation, les généraux de brigade, dans le salon de la Paix.

Enfin tous les fonctionnaires et officiers d'un moindre rang, dans la salle des Maréchaux.

L'Empereur passait d'une salle dans l'autre, de manière à voir successivement tout son monde. Les cérémonies et la musique de la chapelle (1), une

(1) La chapelle de l'Empereur a été desservie par : l'évêque de Versailles (baron de Laroche) ; l'archevêque de Malines (M. de Pradt) ; l'évêque de Gand (baron de Broglie) ; l'archevêque d'Aix (baron Jauffret) ;

revue d'apparat dans la cour du Carrousel, et l'audience diplomatique, remplissaient en grande partie la matinée. Le cabinet intérieur était près de là pour prendre le reste.

Quelquefois à la suite des audiences du dimanche, un conseil privé se tenait pour juger les recours en grâce. Le soir il y avait dîner de famille où l'Empereur avait toujours auprès de lui sa mère qu'on appelait *Madame Mère*. Enfin la journée se terminait par un cercle des grands appartements, si toutefois une représentation théâtrale n'attirait pas toute la Cour dans la belle salle de spectacle des Tuileries.

La chapelle, l'audience diplomatique, la revue ou grande parade du Carrousel (1), le dîner de famille, le cercle des grands appartements et le théâtre de la Cour (2) mériteraient autant de chapitres à part, et

l'évêque de Montpellier (M. de la Contamine); l'évêque de Troyes (M. de Boulogne), et l'évêque de Nantes (M. Duvoisin).

Les chapelains ordinaires étaient les abbés Lucotte et Ranzan.

En l'absence du cardinal Fesch, grand aumônier, M. l'abbé de Larochefoucauld administrait la grande aumônerie sous le titre de vicaire général. *(Note de l'auteur.)*

(1) Cette revue est bien représentée pour l'époque du Consulat dans la belle gravure qui a été faite d'après un tableau d'Isabey. *(Note de l'auteur.)*

(2) La salle de spectacle offrait un coup d'œil imposant. A Paris, l'Empereur et l'Impératrice se plaçaient en face du théâtre; à leurs côtés et derrière eux étaient les princes et princesses de la famille; à droite, les ambassadeurs étrangers; à gauche, les ministres de France et

certainement on les retrouvera dans quelques-uns des mémoires de nos jours ; mais le sujet appartient plus à l'histoire de la Cour qu'à celle du cabinet. Je ne m'arrête que sur ce qui peut donner une idée plus complète de la vie laborieuse de Napoléon, et je glisse sur tout le reste.

Une ou deux fois par semaine, l'Empereur se réservait le milieu de la journée pour faire quelques promenades, parcourir des travaux, visiter des établissements ou se donner l'exercice de la chasse.

La chasse n'était pour lui qu'un moyen de ne pas perdre l'habitude du cheval et des courses de longue haleine ; aussi n'y prenait-il guère que le plaisir de la fatigue. Dans cette réminiscence militaire, on retrouve encore son chef d'état-major Berthier qui, sous le titre de grand-veneur, administrait l'attirail de la vénerie et en dirigeait le personnel et les mouvements.

d'Italie. Tout le reste de la galerie du premier rang était réservé aux dames de la Cour en grande toilette et resplendissantes de diamants.

A Saint-Cloud, l'Empereur occupait la loge à droite sur l'avant-scène.

Le parterre était réservé aux hommes ; on y voyait cordons et croix de toutes nations, uniformes civils et militaires de toutes les couleurs. La galerie du second rang recevait les personnes à qui on avait donné des billets.

Dans les entr'actes, des valets de pied distribuaient dans toute la salle des glaces et autres rafraîchissements.

A Saint-Cloud, on avait construit une salle de spectacle dans l'ancienne Orangerie. *(Note de l'auteur.)*

Il fallait pour Napoléon que toute dépense atteignît son but; la bonne tenue et l'aptitude qui distinguaient tous les services de sa maison se faisaient également remarquer dans celui-ci. De tous les services montés par Napoléon, c'est sans doute celui que les princes de la Restauration ont trouvé le mieux composé, car il est le seul, je crois, qu'ils aient conservé intact (1).

Les chefs de ce service de luxe formaient une réunion de militaires et de chasseurs qui, dans l'alternative continuelle des campagnes de guerre et de chasse, pouvaient au besoin échanger leur rôle. Au retour de l'armée, le général Girardin, le compagnon et plutôt l'ami que l'aide de camp de Berthier, venait prendre le commandement de l'équipage de la chasse à tir; et de même, quand les absences guerrières de l'Empereur suspendaient le cor des chasseurs, on voyait ceux-ci endosser tour à tour l'habit d'officiers d'ordonnance et courir où se faisait la chasse aux boulets. Je me souviens que dans la guerre d'Espagne, le baron d'Hannencourt, capitaine de l'équipage des chasses, a fait, à franc étrier, la course de Bayonne

(1) Officiers de la vénerie : le baron d'Hannencourt, capitaine commandant la vénerie; les barons Bongars et Caqueray, lieutenants.

Le comte de Girardin, capitaine des chasses à tir; le comte de Beauterne, lieutenant, et Devienne, page de la vénerie. *(Note de l'auteur.)*

à Madrid, pour porter des ordres pressés de l'Empereur au roi de Naples. Le lieutenant des chasses, baron de Bongars, a suivi plus souvent encore en campagne la maison militaire de l'Empereur. Il n'est pas jusqu'au vieux Beauterne, le dernier des porte-arquebuse du roi Louis XVI, qui n'ait été faire son stage à l'armée pour mériter la croix d'honneur; ce bonhomme avait coutume de dire à nos jeunes rieurs : « Messieurs, la poudre de chasse brûle à l'armée tout aussi bien que la poudre de guerre à la chasse. »

Je ne veux pas omettre le jeune Devienne, page de la vénerie; il avait débuté comme page au quartier général; l'Empereur l'avait vu grandir ainsi sous ses yeux; ayant appris qu'il n'était pas riche, il lui faisait une petite pension sur la cassette, et c'était pour lui assurer un avenir convenable qu'on l'avait placé dans le service des chasses. Le page de la vénerie devait connaître le moindre sentier de chaque forêt; quand l'Empereur chassait, Devienne était son guide fidèle.

De Paris, l'Empereur ne pouvait guère aller chasser qu'au bois de Vincennes, à Boulogne, à Meudon, au Raincy et quelquefois chez Berthier à Grosbois. La résidence de Saint-Cloud lui offrait les bois du Butard et de Ville-d'Avray, et, dans le voisinage, les forêts de Versailles, de Marly et de Saint-Germain. Les grandes chasses se réservaient pour Compiègne, Rambouillet et Fontainebleau.

L'Empereur aimait la campagne et l'hiver des Tuileries lui paraissait long. Dès que de ses fenêtres il apercevait les marronniers du jardin poindre les premières feuilles, il lui tardait de n'avoir plus qu'une porte de rez-de-chaussée à ouvrir pour se trouver sur le gazon et marcher librement dans une allée verte. Son impatience était celle d'un écolier; le mois de mars s'achevait rarement sans un voyage à la Malmaison, du moins tant que l'union avec Joséphine a duré, et sans une émigration complète des Tuileries au palais de l'Élysée (1).

La résidence ordinaire de Napoléon pendant la belle saison était le château de Saint-Cloud, tellement à proximité de Paris, qu'il n'en résultait presque aucun déplacement dans les affaires (2).

(1) Le dernier voyage de Napoléon avec Joséphine à la Malmaison est du 19 au 23 mars 1809. Cette même année, l'Empereur s'était établi à l'Élysée dès le 28 février. Il y demeura en 1813 du 28 mars au 17 avril; il y passa une partie des Cent-Jours : de l'Élysée il se rendit à la Malmaison où il resta du 25 au 29 juin. Joséphine était morte; il voulait revoir la Malmaison une dernière fois avant de se jeter dans le vaisseau qui allait l'enlever pour toujours. (*Note de l'auteur.*)

(2) *Séjours de Napoléon à Saint-Cloud :*

En 1806. — Du 13 avril au 2 mai; du 3 au 9 mai; du 11 mai au 16 août; du 26 août au 25 septembre.

De Saint-Cloud, l'Empereur faisait quelques excursions à Trianon ou à Rambouillet; mais on ne passait guère plus d'une semaine dans ces résidences dont les proportions n'admettaient que de petits voyages.

Napoléon y passait volontiers des moments de retraite et d'intimité (1).

En 1807. — Du 28 juillet au 19 septembre.

En 1808. — Du 22 mars au 2 avril; du 14 août au 22 septembre; du 18 au 24 octobre.

En 1809. — Il n'y a pas eu de voyage à Saint-Cloud.

En 1810. — Du 30 mars au 5 avril; du 1er juin au 6 juillet; du 17 juillet au 2 août; du 1er au 22 septembre.

En 1811. — Du 20 avril au 14 mai; du 4 juin au 10 juillet; du 23 juillet au 6 août; du 13 au 24 août; du 11 au 30 novembre.

En 1812. — Du 30 mars au 9 mai.

En 1813. — Du 7 au 15 avril; du 9 au 20 novembre. *(Note de l'auteur.)*

(1) *Séjours de Napoléon à Rambouillet :*

En 1[illegible]. — Du 2 au 3 mai; du 9 au 11 mai; du 16 au 26 août.

En 180[illegible]. — Du 6 au 15 septembre; du 28 au 29 octobre.

En 1[illegible]. — Il n'y a pas eu de voyage à Rambouillet.

En 1809. — Du 10 au 15 mars.

En 1810. — Du 20 au 23 février; du 6 au 17 juillet.

En 1811. — Du 14 au 22 mai; du 6 au 13 août.

En 1812 et 1813. — Il n'y a pas eu de voyage à Rambouillet.

En 1814, l'Impératrice y a trouvé un refuge après l'abdication de Fontainebleau.

Séjours de Napoléon à Trianon :

En 1809. — Du 16 au 26 décembre (ce sont les derniers instants qu'il a passés avec Joséphine, dans la crise du divorce).

En 1810. — Du 2 au 11 août.

En 1811. — Du 10 au 23 juillet; du 24 au 29 août. (*Note de l'auteur.*)

Les grands voyages de cour étaient ceux de Compiègne et de Fontainebleau.

Compiègne ne s'est trouvé achevé qu'à l'époque du second mariage. L'Empereur l'appelait la maison de Marie-Louise (1).

Fontainebleau était déjà depuis longtemps le séjour favori d'automne, la cour pouvait y être nombreuse; on y venait de Paris en foule le dimanche; on y avait chapelle, galerie, salle de spectacle comme aux Tuileries et à Saint-Cloud, et en outre la plus belle forêt de France pour les chasses et pour la promenade à pied et à cheval en tout temps. La saison des promenades finissait à Fontainebleau. Après les derniers beaux jours de la fin de novembre, Napoléon revenait à Paris (2).

(1) *Séjours de Napoléon à Compiègne :*

En 1810. — Du 20 au 30 mars (pour l'arrivée de Marie-Louise); du 5 au 27 avril (pour la lune de miel).

En 1811. — Du 20 août au 19 septembre; du 10 au 11 novembre. On n'y est pas revenu. *(Note de l'auteur.)*

(2) *Séjours de Napoléon à Fontainebleau :*

En 1806. — Il n'y a pas eu de voyage à Fontainebleau.

En 1807. — Du 21 septembre au 16 novembre.

En 1808. — Il n'y a pas eu de voyage à Fontainebleau.

En 1809. — Du 26 octobre au 14 novembre.

En 1810. — Du 25 septembre au 16 novembre.

En 1811 et 1812. — Il n'y a pas eu de voyage à Fontainebleau.

En 1813. — Du 19 au 27 janvier (raccommodement du Concordat avec le pape).

La vie intérieure de l'Empereur, dans ces différents séjours, était à peu près la même qu'aux Tuileries ; les ministres continuaient de venir le mercredi. Le Conseil d'État ne venait qu'à Saint-Cloud : partout ailleurs la chasse et les promenades profitaient des heures dont les conseils d'administration, les audiences et la représentation avaient cessé de disposer; mais le cabinet y gagnait un surcroît de correspondance et pour peu que le temps fût maussade, l'Empereur n'en sortait plus. On n'avait alors pour toute diversion que le travail avec le ministre secrétaire d'État. Heureusement ce ministère était partout derrière nous; c'était le grand auxiliaire du cabinet. La secrétairerie d'État avait son hôtel à Saint-Cloud, à Rambouillet, à Compiègne, à Fontainebleau. Je ne connais guère que Trianon où elle ne fût pas tenue à résidence.

Les autres ministres allaient et venaient dans le courant de la semaine suivant l'exigence des affaires. Cependant le ministre des relations extérieures faisait exception dans les voyages de Compiègne et de Fontainebleau. Comme ces deux rési-

En 1814. — Du 31 mars au 20 avril (dernier quartier général de la Grande Armée. Abdication).

En 1815. — Le déjeuner du 20 mars; en allant coucher à Paris. *(Note de l'auteur.)*

dences comportaient un établissement de cour plus étendu, il y tenait un hôtel de même que le ministre secrétaire d'État, et sa chancellerie y résidait à poste fixe.

Ces diverses résidences dans lesquelles Napoléon tournait autour de Paris, n'apportaient que de bien légères modifications à la règle des Tuileries ; mais les grands voyages et les campagnes de guerre vont nous fournir un supplément plus varié. Quelle activité ! Quel mouvement ! La Seine et la Gironde, le Rhône et la Saône, le Pô et le Tagliamento, le Var et la Méditerranée, le Rhin et le Danube, l'Elbe et l'Oder, la Vistule et le Niémen, l'Ebre et le Douro, le Borystène et la Moscowa ont tour à tour reflété son image !

CHAPITRE IV

VOYAGES DANS L'INTÉRIEUR DE L'EMPIRE

Les voyages occupent une grande part dans la vie de Napoléon. Ses courses, car la rapidité avec laquelle il les faisait succéder les unes aux autres ne permet guères de leur donner un autre nom, ses courses appartiennent la plupart aux grands événements de la politique et de la guerre ; mais il en est d'autres que l'histoire administrative peut réclamer. Dans l'intervalle de ses campagnes de guerre, Napoléon trouvait toujours le temps de visiter quelque province de l'Empire. Il semblait s'efforcer alors de compenser par des bienfaits tout le mal que la discorde étrangère faisait ailleurs.

L'Italie, cette terre de gloire que le général Bonaparte avait foulée sous les premiers pas de son cheval de bataille, Napoléon empereur aimait à la revoir et il la revoyait en réparateur, en père !

Les voyages de 1805 et de 1807 ont été entièrement consacrés par lui à la régénération de la *patrie italienne !*

Il est allé souvent à Lyon ; cette métropole du commerce avait des droits tout particuliers à sa bienveillance ; toutes les fois qu'il passait en Italie, il s'y arrêtait ; en 1802, la réunion de la Consulte Milanaise lui a fourni l'occasion d'un voyage exprès pendant lequel sont éclos dans son esprit les premiers germes d'un de ses projets favoris : l'établissement d'une résidence impériale à Lyon.

En 1805, il s'est écarté de la route de Milan pour aller visiter, de chef-lieu en chef-lieu, les départements de la Champagne, de la Bourgogne et de la Bresse.

Rouen l'a vu inspecter ses manufactures en 1802 avec Joséphine ; et en 1810 avec Marie-Louise. Il a parcouru les autres départements de la Normandie en 1811, en allant à Cherbourg.

La flottille et les camps de Boulogne l'ont attiré maintes fois dans les départements et sur les côtes de la Picardie et de la Flandre. Son quartier général du pont de Brique, près de Boulogne, est un de ceux qu'il a habités le plus longtemps. Quatre fois il a visité la Belgique : d'abord en 1803, puis en 1804, en 1810 et en 1811. Bruxelles, Anvers et Gand étaient pour lui des villes de prédilection, il s'était arrangé une résidence impériale au château de Laeken, près Bruxelles.

De la Belgique il a fait en 1804 une excursion dans les quatre départements du Rhin, s'arrêtant successivement à Aix-la-Chapelle, à Cologne, à Mayence, à Coblentz et à Luxembourg.

Mayence et Strasbourg étaient les portes par lesquelles il lui fallait sortir pour entrer dans ses guerres du Nord ; il parcourait alors toutes les avenues de la Lorraine, celles de l'Alsace et du Palatinat. La fréquence de ses voyages sur cette frontière l'a mis dans le cas de s'y ménager deux pied-à-terre, que dans la langue de la Cour on appelait aussi palais impériaux : *le palais de Strasbourg;* Napoléon l'a habité en 1805 et en 1809 ; Marie-Louise y est descendue en 1810, quand son père l'envoyait à son époux et en 1814, quand son père l'en séparait ; et *le palais de Mayence;* Napoléon y a logé en 1804, en 1806, en 1812 et trois fois en 1813. C'est des fenêtres de ce palais qu'il a jeté son dernier regard sur l'Allemagne.

La même année le voyait passer du midi au nord et du nord au midi.

Les affaires d'Espagne, en moins d'une année, de 1808 à 1809, l'ont appelé trois fois à Bordeaux et à Bayonne, et semblaient devoir l'y rappeler encore souvent; ausssi lui avait-on disposé deux pied-à-terre de ce côté : à Bordeaux, c'était un établissement qui avait le titre de palais impérial ; plus près de la frontière, c'était le petit château de Marrac, agréablement situé à la porte de Bayonne et qui avait déjà un commencement de célébrité dans les révolutions de la dynastie espagnole. Le manoir avait servi de retraite à la veuve du dernier roi autrichien, quand un rejeton de la famille de Louis XIV était venu s'implanter à Madrid.

Napoléon, après avoir à son tour changé de mains le sceptre des Espagnes, alla se distraire dans une promenade le long des Pyrénées. Il visita successivement les départements du Gers et de l'Ariège. C'était en 1808. Il se fit ensuite conduire à Toulouse, à Montauban, à Rochefort; transporté dans cette direction, il ne voulut pas se rapprocher de Paris sans jeter un coup d'œil consolateur sur la Vendée ; il s'est arrêté à Nantes et s'est fait ramener le long de la Loire par Angers et Tours.

Restaient encore à parcourir la Bretagne, l'Auvergne, le Languedoc, le Dauphiné et la Provence. Dans ces deux dernières provinces Napoléon avait passé une partie de sa première jeunesse; mais les autres lui étaient tout à fait inconnues. Les événements n'ont pas permis que le tour s'achevât. Brest

est le seul arsenal de France qu'il n'ait pas inspecté lui-même.

Son dernier voyage de plaisance a été celui de Hollande, avec Marie-Louise, en 1811.

Nous venons de récapituler à peu près tous les voyages que Napoléon se plaisait à appeler ses promenades administratives. Nous allons maintenant essayer de donner une idée de la manière dont il les faisait.

CHAPITRE V

SUITE DES VOYAGES DANS L'INTÉRIEUR

Au moment du départ, le choix du cortège de Cour dont l'Empereur devait s'entourer n'était qu'une affaire de représentation qu'il traitait assez légèrement avec le grand-maréchal du palais ; mais le cortège essentiel à rassembler, c'était celui des travailleurs dont il allait avoir besoin dans la tournée qu'il projetait. Nous commencerons par ceux-ci.

Quel que fût l'objet ou la nature d'un voyage, le ministre secrétaire d'État devait toujours en être, et il en était toujours. Je ne connais que le voyage de Venise, en novembre 1807, que ce ministre n'ait pas fait; c'était par raison de santé, et l'absence d'ailleurs a été si courte que j'ai pu le suppléer. L'Empereur voulait l'avoir constamment sous la main, comme un ressort à l'aide duquel le jeu de la machine ministérielle lui semblait plus facile. Je l'ai déjà dit ; mais c'est une position qui a été jusqu'à présent si peu appréciée que je ne saurais trop le redire.

Napoléon emmenait en outre et toujours ses deux secrétaires Meneval et Fain, pour que sous leur plume rien ne se perdît de ce qu'il pensait tout haut dans son intérieur.

Quand l'Empereur allait visiter des préfectures, le ministre qui lui devenait alors indispensable était celui de l'intérieur. Il se faisait également accompagner par le directeur des ponts et chaussées ; et, si la route était mauvaise, il avait alors à qui s'en prendre. S'il y avait quelque canal à visiter chemin faisant, la présence de ce directeur devenait plus utile encore.

L'itinéraire qu'on devait suivre faisait-il passer l'Empereur par un établissement maritime de quelque importance? le ministre de la marine avait soin de s'y présenter à la descente de voiture et c'était lui qui dans le port ou dans la rade dirigeait le canot de l'Empereur.

Passait-on sur les glacis de quelque forteresse de premier ordre, l'inspecteur général du génie devait s'y trouver, pour accompagner Napoléon dans la visite des travaux.

Enfin, devait-on s'engager dans le cordon des douanes, des questions d'entrepôt ou de balance de commerce devaient-elles être débattues sur les lieux, le directeur général des douanes était prévenu de s'y trouver.

Dans les grands voyages au dehors, le ministre des relations extérieures remplaçait le ministre de l'intérieur. M. de Talleyrand a suivi Napoléon dans ses campagnes d'Austerlitz, d'Iéna et de Friedland ; M. le duc de Cadore dans la campagne de Wagram ; et M. le duc de Bassano dans celles de Russie et de Saxe.

La voiture dans laquelle montait l'Empereur était une berline très simple, à fond vert ; l'Impératrice s'asseyait auprès de lui et les places de devant restaient ordinairement vacantes.

Dans l'intérieur, on ménageait des tiroirs et des compartiments pour recevoir un choix de livres, le nécessaire, le portefeuille de l'Empereur, les papiers qu'il emportait avec lui et ceux qu'il pouvait recevoir en route. Une lampe placée sur le derrière de la caisse pouvait jeter dans l'intérieur toute la clarté dont on avait besoin la nuit.

Au dehors, sur le siège de devant se plaçait Roustan, le mameluk ; le siège de derrière était occupé par les deux premiers valets de pied.

A la portière droite, du côté de l'Empereur, l'écuyer de service se tenait à cheval ; j'y ai vu souvent MM. de Saint-Aignan, de Canisy, de Héricy, le Hollandais Van Lennep et l'Italien Cavaletti (1) ; à la

(1) Plusieurs colonels avaient le titre d'écuyer ; mais ils étaient presque toujours retenus à leur régiment et à l'armée. Je ne dois pas cependant

portière opposée se tenait le général de la garde commandant l'escorte. Cette escorte se composait d'un piquet de cavalerie qui se relevait de relai en relai; mais dans les courses improvisées où l'on n'avait pas eu le temps de disposer les escortes sur la route, et dans les trajets de longue haleine, l'escorte militaire se réduisait à quelques coureurs d'élite, choisis dans les chasseurs à cheval de la garde, pour lesquels des bidets de poste étaient réservés à chaque relai.

L'Empereur n'avait guère plus de deux voitures à sa suite, pour le grand maréchal, le grand écuyer, l'aide de camp et le chambellan de service; et, si l'Impératrice était du voyage, pour les dames qui l'accompagnaient; mais un premier service de voitures précédait toujours avec une avance de douze heures au moins. Un second service suivait l'Empereur en observant le même intervalle.

Chacun de ces services était complet dans la composition du personnel et du matériel qu'il transportait : maréchaux des logis, fourriers, chambellans, préfets du palais, écuyers, secrétaires, serviteurs pour l'appartement, la table, la toilette et l'écurie;

omettre les généraux Defrance, Berckeim, Fouler, d'Oudenarde et Saint-Sulpice qui ont fait assez souvent le service d'écuyer. *(Note de l'auteur.)*

tout ce qui était de luxe comme de nécessité s'y trouvait, et ces deux services passant alternativement de l'arrière à l'avant, se relevaient l'un l'autre sans qu'on s'en aperçût.

Par cette double distribution l'Empereur trouvait toujours en arrivant une maison établie suivant ses habitudes; et quand il partait, il laissait toujours derrière lui des gens pour remercier, payer, recueillir, replier, remballer, et qui avaient tout le temps de se remettre à sa suite, sans désordre ni précipitation.

Assez habituellement, c'était chez le préfet que l'Empereur descendait. Les particuliers les mieux logés de la ville se disputaient les personnes de sa suite; mais c'était aux maisons les plus voisines de celle qui avait reçu l'Empereur qu'on donnait la préférence.

Le maréchal des logis de la Cour, arrivant avec le premier service, veillait à ce que les logements fussent marqués convenablement pour chacun. Tantôt c'était le comte Philippe de Ségur, tantôt le baron de Canouville; ils étaient secondés dans ce service par les fourriers du palais Baillon, Émery et Deschamps, tous trois anciens capitaines de gendarmerie d'élite, hommes exacts, connaissant toutes les exigences du service, et d'une grande imperturbabilité au milieu de toutes les exigences des personnes.

Leur première opération, après le choix des logements, était d'en afficher la liste dans le vestibule de la maison où l'Empereur allait descendre, et chaque arrivant y trouvait le nom et l'adresse de l'hôte qui se disposait à le recevoir.

La maison de l'Empereur s'appelait aussitôt le palais impérial ; c'était le point de réunion. On n'allait à son logement que pour s'habiller ou dormir. Pour que ce moment de passage ne fût à charge à aucun habitant, l'Empereur tenait table au *Palais* pour tout son monde ; sa dépense se faisait partout l'argent à la main. Après le départ, un comptable achevait de tout solder. Enfin des cadeaux et des gratifications dédommageaient amplement de ce qu'il pouvait y avoir eu de désordre inévitable en pareil cas.

Dans les villes où l'Empereur ne passait qu'une seule nuit, son premier soin était de prendre connaissance des besoins du pays. A peine arrivé, il réunissait autour de lui les autorités locales ; c'était avant ou après son dîner ; il les interrogeait sur les abus, sur les améliorations possibles ; il faisait parler les fonctionnaires des différents ordres, se plaisant à juger ainsi par lui-même de leur capacité ; le négociant, le fabricant, l'agriculteur étaient provoqués par lui à exprimer librement leurs vœux.

Restait-il plus d'un jour, il montait à cheval de grand matin; il allait en dehors inspecter des travaux commencés; il visitait dans l'intérieur de la ville les monuments, les établissements, les manufactures et les ateliers. Le milieu de sa journée se passait ordinairement dans le cabinet; il y retrouvait, dans la disposition des tables, des papiers, des livres et des cartes, la règle des Tuileries. Il lisait ses dépêches, y répondait et le courrier du jour terminé, il passait dans le salon où il trouvait le ministre secrétaire d'État. Après avoir fait avec celui-ci le travail des ministres et du Conseil d'État, il tenait un conseil d'administration locale, où le maire, le procureur impérial, le préfet, le ministre de l'intérieur discutaient devant lui les affaires les plus intéressantes pour le pays. Il prenait plaisir à les terminer sur les lieux mêmes. Le directeur des douanes, le directeur des ponts et chaussées, les ingénieurs civils et militaires étaient souvent appelés à prendre part à ces conseils de famille; et le ministre secrétaire d'État qui y tenait la plume demeurait chargé d'en expédier promptement les résultats. L'Empereur retenait à dîner le maire, l'évêque, le préfet, et la soirée se terminait ordinairement par un concert ou un bal qui lui était offert par les habitants.

Si partout on se pressait autour de Napoléon pour

lui offrir des hommages de reconnaissance et d'amour, il n'éprouvait pas une jouissance moins vive en voyant de ses propres yeux les heureux progrès de son administration ; les traces de nos malheurs s'effaçaient ; les souvenirs même en étaient presque éteints. « Si quelques améliorations restaient encore à opérer, ce n'était plus ces réparations qui succèdent à de grands désastres, mais ces perfectionnements qui appartiennent à un temps de calme et de prospérité. » L'Empereur voulait surtout que la joie causée par sa présence portât ses fruits. Dans ces fêtes de ville, dans ces réunions de province, « il se laissait approcher par tous ceux qui avaient des grâces à solliciter ; il accueillait les demandes ; il écoutait, il provoquait les observations, récompensait les services, entrait lui-même dans les moindres détails et partout laissait dans les mesures d'une haute sagesse et dans les actes d'une grande bonté des monuments durables de son passage. » Je viens d'emprunter quelques lignes à M. le duc de Cadore. Ce ministre, dans l'*Exposé de la situation de l'Empire en* 1806, et M. le comte Crétet de Champmol, en 1808, ont parfaitement retracé ce qu'ils ont vu dans les voyages de cette époque où, l'un après l'autre, ils avaient accompagné Napoléon. Dans le panégyrique de M. le duc de Cadore, surtout, on a remarqué la manière de

Pline, et l'on s'accorde encore généralement à trouver que personne jusqu'ici n'a pu soutenir aussi bien la comparaison (1).

(1) ... *te parvuli noscere, ostentare juvenes, mirari senes; ... inde alii se satis vixisse, te viso, te recepto, alii nunc magis esse vivendum prædicabant...; videres referta tecta ac laborantia ac ne eum quidem vacantem locum qui non nisi suspensum et instabile vestigium caperet; oppletas undique vias angustumque tramitem relictum tibi; alacrem hinc atque inde populum; ubique par gaudium, paremque clamorem...* (Pline, *Panégyr.*) *(Note de l'auteur.)*

CHAPITRE VI

VOYAGES DE GUERRE

A l'armée, l'Empereur avait trois équipages différents : sa voiture de poste, sa calèche du service léger et ses brigades de chevaux de selle.

La voiture de poste était un coupé jaune très simple qui servait pour les traites de longue haleine. Napoléon pouvait s'y renfermer comme dans une berline ; il y trouvait, au besoin, un matelas pour dormir ; du papier, des plumes, de l'encre ; une petite bibliothèque de voyage et un nécessaire de toilette ; de nombreux tiroirs offraient toutes les ressources d'une maison roulante. Comme la caisse était assez lourde, on a prétendu qu'elle était doublée d'une lame de fer à l'épreuve de la balle. Quand l'Empereur quittait cette voiture pour marcher avec ses troupes, on la laissait à l'arrière-garde avec les fourgons de la Maison : c'était ce qu'on appelait les *gros équipages*. Ce service, commandé par un écuyer, suivait à deux ou trois journées de distance, sous l'escorte d'un détachement de la gendarmerie d'élite de la garde.

La calèche, attelée par des relais de la Maison, servait à l'Empereur pour se transporter d'un corps d'armée à un autre, ou pour faire en quelques heures le chemin que la troupe mettait la journée à parcourir. Cette manière de s'avancer par bonds lui procurait, tout en suivant la marche, les intervalles de repos et de séjour dont il avait besoin pour l'expédition des affaires du cabinet et de l'état-major.

La calèche ou le coupé n'offraient que deux places. L'Empereur avait habituellement auprès de lui le prince de Neuchâtel, major général ; j'y ai vu quelquefois le roi de Naples, Murat, quand il était à l'armée ; en l'absence du prince de Neuchâtel, c'était le grand maréchal ou le grand écuyer qui prenait sa place.

Roustan, le mameluk, continuait d'occuper son poste sur le siège de devant.

Quelques pas en avant de la calèche, couraient en éclaireurs deux chasseurs à cheval de la garde et deux officiers d'ordonnance.

Près de la portière droite était à cheval l'écuyer de service ; dans les dernières campagnes c'était plus habituellement les barons de Saluces, de Montaran ou de Mesgrigny. A la portière de gauche se tenait le général de la garde qui commandait l'escorte. Ceux qu'on voyait le plus souvent faire ce service étaient les généraux Guyot et Lion, des chasseurs à cheval de la garde. Autour de la voiture et en arrière se pressait le groupe des aides de camp de l'Empereur, des officiers d'ordonnance et des pages.

Les aides de camp de l'Empereur étaient la plupart des officiers généraux ; ils avaient eux-mêmes des aides de camp qu'on appelait les *petits aides de camp*. L'état de la maison militaire n'admettait que douze aides de camp de l'Empereur.

Des anciens de l'armée d'Italie, un seul, le général Lemarois avait conservé le titre d'aide de camp de l'Empereur ; mais il n'en remplissait plus les fonctions. Après avoir commandé longtemps un corps d'observation dans la marche d'Ancône, il s'était chargé de la défense de Magdebourg et tenait encore dans cette place en 1814. Louis Bonaparte et Murat étaient passés rois. Junot était devenu colonel-général ; Duroc, grand maréchal du palais ; Marmont, duc de Raguse, maréchal d'Empire, etc. ; Lavallette avait quitté la carrière militaire.

Des aides de camp du Premier Consul, il ne restait que le duc Charles de Plaisance.

Gérard Lacuée avait été tué au pont de Günzburg ; Caulaincourt était devenu grand écuyer ; Savary occupait le ministère de la police ; Caffarelli, Rapp et Lauriston avaient pris rang parmi les commandants d'armée (1).

Enfin dans le nombre des aides de camp dont l'ancienneté remonte aux premiers temps de l'Empire, je ne vois plus à nommer que le général Mouton, comte de Lobau.

Le général Corbineau a été tué en 1807 à Eylau, le colonel Lacoste a été tué en 1808 devant Saragosse.

Le général Gardanne est mort après son ambassade en Perse (2) ; les généraux Bertrand et Reille commandent des corps d'armée.

Après avoir ainsi fait le relevé des généraux qui ont cessé de compter comme aides de camp auprès de Napoléon, il me reste à nommer les douze aides de camp des dernières années :

Le général Lemarois (pour mémoire) ;

Le duc Charles de Plaisance (général Lebrun) ;

(1) L'Italien Fontanelli est cité par Meneval au nombre des aides de camp du Premier Consul.

(2) Un des ancêtres du général Gardanne avait été consul en Perse. Gardanne alla à Téhéran, avec l'espérance, qui ne se réalisa pas, d'y retrouver un trésor que son aïeul y avait enfoui. Il ne mourut pas immédiatement après son ambassade. A son retour, il servit en Espagne sous Masséna, fut disgracié en 1811 ; il se rallia aux Bourbons en 1814 et mourut en 1818.

Le général Mouton, comte de Lobau, aide-major général pour l'infanterie ;

Le général Durosnel, aide-major général pour la cavalerie ;

Le général Bernard, passé en 1816 au commandement du génie des États-Unis d'Amérique ;

Le général Drouot (*le dernier des Romains*).

Le général Corbineau, frère de l'aide de camp tué à Eylau ;

Le général Louis de Narbonne, mort en défendant Wittemberg, en 1813 ;

Le général Dejean ;

Le général Hogendorp, mort depuis quelques années au Brésil ;

Le général Flahaut ;

Le colonel Guéheneuc ;

Et en 1815, le général Letort, tué à Fleurus.

Les officiers d'ordonnance étaient des aides de camp du second rang. L'Empereur a d'abord donné ce titre à des officiers civils de sa Maison qui avaient demandé à le suivre à l'armée comme volontaires. Plus tard cette création a été régularisée et le nombre des emplois porté à douze, comme celui des aides de camp.

J'ai vu commencer le service d'officiers d'ordonnance en 1806 ou 1807 par :

MM. d'Arberg, chambellan; de Bongars, de la vénerie; Deponthon, officier du génie, depuis secrétaire du cabinet; Germain, chambellan; de Tournon, chambellan; de Turenne, chambellan, maître de la garde-robe; Berthémy; Carrion-Nisas, tribun; Hannencourt; Hédouville;

Ensuite par les capitaines :

Baffront; Carignan (1); Chlapowski; Constantin; Faudoas; Gillot; de Lespinay, ancien page; de Marbeuf; de Salm-Kirbourg; de Talhouët; de Tascher et de Zœpfell.

Dans ces premiers temps, l'uniforme était vert foncé, sans broderie, avec une aiguillette d'or pendant de l'épaule gauche et rattachée à la boutonnière sur la poitrine. Plus tard, l'uniforme est devenu plus élégant : bleu de ciel, avec broderie d'argent; je l'ai vu porter ainsi en 1810 et 1811 par les capitaines :

Christin; Clément de Tintignies, ancien page; d'Hautpoul; de Galz de Malvisade, ancien page; Arthur de Labourdonnaye; de Montaigu; Anatole de Montesquiou; Raoul de Montmorency; de Vence.

Enfin dans les dernières campagnes, par les capitaines :

Atthalin; d'Aremberg; de Bérenger, tué à la

(1) Savoie-Carignan.

bataille de Dresde, en 1813 ; de Caraman ; Desaix ; Gourgaud ; de la Place ; de Lamezan ; de Lauriston ; Mouton de Chabriant ; Casimir de Mortemart ; Palhou et de Pretet.

L'Empereur, ainsi entouré, n'avait qu'un signe à faire pour être à cheval à la tête de sa Maison. On tenait toujours près de la calèche un cheval de main pour l'Empereur et un autre pour le prince de Neuchâtel.

Le page de service portait la lunette dans un étui suspendu en bandoulière. Près de l'aide de camp de service était le chasseur du portefeuille ; c'était un chasseur de l'escorte portant en bandoulière sur le dos un sac de cuir contenant la carte, l'écritoire et le compas dont l'aide de camp de service devait toujours être muni. « La carte ! » L'Empereur demandait ainsi tout court la carte du pays où il se trouvait.

Venait ensuite le piquet d'escorte qui se composait d'environ vingt-quatre chasseurs de la garde. Une seconde calèche suivait quelquefois celle de l'Empereur pour le grand maréchal, le grand-écuyer et l'aide de camp de service.

Il y avait en outre un service léger de calèches qui marchait en avant pour que l'Empereur à son arrivée trouvât le logement établi comme il pouvait l'être, avec un secrétaire, un valet de chambre, etc.

Un troisième service de calèches qui marchait quelques heures en arrière de l'Empereur transportait le reste de sa suite.

L'écurie des chevaux de trait était divisée par relais.

Un relais se composait de trois attelages. Dès que les marches devenaient plutôt des manœuvres ou des reconnaissances de guerre que des journées de route, l'Empereur cessait de voyager en voiture. Alors tout le monde montait à cheval; le petit service qui précédait, autant qu'il était possible, l'Empereur à l'avant-garde, était à cheval aussi; il ne restait en calèche que le service qui venait derrière.

Les chevaux de selle de la Maison de l'Empereur étaient divisés par brigades : une brigade se composait, je crois, de neuf chevaux (1), y compris le cheval du piqueur et du palefrenier.

Il y avait dans chaque brigade :

Un cheval pour l'Empereur.

Un pour le grand écuyer.

Un pour l'écuyer de service.

Un pour le secrétaire.

Un pour le chirurgien ordinaire.

Un pour le page.

Et le dernier pour Roustan.

(1) La brigade se composait de plus de neuf chevaux si plusieurs chevaux étaient réservés pour l'Empereur. (Cf. *Correspondance*.)

Des chevaux de rechange se groupaient autour de la brigade pour le service particulier du prince de Neuchâtel, des aides de camp et des officiers d'ordonnance (1).

Il y avait aussi un relais d'escorte attaché à chaque brigade.

Les chevaux que l'Empereur montait d'habitude étaient de l'espèce arabe, petits de taille, poil gris blanc, dociles, doux au galop et trottant l'amble.

La maison où le maréchal des logis marquait le *quartier* de l'Empereur, s'appelait imperturbablement le *Palais*. C'était presque toujours une chaumière. Nulle délicatesse dans le choix des logements. La nourriture était pour lui la même que pour les autres, et partout où il s'arrêtait, les objets de consommation étaient payés comptant (2).

Quand on pouvait donner trois pièces à l'Empereur, c'était assez. L'appartement se composait alors d'un salon de service, d'un cabinet de travail, et d'une chambre à coucher. Le logement de l'Empereur fait, s'il en restait d'autres dans la maison, c'était pour le prince de Neuchâtel ; ensuite pour le

(1) Les aides de camp de l'Empereur étaient tenus d'avoir un cheval à chaque brigade des chevaux de selle des écuries. *(Mémoires du duc de Rovigo.) (Note de l'auteur.)*

(2) Le colonel saxon Ædeleben en convient lui-même (t. I, p. 184). *(Note de l'auteur.)*

grand maréchal et le grand écuyer ; on trouvait toujours bien quelques coins pour loger les secrétaires et avec eux le chirurgien ordinaire Yvan. Suivant la disposition du local, on prenait quelques aises ou l'on s'entassait les uns sur les autres.

Quand il n'y avait pas de cabinet, le secrétaire s'établissait dans la chambre à coucher.

L'aide de camp de service, l'écuyer, deux officiers d'ordonnance, l'aide de camp du général aide de camp et deux pages couchaient dans la pièce qui précédait le cabinet ou la chambre à coucher : je veux dire qu'ils dormaient tout habillés sur la paille, sur les chaises, sur les coussins des voitures ou sur les matelas que le logement pouvait fournir.

Quand cette troisième pièce manquait on s'établissait sur l'escalier ou dans le vestibule ; la livrée reculait d'autant et allait se blottir sous les hangars de la cour.

Indépendamment de la chambre ou de l'appartement que le prince de Neuchâtel occupait dans la maison de l'Empereur, il lui fallait une maison voisine pour loger son état-major, qui était un monde à part.

Le prince avait de nombreux aides de camp distingués encore plus par leur courage personnel et l'élégance de leurs manières que par le pantalon rouge qui formait la couleur saillante de leur uniforme. Le général Girardin, le comte Edmond de Périgord, le colonel Pourtalès, le comte de Montholon, le colonel Lejeune ont porté ce fameux pantalon rouge. Les principaux secrétaires du major général étaient MM. Leduc et Salamon. Il y avait en outre un bureau d'état-major dont le général Bailly de Monthion était le chef sous le titre d'aide-major général.

Indépendamment des commis, il y avait des adjudants généraux et des officiers d'état-major qui se partageaient les divers détails du quartier général ; je citerai l'adjudant général Dentzel, parce que c'était un de mes anciens du comité militaire de la Convention nationale. Ce même représentant Dentzel, qui dans son temps avait défendu Landau, était, à l'état-major de Napoléon, chargé du commandement et de l'échange des prisonniers de guerre. Presque tous nos vainqueurs de 1814 lui avaient passé par les mains, à commencer par Blucher !

Le maintien de l'ordre dans ce grand état-major semblait rendre nécessaire la présence d'une garde de police, et, sous ce prétexte, le prince Berthier avait obtenu de conserver auprès de sa personne le bataillon qui formait son contingent de Neuchâtel. L'uniforme de ses soldats était jaune serin ; les soldats de la garde les appelaient : *les serins de Neuchâtel* (1).

En général le prince Berthier mettait une grande importance à ce que tout se fît autour de lui à l'instar de ce qui se passait chez l'Empereur : peut-être même cela allait-il jusqu'à l'affectation.

D'après ce qui précède, on n'a encore qu'une idée imparfaite de la population d'un quartier impérial. A la Maison de l'Empereur, à celle du prince de Neuchâtel, il faut ajouter :

Celle du ministre secrétaire d'État ;

Celle de l'intendant général de l'armée ;

Celle du trésorier ;

Celle du commandant en chef de l'artillerie ;

Celle du commandant en chef du génie ;

Celles des colonels généraux de la garde.

Quelquefois même celle du ministre des relations extérieures ; enfin toute la garde impériale au milieu de laquelle l'Empereur vivait habituellement.

Maintenant, si l'on se figure tout ce monde dans un simple village, on va s'imaginer le chaos, et l'on se trompera. Certes, dans une foule pareille le bourdonnement était grand et des désordres partiels inévitables ; mais la présence du maître, la ponctualité

(1) On peut voir cet uniforme dans les collections de figurines exposées au musée de l'Armée.

et la réserve avec laquelle devant lui chacun se tenait à sa place, l'habitude d'une situation qui se retrouvait tous les jours et l'union de chaque service en famille suppléaient admirablement ici à tout ce que l'ordre ne pouvait pas faire dans un tel encombrement.

On se pelotonnait par instinct, chacun autour de son chef, et l'on se trouvait tout casés la nuit sous les divers abris du village, comme les troupeaux de divers bergers la veille d'un grand jour de foire. Dans la belle saison, la meilleure place était indubitablement au bivouac auprès des soldats qui se baraquaient dans les vergers du dehors... Au surplus, nous venons de nous arrêter dans un pauvre village, mais tous les séjours ne se ressemblaient pas ; après les villages, venaient les petites villes ; ensuite les grandes villes et les capitales avaient aussi leur tour ! Que de souffrances et de privations se réparaient alors, et combien la civilisation d'Europe est ingénieuse et douce aujourd'hui dans l'hospitalité qu'elle pratique !... Bons habitants de Vienne, de Berlin, de Dresde, votre orgueil blessé se souvient peut-être encore de nous avoir eus pour vainqueurs ; nous ne nous souvenons guères plus que de vous avoir eus pour hôtes !

En mer, l'équipage, qui n'a d'autre chambre à

coucher que le pont du navire, est bientôt debout quand le sifflet du pilote se fait entendre! Pour nous, que le quartier impérial fût une ville ou un village, nous n'en étions pas moins comme l'équipage endormi sur le pont, et quand, dans le silence de la nuit, l'Empereur, arrivant au dernier mot de sa dictée, disait du fond de son cabinet : *A cheval!* on était bientôt prêt; le sifflet du pilote est moins promptement obéi. A cheval! à cheval! Ces mots avaient l'effet de la machine électrique; un écho de voix humaine les répétait jusqu'au dernier logis, et l'Empereur toujours à cheval le premier avait fait à peine quelques pas que déjà personne ne manquait plus à sa suite!

Tout semblait se faire instantanément et comme à l'improviste; mais tout se réglait sur une pendule qui ne marquait l'heure que pour Napoléon. L'arrivée des rapports d'avant-garde, des officiers, des estafettes et des courriers était le véritable régulateur d'après lequel il distribuait son temps. Ces moments de repos inattendus, ces départs inopinés; ces retards ou ces avances dans les heures fixées; ces brusques changements dans la route à suivre ou dans les séjours projetés, qui faisaient l'étonnement et presque le murmure des subalternes, n'avaient jamais d'autres causes; mais souvent l'Empereur ne les révélait pas même au prince de Neuchâtel. Il trouvait d'ailleurs que la fatigue de cette apparente versatilité se compensait par deux grands avantages : celui de maintenir constamment tout son monde en haleine et de semer pour les plus malins de prudentes incertitudes sur le vrai but qu'il poursuivait.

L'Empereur montait à cheval très hardiment et en casse-cou ; il laissait son dos se voûter sur la selle, tenant négligemment les rênes de la main droite, tandis que le bras gauche allait pendant, et toute l'habitude du corps se balançant à l'allure du cheval. Il s'abandonnait ainsi sans réserve à l'adresse de sa monture qui, au surplus, était accoutumée à suivre les deux chasseurs et les deux officiers d'ordonnance dont on était toujours précédé.

Tantôt l'Empereur laissait aller son cheval au pas ou au trot, se contentant d'être porté dans ses réflexions ; tantôt le mettant au galop, il ne craignait pas de s'engager dans des sentiers difficiles, dans des bas-fonds marécageux ou sur la pente des rochers et des ravins.

Le mameluk devenait alors valet de chambre à cheval ; on le voyait suivant de près son maître, ayant toujours en croupe un petit porte-manteau garni des effets de rechange qui pouvaient être les plus nécessaires et tenant en réserve la fameuse redingote grise que l'Empereur passait par-dessus l'habit dans les mauvais temps.

Une dépêche qui atteignait l'Empereur en chemin, le mettait souvent dans le cas de s'arrêter pour donner de suite réponse ou donner un ordre qui devenait pressé. Il s'établissait alors sur le revers d'un fossé ; c'était au grand écuyer (Caulaincourt) qu'il dictait de préférence, quand il se trouvait là, ou bien à l'aide de camp de service. Dans les dernières campagnes, les officiers d'ordonnance, notamment Gourgaud et Lamezan, ont eu souvent cet office à remplir. On avait grand soin, à l'arrivée ou au retour, de rapporter au cabinet la minute de la dictée et les papiers de la route.

Quand l'Empereur faisait halte pour attendre quelque renseignement ou laisser son monde reprendre haleine, il n'était pas rare qu'il pensât lui-même à la cantine. On faisait approcher le mulet ; la nappe de cuir qui recouvrait les paniers était étendue à terre ; on plaçait dessus les provisions, et Napoléon, assis au pied de l'arbre voisin, ayant le prince de Neuchâtel à ses côtés, voyait le cercle de la famille militaire se former autour de lui. Toutes les figures étaient gaies ; car chacun, depuis le page jusqu'au grand officier, trouvait là ce qui lui était nécessaire.

Dans les temps froids ou brumeux, quand l'Empereur s'arrêtait en plein air, les chasseurs de l'escorte lui dressaient aussitôt un grand feu auprès duquel il venait se placer. L'aide de camp de service se tenait à quelques pas pour recevoir ses ordres et appeler les personnes que l'Empereur demandait. La suite se tenait à distance. Un second feu ne tardait pas à s'allumer pour les grands officiers, un troisième pour les petits, un quatrième pour les serviteurs, etc. Ces feux donnaient le signal du ralliement. « *Le bivouac de l'Empereur est là.* » On s'arrêtait autour, et si le soldat passait son chemin, ce n'était pas du moins sans jeter un regard de bonne amitié sur la *redingote grise.*

Avant d'avoir adopté ce surtout gris, l'Empereur se couvrait dans les froids du bivouac d'un manteau bleu clair dont le collet avait une légère broderie d'or à moitié effacée. C'était un ancien meuble du général en chef de l'armée d'Italie : Napoléon l'a toujours gardé et maintenant le vieux manteau lui rend le dernier service. Napoléon dort dedans à Sainte-Hélène.

Quand les marches se faisaient à portée de l'ennemi, l'Empereur prenait lui-même la direction du mouvement et c'était plaisir de le suivre de l'œil dans ses manœuvres. On le voyait se porter successivement d'une hauteur à l'autre ; faire le tour des villes et des villages pour en reconnaître la position et ne laisser échapper aucune des ressources du terrain. Il commandait avec une rare prudence. Ses ordres étaient toujours courts et précis ; transmis rapidement par les officiers d'ordonnance, ils étaient exécutés avec exactitude ; personne n'avait jamais besoin d'explication.

A l'approche de la bataille, l'Empereur « s'occupait peu de ce qu'il ferait en cas de succès, mais beaucoup de ce qu'il y aurait à faire en cas de revers ». Autour de lui, on était loin de s'en douter ; mais cette prévision habituelle ne pouvait échapper au secrétaire : celui que le général Bonaparte a eu auprès de lui en Italie, en Égypte, à Marengo, a été le premier à le dire ; ce sont ses propres termes que nous venons de rapporter. Le secrétaire des dernières années rend ici le même témoignage. Je m'étonne encore qu'on ait pu représenter comme n'agissant qu'au hasard et par bonds l'homme qui dans une position donnée calculait avec le plus de soin tous les éléments de la résolution qu'il avait à prendre. Bien loin de se laisser aller à l'impulsion vacillante des incide ts, Napoléon tenait toujours sa pensée fixe sur l'ensemble de l'échiquier ; il possédait cet ensemble au suprême degré et il en tirait des combinaisons telles qu'il semblait maîtriser la fortune! Sa fortune alors, c'était de l'audace. S'il avait médité longtemps son parti, ce parti une fois pris, il n'hésitait plus; il ne perdait pas une minute dans l'exécution; personne ne savait mieux multiplier la force par la vitesse, frapper du fort au faible et toujours à propos. Resté jusqu'au dernier moment impénétrable dans ses desseins, il n'achevait le développement de ses réserves que quand déjà l'ennemi avait épuisé les siennes.

Pendant le combat, l'Empereur se tenait en arrière du centre dans une position d'où il pût bien voir et bien juger les coups, qui fût d'un accès facile aux rapports et d'où les ordres pussent se répandre avec célérité.

Une portion de la garde impériale était devant lui et le reste en arrière comme dernière réserve.

Cette position une fois choisie, l'Empereur ne la quittait plus guère que par intervalle, pour aller reconnaître ce qui se passait d'imprévu sur les ailes, remédier par sa présence à quelque désordre, encourager une colonne d'attaque, ou prendre possession d'un succès et en faire compliment à qui de droit...

Comment ne pas rappeler ici : « ce coup d'œil qui dérobait tout au hasard et cette prévoyance qui le rendait maître de l'avenir;

« Et ces soudaines inspirations qui déconcertaient

par des ressources inespérées les plus savantes combinaisons de l'ennemi ;

« Et cet art de ranimer en un instant les courages ébranlés, sans que lui perdît rien de son sang-froid ;

« Et ces traits d'audace sublime qui nous faisaient frémir encore pour ses jours longtemps après qu'il avait vaincu ;

« Et cet héroïsme si nouveau qui, plus d'une fois, lui a fait mettre un frein à la victoire, alors qu'elle lui promettait ses plus belles palmes triomphales (1) ! »

Quand l'Empereur s'avançait trop au danger, il renvoyait son monde et permettait à peine au prince de Neuchâtel et au duc de Vicence de le suivre. Le page avait seul le privilège de ne pas être éloigné et il le devait à la lunette dont on pouvait avoir besoin. Plus d'une fois, j'ai vu le grand maréchal et le grand écuyer inquiets de ce que la cavalerie nombreuse et brillante du quartier général attirait trop l'attention et les boulets de l'ennemi sur le point où se trouvait l'Empereur. Dans ce cas, si Napoléon persistait à rester là, on essayait de faire retirer le groupe dans une autre direction ; mais de pareils ordres étaient toujours mal exécutés, tant il est difficile de faire

(1) M. de Talleyrand présentant le général Bonaparte au Directoire, 11 décembre 1797. *(Note de l'auteur.)*

comprendre à des jeunes gens de l'humeur des nôtres que le poste du péril peut quelquefois n'être pas le leur.

Sur le champ de bataille, on dressait les tentes de l'Empereur au milieu du carré de la garde impériale. Les généraux de la garde venaient alors compléter sa cour ou plutôt sa famille militaire. Ceux que, dans les dernières années, j'ai vu s'approcher le plus habituellement sont, pour l'infanterie : les généraux Friant, Curial, Dumoustier, Michel, Roguet, Boyeldieu, Mouton-Duvernet, Harlet, Rothenbourg, Berthezène, Gros et Cambronne; pour la cavalerie : les généraux Saint-Sulpice, Ornano, Lefebvre-Desnouettes, Guyot, Lion, Colbert, Exelmans, Castex et Laferrière-l'Évêque. Le général d'artillerie Dulauloy était un de ceux avec lesquels l'Empereur causait le plus volontiers dans les derniers temps. Les capitaines de vaisseau Baste (1) et Daugier venaient représenter la marine au bivouac des *preux*. J'ai oublié les chefs : j'aurais dû commencer par les maréchaux Bessières, duc d'Istrie; Mortier, duc de Trévise, et Lefèvre, duc de Dantzig, que l'Empereur retenait auprès de sa personne pour commander sa garde.

(1) Le contre-amiral Baste, commandant les marins de la garde, fut tué au combat de Brienne en 1814.

Il y avait trois tentes principales pour le quartier impérial : celle de l'Empereur, celle des officiers de la Maison et celle du major général. Les tentes étaient d'une toile de coutil rayé blanc et bleu, bordée d'une frange de laine rouge. Le logement personnel de l'Empereur employait deux toiles formant deux pièces qui donnaient l'une dans l'autre.

La première pièce était le *cabinet* ; elle était meublée d'une petite table à écrire, d'un fauteuil de maroquin rouge pour l'Empereur et de deux tabourets pour le secrétaire et l'aide de camp de service ; la table et les sièges étaient sur pliants. La seconde pièce servait de chambre à coucher : on y dressait le petit lit de fer à fond sanglé ; des rideaux de soie d'un gros vert l'enveloppaient comme une grande barcelonnette. Le tapis de pied de la calèche servait de descente de lit, et le nécessaire de voyage complétait l'ameublement.

L'enveloppe de l'édifice était double, je veux dire que la tente se composait d'une toile extérieure qui se tendait sur des piquets, et d'une seconde en dessous qui formait la cloison intérieure. L'intervalle entre ces deux toiles devenait une espèce de corridor de service et de magasin où se tenaient habituellement le valet de chambre et le mameluk, et où l'on retirait pendant le jour les porte-manteaux, les matelas et les enveloppes de l'équipage des tentes.

La nuit, quand l'Empereur s'était jeté sur son lit, on entrait deux coussins dans la première pièce; l'aide de camp et le secrétaire appelaient cela leur lit.

Les toiles, les petits meubles, le lit de fer, les matelas, tout se repliait, s'enveloppait dans des rouleaux de cuir et, porté à dos de mulet, suivait les mouvements du premier service. Il y avait un équipage semblable au second service et, je crois, un troisième en réserve avec les gros bagages. Il y avait un mulet à part pour le transport du lit.

La membrure du petit lit de fer était d'environ six pieds de long sur trois de large et quatre de haut; elle se composait de baguettes d'acier très légères qui s'ajustaient l'une sur l'autre avec une grande précision et qu'on démontait avec beaucoup de facilité. On les glissait dans deux fourreaux de cuir qui s'allongeaient de chaque côté du mulet, et sur le bât on plaçait les deux matelas et les rideaux bien roulés dans un sac de cuir. Tel était l'équipage du *mulet de lit* (1).

Les valets de pied de la Maison faisaient le service de la tente avec une grande dextérité; ils la

(1) Le musée de l'Armée possède deux lits de campagne de Napoléon. Celui dont les rideaux sont violets vient de Saint-Hélène. Le corps de Napoléon fut exposé sur ce lit.

dressaient en moins d'une demi-heure, quoique ce fût presque toujours à la nuit close; car l'Empereur indiquait souvent très tard le lieu où il se décidait à camper. On ne déblayait pas alors le terrain comme on eût pu le faire en plein jour; j'ai eu plus d'une occasion de m'en apercevoir et je n'oublierai jamais celle-ci : C'était le soir d'une grande bataille; la tente s'était longtemps fait attendre; elle était à peine dressée que je m'étais déjà glissé sous les toiles, et dans l'accablement du sommeil qui me poursuivait, j'avais cru m'endormir sur quelque porte-manteau des équipages : qu'on juge de mon réveil! L'oreiller de la nuit n'était qu'un mort frais de la veille! *Horresco referens*! J'en frémis encore en le racontant.

Les premiers soins de l'Empereur après une affaire étaient pour les blessés. Il parcourait lui-même la plaine, les faisait relever, amis et ennemis, faisait panser ceux qui ne l'avaient pas encore été et veillait à ce que tous, jusqu'au dernier, fussent transportés dans les ambulances, dans les hôpitaux les plus voisins. A Wagram, il fit mettre tous les fiacres de Vienne en réquisition pour ce transport.

Chaque soir à son coucher, le chirurgien ordinaire Yvan lui rendait compte des visites qu'il avait été faire pendant la journée dans les hôpitaux de la ville ou dans les ambulances du camp, et le premier résultat de ces rapports fidèles était de faire appliquer les ressources du moment aux nécessités les plus urgentes. Yvan avait toute sa confiance à cet égard.

Le premier médecin Corvisart n'est venu qu'une seule fois à l'armée ; je me rappelle l'avoir vu à Schœnbrünn au moment où la guerre de Wagram finissait. Le premier chirurgien Boyer n'a fait qu'une campagne ou deux. Yvan a fait toutes les campagnes. On le voyait toujours à cheval derrière l'Empereur ; il semblait attaché à son ombre comme Roustan. Ses auxiliaires habituels étaient les docteurs l'Herminier, Ribes, Jouan et Vareliaud.

L'Empereur confiait à leurs soins les blessés qui pouvaient être traités séparément ; il se faisait rendre compte avec l'intérêt le plus actif du progrès de leurs cures ; Yvan était interrogé dans les moindres détails : nature de la blessure, espérances, craintes, il voulait qu'on lui dît tout. A l'aide de ces informations fidèles, il savait pourvoir à bien des besoins secrets ; il a pu engourdir ainsi bien des douleurs ! Dieu seul sait tout le bien qu'il a fait. A Vienne, après la bataille d'Essling, l'Empereur fit remettre une gratification de 60 francs en écus à chaque soldat blessé, et depuis 150 francs jusqu'à 1,500 francs aux officiers selon leurs différents grades. Pendant plusieurs jours, les aides de camp de l'Empereur n'eurent que cela à faire. « Pour mon compte, dit le duc de Rovigo dans ses *Mémoires*, j'ai employé deux jours entiers à faire cette distribution dans trois hôpitaux. L'Empereur avait ordonné qu'on ajoutât tout ce qui était fait pour consoler ces malheureux blessés ; par exemple : on procédait à ces visites d'hôpitaux en grand uniforme, accompagné du commissaire des guerres, des officiers de santé et du directeur. Le secrétaire de l'hôpital marchait en avant avec le registre des malades ; il les nommait à mesure, ainsi que le régiment auquel ils appartenaient et l'on mettait douze écus de 5 francs à la tête du lit du blessé. Pour y suffire, on était suivi de quatre hommes de la livrée de l'Empereur qui portaient des corbeilles pleines de monnaie. Cet argent n'était pas pris dans la caisse de l'armée ; c'était la cassette de l'Empereur qui y fournissait. »

De l'hôpital, l'Empereur suivait ses blessés jusque sur les grandes routes ; quand on pouvait évacuer des convois de blessés sur les derrières, l'Empereur chargeait des officiers de sa confiance intime : le grand maréchal Duroc, le général Drouot, le général Corbineau, d'aller sur le chemin où passaient les charrettes pour remettre encore à chaque blessé une pièce d'or qui pourvût aux derniers besoins du voyage. Le trésorier Peyrusse, qui était le délégué de M. de La Bouillerie pour la dépense de la Maison de l'Empereur à l'armée, voyait tout ce qu'il avait d'or passer à ces distributions.

Tant de livres parlent des batailles de Napoléon qu'il me semble piquant d'intercaler dans les pages sanglantes de cette grande histoire quelques détails de bienfaisance et de bonté ; je demande donc la permission d'épuiser ce qui me reste encore d'incomplets souvenirs en ce genre.

Je puis citer 6,000 francs que j'ai été chargé de porter au général Bisson qui était resté blessé à Lambach. Je retrouve dans mes notes qu'une pareille somme de 6,000 francs a été envoyée par Napoléon à un major d'artillerie qui venait d'être amputé. Je me rappelle encore 7,000 francs qu'il a fait distribuer à Ingolstadt entre les blessés bavarois ; à Pleichnitzia, après la Bérésina, Meneval a compté devant moi 6,000 francs destinés à fournir au général Zaionscheck, qui venait de subir l'amputation de la cuisse, les moyens de gagner Varsovie, etc., etc. Tous ces paiements ont été faits de la bourse particulière de l'Empereur, et, comme je crois l'avoir déjà dit, c'est ce qu'il imputait dans ses comptes sur le chapitre des *services d'amis*.

Voici des paiements imputables sur un autre fonds. Qu'on me le pardonne, je ne saurais quitter ce chapitre des voyages de guerre sans dire tout ce qui peut mieux faire apprécier le caractère tout particulier du conquérant.

Alexandre de Macédoine faisait semer, partout où il passait, des mors et des brides d'une grandeur plus qu'ordinaire, afin que la postérité crût que lui et ses gens étaient d'autres hommes, puisqu'ils se servaient de si grands chevaux. Ce que Napoléon semait sur son passage recommandera peut-être mieux sa mémoire. Sa bourse de voyage était comme percée ; à l'aide des nombreuses pièces de monnaie qui en sont tombées, on pourrait au besoin retrouver les traces de son itinéraire. Je signale les vestiges suivants que je prends au hasard en Pologne, en Allemagne, en Espagne et même dans les marches de la campagne de France.

En Pologne :

3,000 francs au général polonais chez lequel l'Empereur a logé, à Lopaxim ;

2,000 francs pour un vieillard de cent dix-sept ans, à Varsovie ;

2,000 francs au curé de Landsberg ;

4,000 francs à la veuve du major polonais Szolt ;

12,000 francs au général polonais Wielhouski ;

600 francs à un sapeur pour avoir sauvé un lancier qui se noyait dans la Willia.

En Espagne :

2,000 francs au concierge du palais de Madrid;
12,000 francs à Mme de Solar;
4,000 francs à la marquise de S. Felice;
2,000 francs par mois à la marquise d'Aranda.

En Allemagne :

6,000 francs à une famille incendiée à Ratisbonne;

2,000 francs à une veuve d'Ébersdorf, près Vienne, qui s'était retirée dans le grenier de la maison où logeait l'Empereur;

1,100 francs à une pauvre femme des bords du Danube, dont la maison venait d'être abattue par les ordres du génie militaire;

600 francs à un postillon d'Eckartsberg;

1,000 francs au pasteur de Liebstadt pour quelques bestiaux enlevés;

3,000 francs à la femme d'un officier saxon dont la maison avait été pillée (à Meissen).

Dans la campagne de France :

2,000 francs à un capitaine retiré à Éclaron;

1,280 francs distribués aux habitants du bourg d'Éclaron, par le général Fouler;

1,000 francs, 2,000 francs, 100 francs, 300 francs, 400 francs à divers habitants de Brienne et de Mézières;

2,000 francs au curé de Pont-sur-Seine;

200 francs à un paysan de Wasselorme;

1,200 francs à des bateliers de Montereau;

400 francs à une famille de Montereau qui a eu trois blessés;

4,000 francs aux propriétaires de deux maisons qu'il fallait abattre pour la défense de Nogent;

20,000 francs aux Sœurs de la Charité de Troyes;

2,000 francs au maire d'Herbisse;

1,200 francs à trois paysannes de Doulevant;

2,900 francs à un habitant de Doulevant qui a fourni son vin à la troupe, etc., etc.

Il serait temps, ce me semble, de mettre un terme à ces détails. Le cabinet est mon sujet principal, et je n'ai encore rien dit des travaux du cabinet aux armées.

CHAPITRE VII

Suite des voyages de guerre.

TRAVAIL DU CABINET

Dans l'intervalle d'une opération militaire à l'autre, quand le quartier impérial s'arrêtait quelque part, le cabinet se rétablissait aussitôt et reprenait sa règle et ses habitudes de travail. On tirait du fourgon les sacs de cuir contenant les portefeuilles, les papiers, les livrets, les munitions de bureau ; on en tirait également ce que l'Empereur appelait sa bibliothèque de campagne : c'était une collection de volumes en petit format sur l'histoire et la littérature, et particulièrement sur le pays où l'on se trouvait. Les cassettes qui renfermaient ces livres étaient de bois d'acajou, avec des poignées qui les rendaient faciles à placer et à déplacer. Nous les tirions de leur enveloppe de cuir ; nous les disposions tout ouvertes sur des tables, des planches ou des chaises le long des murs de la pièce où l'Empereur travaillait, et ces rayons improvisés perfectionnaient très bien l'ameublement de notre cabinet militaire (1). J'ai dit ailleurs que c'était une distraction agréable pour l'Empereur de s'occuper de la composition et du perfectionnement de sa bibliothèque portative.

Quand le quartier impérial se trouvait dans une grande ville ou dans une résidence offrant des moyens de réunion, l'Empereur se mettait à tenir sur les affaires particulières de l'armée des conseils d'administration, analogues à ceux dans lesquels il approfondissait avec tant de suite et de succès à Paris les besoins et les ressources de l'administration générale de l'Empire.

Les grands quartiers généraux de Schœnbrünn, près Vienne, de Berlin, de Posen, de Varsovie, de Finckenstein, près de Thorn, de Chamartin, près Madrid, de Vilna, de Moscou et de la maison Marcolini à Dresde, ont été longtemps présents à la mémoire des administrateurs de l'armée, par l'importance et

(1) Cf. Meneval : « Partout où l'Empereur s'arrêtait, château, chaumière ou galetas, sa première sollicitude était pour son cabinet. Le portefeuille contenant ses papiers, ses cartes, deux ou trois longues boites d'acajou à compartiments où était sa bibliothèque de voyage, étaient étalés sur des tables, quand on en trouvait, ou sur des planches ou des portes que supportaient des tréteaux. Quand il n'y avait qu'une pièce, son petit lit et son nécessaire y étaient aussi placés. » (Tome I, p. 380.)

le nombre des travaux qui leur étaient imposés dans ces laborieuses stations.

L'intendant général de l'armée et le payeur général; l'administrateur des pays que nous occupions, les ordonnateurs en chef pour les services : vivres pain, vivres viande, transports, hôpitaux, habillement, équipages militaires, etc. ; les inspecteurs aux revues pour la solde; les généraux du génie pour le matériel des parcs ; les officiers du génie pour la réparation des places, des ponts et des routes de l'armée ou pour les préparatifs des sièges ; l'auditeur au Conseil d'État délégué à l'administration civile de la province, et quelquefois même les magistrats du pays qu'il fallait entendre dans l'intérêt de leurs administrés, tels étaient les différents officiers ou fonctionnaires que l'Empereur se plaisait à réunir pour délibérer en conseil. Nommons les principaux et d'abord le comte Daru : qu'il fût à Paris intendant de la Maison de l'Empereur ou ministre secrétaire d'État, à l'armée, l'Empereur voyait surtout en lui son premier intendant militaire. Après le comte Daru, venaient le général Mathieu Dumas, le baron de La Bouillerie, les ordonnateurs Denniée père, Daure, Marchand, Joinville, Dufour; le conseiller d'État Bourcier, général des remontes ; le général La Riboisière, inspecteur de l'artillerie, etc.

Quand nous aurons ainsi fait le tour de la table, nous retrouverons auprès de l'Empereur sa plume inséparable : le ministre secrétaire d'État.

« Messieurs, disait l'Empereur dans ces réunions, ce n'est pas pour vous attirer à mon avis, mais pour avoir le vôtre que je vous ai appelés ! Exposez-moi vos vues ; je verrai ensuite si ce que vous me proposez vaut mieux que ce que je pense ! »

Il y avait des moments où l'Empereur se faisait lui-même commissaire des guerres ; alors il fallait que tout son monde le devînt. Nous autres du cabinet, nous quittions nos dépêches pour dresser des états de magasins, et dans ces digressions, je me suis bien trouvé d'avoir passé quelque temps de ma jeunesse dans les bureaux d'un ordonnateur. Le général Duroc était d'un grand secours à l'Empereur dans tous ces détails ; il y employait jusqu'à son ministre des relations extérieures : j'ai vu M. de Talleyrand suivre à Varsovie une correspondance de vivres, tandis que l'Empereur se battait à Eylau ; et quand nous étions à Moscou, c'était au duc de Bassano à Vilna qu'il s'adressait pour contrôler l'établissement de ses magasins de réserve. Jamais autorité plus grande et constance plus assidue n'ont été employées à poursuivre le gaspillage, à réprimer les désordres, a consoler et à sauver les victimes ! Mais la guerre est un gouffre sans fond... ; bien des combinaisons de Napoléon ont été s'y perdre.

On voit quelle grande besogne il se donnait dans les loisirs de ses quartiers généraux ; les soins de l'Empire n'y perdaient rien. L'esprit se délasse en passant d'une attention à une autre et Napoléon faisait admirablement usage de cette manière de se reposer.

A quelque distance qu'il fût de Paris, chaque jour il en recevait une estafette et il en faisait partir une.

L'estafette était un moyen de communication plus rapide encore que celui des courriers de dépêches. Un courrier s'arrête de temps à autre pour boire et manger, et même dans une longue route pour dormir. L'estafette ne buvait, ni ne mangeait, ni ne dormait, et courait [illegible] C'était tout simplement un portemanteau de cuir, fermé à clef et sur lequel il y avait une plaque de cuivre avec ces mots : dépêches de l'Empereur. On le faisait passer de la main à la main de poste en poste, de pays en pays, et tout postillon français ou étranger qui en devenait chargé, se piquait d'honneur à lui faire parcourir la distance avec le plus de célérité possible (1). La clé était aux deux

(1) Voici à titre d'exemple les instructions dictées le 16 mars 1812 sur l'organisation de l'estafette : « ... quant à mon service, l'estafette sera établie depuis l'Elbe jusqu'à Paris, comme en France. Au delà de l'Elbe, le service sera fait avec des chevaux du pays mais par des courriers français. A cet effet, on établira de trente lieues en trente lieues

extrémités : à Paris, entre les mains de M. de Lavallette, directeur général des postes ; et au quartier impérial, dans celles du secrétaire de l'Empereur. Quand l'estafette arrivait dans un moment où le secrétaire n'était pas là, l'Empereur faisait ouvrir le ventre de la valise pour en tirer ses dépêches sans plus attendre, et dans ce cas, malheur aux lettres particulières qu'on avait glissées parmi les siennes ; il ne se refusait pas toujours le plaisir de les lire.

Dans les derniers temps, pour éviter ce petit inconvénient d'éventrer l'estafette, on prit le parti d'en confier une clé au duc de Vicence que son service de grand écuyer tenait le plus habituellement auprès de l'Empereur dans les moments où le secrétaire ne pouvait y être : quand on était en route à cheval ou en voiture. On remit une autre clé au duc de Bassano pour faciliter l'expédition de ses dépêches.

Bien rarement l'Empereur détournait son attention de la régularité de son service d'estafette ; cela est arrivé pourtant dans certaines crises de bataille ; je

des détachements de courriers. A la poste du grand quartier général il y aura à la disposition du grand écuyer des postillons et des chevaux en nombre suffisant pour faire le service sur une ligne de cent lieues, de sorte que les cent dernières lieues seront toujours servies par des chevaux et des postillons français et que, les postes ordinaires de l'armée venant à être dérangées, mon paquet ne soit jamais retardé d'un instant... » (*Correspondance* 18589.)

l'ai vu en laisser plusieurs de suite s'accumuler, sans y répondre et même sans les lire ; mais dans ce cas, il ordonnait à son secrétaire d'ouvrir et de voir s'il y avait quelque chose de pressé. Un avis qu'il lui eût été important de recevoir au moment même ne pouvait de cette façon lui échapper; le reste devait attendre... « La bataille répondra, » disait l'Empereur! En effet, une bataille, une victoire surtout, éclaircissait bien des questions et terminait bien des affaires. Tout ce qui s'était accumulé dans les derniers temps passait bien vite au *répondu* et c'était alors table nouvelle.

Indépendamment des estafettes, le service des lettres de l'armée se faisait par la malle-poste. On avait en outre avec Paris une communication régulière par l'auditeur au Conseil d'État que l'archichancelier envoyait toutes les semaines porter à l'Empereur le travail des ministres et du conseil. Les portefeuilles étaient remis au ministre secrétaire d'État et celui-ci faisait avec l'Empereur le travail des signatures comme à Paris à la sortie du conseil des ministres. Voilà comment il n'y a guère de quartiers généraux un peu marquants, dont le nom ne se retrouve dans la collection des décrets de l'Empire.

Le même auditeur devait remporter ensuite le travail qu'il avait apporté ; mais la plupart obtenaient de voir leur zèle utilisé temporairement dans quelque intendance provinciale ou dans quelques détails administratifs de l'armée. Depuis le moment de leur arrivée jusqu'à celui où ils recevaient une destination, ces jeunes gens restaient auprès du ministre secrétaire d'État ; le suivant dans les marches, vivant à sa cantine, ils formaient autour du ministre comme un groupe d'aides de camp.

On trouvait bien que ces jeunes magistrats vinssent s'aguerrir à l'odeur de la poudre, se familiariser avec les improvisations de camp et prêter aux angoisses des pays occupés militairement l'appui d'une sensibilité qui n'était pas encore émoussée. Je ne sais pourtant si ce passage des auditeurs à l'armée n'a pas eu à leur retour dans les salons de Paris plus d'inconvénients que d'avantages ; peut-être ne fallait-il pas laisser voir la guerre de près à trop de gens dont ce n'était pas le métier. L'odeur d'une orgie est repoussante pour ceux qui n'y prennent pas part. Après s'être trouvés sur les derrières d'un champ de bataille, les jeunes auditeurs du conseil ne pouvaient rapporter qu'horreur et dégoût, et il me semble que leurs relations n'étaient pas de nature à populariser la guerre (1).

(1) Le 20 février 1807, après Eylau, l'Empereur écrit à Maret :

De tous les travaux que le cabinet avait à suivre en campagne, ceux qui nous intéressaient le plus vivement étaient la rédaction préparatoire et l'expédition des bulletins. Pour qui les bulletins de la Grande Armée n'étaient-ils pas ce qu'il y avait de plus intéressant alors? C'était à qui les lirait : qu'il soit permis à un de ceux qui les écrivaient d'en parler!

Le devoir d'un commandant d'armée est de faire à son gouvernement le rapport exact et presque journalier des événements de la guerre. L'Empereur n'ayant au-dessus de lui personne à qui rendre compte s'adressait au public; les bulletins remplaçaient les dépêches.

C'était Napoléon lui-même qui prenait le soin de tenir ainsi Paris et le reste de l'Europe au courant de ce qu'il faisait à la Grande Armée. On sait que la Grande Armée, c'était celle que l'Empereur commandait en personne. Qui, mieux que lui, pouvait apprécier les rapports de ses nombreux lieutenants, assigner à tous les faits isolés la place qu'ils devaient occuper dans l'ensemble et régler la mesure et l'à-propos de cette publicité? Enfin qui, mieux que lui,

« .., concertez-vous avec M. Daru pour renvoyer à Paris tous les auditeurs inutiles et qui perdent ici leur temps; qui, peu accoutumés aux événements de la guerre, écrivent beaucoup de bêtises à Paris... » (*Correspondance* 11839.)

pouvait faire à chacun la part d'éloge ou de blâme qu'il avait méritée?

L'intervalle que l'Empereur laissait écouler d'un bulletin à un autre n'était pas régulier; mais dès qu'une action importante était survenue, il pensait à en donner la nouvelle. « Allons, disait-il, il faut faire un bulletin ; où en sommes-nous restés? » Nous nous empressions alors de lui remettre sous les yeux son dernier bulletin Nous lui présentions en même temps un dossier courant qui contenait les divers rapports pouvant lui servir de matière. Il trouvait sur la feuille d'enveloppe un premier dépouillement des faits que nous étions dans l'habitude de lui préparer et dont toute la valeur pour l'Empereur était dans le relevé des dates et des noms de lieux. Après avoir jeté un coup d'œil sur ce canevas, il se mettait à dicter.

Les événements qui étaient autour de nous dans un brouillard confus sortaient alors du chaos; tout s'éclaircissait dans sa dictée dont nous nous hâtions de recueillir le jet rapide. Nos feuilles volantes, écrites pour ainsi dire sur un tambour, étaient transmises aussitôt à la secrétairerie d'État qui les envoyait au *Moniteur ;* et de là ces feuilles passeront à l'histoire.

Les bulletins de Napoléon étaient écrits pour Paris et même pour l'Europe. En conséquence, leur effet était calculé suivant les lois de la perspective politique; on y disait tout ce qu'on pouvait dire; ils étaient vrais, comme la vérité du premier moment peut l'être! On y taisait seulement ce qu'il eût été dangereux de faire connaître trop tôt; ce qui aurait pu donner l'éveil à nos ennemis, ou quelque inquiétude prématurée à nos amis... Est-il nécessaire aujourd'hui d'avouer qu'on y diminuait volontiers le nombre de nos morts et de nos blessés, et qu'on se laissait aller à exagérer un peu ceux de l'ennemi? L'ennemi nous le rendait bien!

Au surplus, dans ces inexactitudes apparentes dont les petits esprits se faisaient toujours un si grand mérite de n'être pas dupes, il y avait un fond d'exactitude réelle qui se reconnaissait plus tard.

Rien ne parle haut comme le sang et les débris que le combat laisse après soi! D'abord, on ne ressent que la douleur! On ne voit que la perte! On l'exagère : mais l'expérience sait ce qu'il faut en rabattre. Quant à la perte de l'ennemi, que peut-on en juger au premier aperçu? On n'en voit pas le quart peut-être! Il ne faut rien moins que plusieurs jours d'une poursuite obstinée pour reconnaître ce qu'un premier mouvement de retraite a pu cacher. Mais il y a des probabilités qui font en ces matières voir plus exactement que les yeux : cette seconde vue est celle de l'homme supérieur et c'est elle qui a donné le redressement que le vulgaire prend d'abord pour une erreur volontaire.

En général, on était peut-être plus mal placé à l'armée qu'ailleurs pour apprécier le mérite historique des bulletins.

Rien de plus inexact et de plus incohérent que le récit que fait d'une grande bataille l'homme qui n'en a vu qu'un coin; il se croit habile à en parler parce qu'il y était, et il est involontairement dans la nécessité de tout brouiller, parce qu'il faut qu'il rapporte tout à son corps d'armée, à sa division, à son bataillon, à son fourgon, à lui! Comment de pareils juges, placés à une si grande distance du point de vue de l'Empereur, pouvaient-ils se retrouver dans son bulletin?

Nous avons dit que les bulletins ne contenaient que la vérité du premier moment; quand on les lisait à l'armée, ce ne pouvait être que dans les journaux qui les rapportaient de Paris; quinze à vingt jours s'étaient écoulés depuis l'événement. Dans cet intervalle, quelques assertions de détail avaient pu être démenties; d'autres, qu'on avait présentées comme fausses, avaient eu le temps de se vérifier. La critique alors avait belle à s'emparer de ces erreurs; elle en triomphait! Elle triomphait de bien d'autres vétilles! Que dans la précipitation de la dictée, tel nom d'homme ait été écrit pour un autre, que tel chiffre ait été renversé, que tel village ait été relevé sur la carte sous le nom du village qui était à côté, certes, le mal n'était pas grave pour un public lointain auquel le bulletin s'adressait, surtout si, malgré ces inexactitudes, le récit demeurait vrai d'ensemble et de mouvement et donnait à l'action tous les traits saillants qui devaient la distinguer; mais plus ces fautes étaient légères, plus elles étaient à la portée des pointilleux; ils tombaient là-dessus, et comme ils avaient de l'esprit, car il n'en manque jamais dans un état-major français, les commentaires ne finissaient plus. C'est alors qu'on a dit le fameux mot : *menteur comme un bulletin*. Tant qu'un mot a pu être un propos de fronde, il a eu quelque succès; ceux qui vivent à Paris de phrases faites s'en sont régalés; mais le sel en a été promptement épuisé et le témoignage de l'ennemi lui-même est intervenu. Il est maintenant généralement reconnu qu'à travers quelques coups de crayon perdus ou jetés trop vivement, ces belles esquisses se distinguent surtout par l'exactitude du premier trait et, certes, les chapitres de Quinte-Curce et les *Commentaires* de César n'ont pu être écrits de meilleure foi.

Dans les vaines attaques dont la véracité des bulletins a été l'objet, il ne faut pas sans doute méconnaître le ressentiment de bien des gens dont l'amour-propre se trouvait blessé parce qu'ils n'y étaient pas nommés! « Mais il faut par-dessus tout mettre en jeu notre malheureux défaut national de n'avoir pas de plus grands ennemis de nos succès et de notre gloire que nous-mêmes (1). »

Cette abnégation ne serait-elle pas un raffinement de notre orgueil français? Nous affectons ainsi envers nos ennemis une générosité extrême! hors de toute réciprocité! sans exemple! dont l'honneur n'est qu'à nous; et, dans la délicatesse de ce genre de supériorité, nous semblons nous repaître avec plus de délices que dans tout autre.

La première copie du bulletin qui arrivait à Paris était toujours pour l'Impératrice. L'Empereur voulait qu'elle fût toujours la première informée. En général, il ne laissait jamais fermer une estafette sans y jeter un mot pour sa femme; alors, il ne dictait pas, il écrivait lui-même : et par le défaut d'habitude, c'était une grande affaire pour lui que d'écrire lisiblement. « Donnez-moi une petite feuille de joli papier, nous disait-il; donnez-moi une bonne plume! Car enfin, il faut que cette bonne Louise puisse me lire », et il écrivait; ensuite il nous remettait la feuille

(1) *Mémorial de Las Cases. (Note de l'auteur.)*

pliée en deux en nous disant : « A l'Impératrice »; et, quand il était de bonne humeur, il ajoutait : « A la dame de mes pensées! A la reine de mon cœur! »

Le secrétaire avait une enveloppe toute faite pour recevoir le billet de l'Empereur; il la cachetait aussitôt et inscrivait pour adresse : « Lettre de l'Empereur à l'Impératrice. » A l'arrivée, le directeur général des postes l'envoyait lui-même par un exprès à sa destination.

Quand l'Empereur, trop pressé de monter à cheval, ne pouvait pas écrire lui-même à l'Impératrice, il voulait que l'estafette emportât un mot écrit du moins indirectement de sa part; c'était chose convenue entre l'Impératrice et l'Empereur que, dans ce cas, le secrétaire écrirait. Meneval et moi, nous avons été exacts à remplir ce devoir, et aucun courrier n'arrivait à Paris sans que l'Impératrice eût des nouvelles de l'Empereur (1).

(1) On lit dans une lettre adressée par l'impératrice Marie-Louise à Meneval, le 15 avril 1813 : « Vous savez sûrement que l'Empereur est parti. Je me plais à penser que vous en éprouvez aussi bien du chagrin. Je vous prierai, si M. Fain n'est pas parti, de lui dire que je désire bien qu'il me donne des nouvelles de l'Empereur; je n'ai pas trouvé le temps de le lui dire moi-même... » (*Marie-Louise*, t. II, p. 2.)

En 1814, Meneval écrivait à Fain, le 26 janvier : « ... comme je le prévoyais, l'Impératrice m'a recommandé de vous écrire pour vous demander de lui donner des nouvelles de l'Empereur le plus souvent possible. Elle n'a pas trouvé le moment de vous voir la veille du départ

L'Empereur n'avait pas toujours le temps de signer. Il arrivait souvent qu'il montait à cheval sans pouvoir attendre que tout ce qu'il venait de dicter fût expédié. S'il y avait une lettre trop pressée qui pût en souffrir, il nous commandait de l'envoyer sans signature : dans ce cas, nous faisions partir la lettre en mentionnant au bas que c'était par son ordre que nous l'envoyions ainsi, et nous signions.

Je crois avoir épuisé les divers articles supplémentaires que les circonstances de voyage et de campagne de guerre avaient à fournir pour compléter mon récit de la *vie de Napoléon dans son cabinet.* Un dernier supplément se présente.

Au milieu de nos déplacements perpétuels, il était difficile que la mémoire ne courût pas le risque à la longue de tomber dans une grande confusion. Une chaine de dates nous devenait d'un grand secours. Je me mis donc à tenir registre, jour par jour, de tous les endroits où couchait l'Empereur. Chaque lieu rappelait ce qui s'y était passé ; c'était un jalon suffisant pour nous maintenir avec aplomb sur la ligne dans laquelle les événements et les travaux se succé-

de l'Empereur. Je lui ai dit que vous vous proposiez de continuer votre correspondance avec elle aussi exactement que cela dépendra de vous... » Cf. aussi la lettre autographe de Marie-Louise au baron Fain dont le fac-similé est reproduit dans le *Manuscrit de 1813.* (Delaunay, 1824.)

daient. Mais ce livret, qui n'était dans l'origine qu'un simple aide-mémoire, semble avoir acquis aujourd'hui plus d'importance. A défaut de tout autre journal, sa sphère d'utilité s'est augmentée comme document chronologique et nous l'insérons ici dans la confiance que l'*art de vérifier les dates* de Napoléon en tirera grand parti. Malheureusement, mes notes ne commencent qu'avec l'année 1806, époque de mon entrée au cabinet. La chronologie préliminaire que j'ai mise en tête n'a pas été ponctuée de même, jour par jour; mais enfin elle aidera à remonter de 1806 jusqu'à l'avènement de Napoléon au pouvoir, tandis que mon journal conduira en descendant depuis 1806 jusqu'au dernier jour de sa vie (1).

(1) Le lecteur trouvera ce journal à la fin du volume (pièce annexe n° 2).

QUATRIÈME PARTIE

NAPOLÉON

DANS SA PERSONNE, SON CARACTÈRE ET DANS SES OPINIONS INDIVIDUELLES

Il était malaisé de divertir Alexandre de choses quelconques qu'il eût envie de faire, parce que la fortune lui cédant dans toutes ses entreprises, le rendait entier et ferme en ses opinions, et la grandeur de son courage faisait qu'il s'obstinait invinciblement en toutes choses, quand il les avait une fois entreprises.

(PLUTARQUE, *Vie d'Alexandre.*)

CHAPITRE PREMIER

AVANTAGES DES MÉMOIRES ORIGINAUX. — COUP D'OEIL SUR QUELQUES AUTEURS QUI ONT DÉJA PARLÉ DE LA PERSONNE DE NAPOLÉON.

Nous venons de tracer le cercle journalier dans lequel Napoléon se mouvait aux Tuileries, à la campagne, en voyage et à l'armée. Si nous avons été assez heureux pour nous faire lire, on a pu le suivre avec nous pas à pas. Mais ce n'est point assez : l'imagination, pour se faire mieux l'idée d'une grande ombre historique, a besoin qu'on la lui montre sous ses formes humaines. On veut connaître la personne ; à défaut d'une ressemblance réelle, on s'en ferait une imaginaire... Achevons donc en donnant le portrait de Napoléon, complément nécessaire d'un livre où nous nous sommes occupés bien moins de l'Empereur que de l'homme.

On aime à entendre ceux qui disent : j'ai vu. Les procès de l'histoire sont comme tous les autres : ils s'instruisent par les témoins.

Ira-t-on demander le portrait d'un absent à un peintre qui ne l'aura pas connu? Quelle ressemblance celui-ci pourrait-il produire? Peut-on bien peindre un reflet du souvenir des autres? Le plus habile se tourmenterait en vain à retrouver quelques traits qu'on lui décrit : l'ensemble lui manquerait toujours. Il aura beau charger sa toile de toutes les couleurs qu'on lui demandera, jamais il n'aura la conscience de la juste mesure qui convient. Saisira-t-il, par hasard, une lueur de vérité...

Un peu de vérité fait l'erreur du vulgaire.

... C'est précisément à côté qu'il ira se fourvoyer le plus lourdement... Et la physionomie, qui l'inspirera au peintre? Où la prendre?

Que si l'on trouve un peintre qui ait bien connu l'original, les impossibilités disparaissent. La perfection du pinceau n'est plus même de rigueur; elle ne gâte rien sans doute, mais elle ne constitue pas la ressemblance. Le peintre n'a besoin que de lui-même; il prend les pinceaux avec assurance; il se souvient!

La controverse historique multiplie en vain les conjectures, les probabilités; on ne sait jamais d'une manière certaine si c'est une vérité qu'elle fait revivre. Quand elle se joue sur les siècles anciens, c'est du moins de l'érudition; elle a laissé déposer la lie du temps et répand un parfum d'antiquité qui a son mérite; mais il n'en est pas de même pour l'histoire contemporaine : avec les probabilités et les conjectures, on étoufferait les faits les plus avérés. Nous avons tous les jours des portraits de Napoléon que des gens d'esprit, qui ne l'ont jamais approché, s'efforcent de nous faire. L'erreur et la vérité les entourent, l'embarras du discernement est extrême! Il me semble voir des hommes plongés dans l'obscurité d'une cave, s'avançant en posant le pied comme ils peuvent, tantôt d'à-plomb, tantôt à faux, appuyant trop à gauche ou trop à droite, en frappant trop fort ou trop faible, à tort et à travers, et presque toujours à contresens; les uns sont apologistes maladroits, les autres censeurs injustes. « Ne doit-on pas admirer, disait le cardinal de Retz, la confiance de ces historiens vulgaires qui croiraient se faire tort s'ils laissaient un seul événement dans leurs ouvrages dont ils ne démêlassent pas tous les ressorts qu'ils montent et qu'ils relâchent presque toujours sur des *cadrans de collège!* Ils ne sont pas même entrés dans l'antichambre, et ils se piquent de ne rien ignorer de ce qui s'est passé dans le cabinet! Bien plus, ils s'imaginent avoir pénétré dans tous les replis des cœurs de ceux qui ont eu part aux affaires.. — Ces bonnes gens, répondait le grand Condé, nous font, vous et moi, tels qu'ils auraient été s'ils s'étaient trouvés dans nos places. »

Les mémoires originaux ont une autre allure. La position dans laquelle leurs auteurs se sont trouvés suffit déjà pour donner à ces compositions une couleur locale qui se nuance diversement; chacun a d'ailleurs son terrain particulier, et c'est toujours là qu'il est plus profitable de le rencontrer.

Comment refuser son attention aux médecins de Napoléon qui parlent de sa constitution physique et de ses maladies? Le valet de chambre et la dame rouge n'excitent-ils pas une vive curiosité, quand ils se mettent à montrer leur maître et leur maîtresse dans le déshabillé de la chambre à coucher? L'ancien ami de collège et l'ancien secrétaire, malgré leur ingratitude, sont encore attrayants dans les matériaux que M. Bourrienne a fournis aux *Mémoires* qui portent son nom.

Toutes les fois que l'aide de camp et le ministre écrivent sous l'inspiration de leurs anciens souvenirs dans les *Mémoires* du duc de Rovigo, leur récit acquiert une grande supériorité sur les mélanges posthumes dont ces volumes sont *bardés;* il n'est pas jusqu'aux moindres anecdotes de la salle à manger qui ne plaisent sous la plume paresseuse mais agréable de l'ancien préfet du palais, M. de Beausset. Quant au Napoléon des audiences et des conversations familières, il revit dans quelques feuilles que son aumônier, M. de Pradt (1), a dispersées parmi diverses brochures et qui seules pourraient racheter au besoin tout un livre.

Mais c'est surtout dans le *Mémorial* de M. Las Cases que Napoléon est tout entier. On l'y retrouve à travers un désordre de composition et des négligences de détails, qui ajoutent encore le charme du naturel et de l'abandon à cet ensemble de vérités.

D'autres mémoires se font attendre, et ce sont peut-être les plus curieux! Mais se souvenir est une chose, et écrire est une autre. Il y a bien des paresseux! Quelques autres peuvent aussi avoir de bonnes

(1) L'abbé de Pradt avait émigré; il rentra en France, en 1801, et grâce à l'appui de Duroc dont il était parent, il devint aumônier de la chapelle, puis évêque de Poitiers et enfin archevêque de Malines. Pendant le concile de Paris, Napoléon le retenait souvent à ses levers, afin de s'entretenir avec lui des affaires du clergé; ambitieux et intrigant, il profita de cette occasion pour augmenter son intimité. Il fut adjoint aux évêques qui allèrent s'aboucher avec le pape à Savone, comme agent du duc de Rovigo. En 1812, il fut proposé par le duc de Bassano pour remplacer le baron Bignon; mais sa conduite à Varsovie le fit renvoyer à Paris. Il devint dès lors un ennemi acharné de Napoléon et se déclara des premiers contre lui quand les Alliés furent à Paris. Il a laissé un grand nombre d'écrits. Dans son ouvrage intitulé *l'Europe et l'Amérique en 1821*, il prend la défense de Napoléon et écrit que ses premières appréciations *(Histoire de l'ambassade dans le grand-duché de Varsovie)*, lui ont été arrachées par la colère et le mécontentement.

raisons pour n'avoir pas le courage de mettre la main à la plume. Si les mémoires authentiques du prince de Bénévent, M. de Talleyrand, et du duc de Bassano, M. Maret, doivent jamais paraître, et si ces mémoires contiennent ce que de tels auteurs peuvent y mettre, qu'on leur réserve la première place sur la tablette de l'histoire contemporaine! Tous deux ont été admis longtemps, quelquefois tour à tour et quelquefois ensemble, aux plus hautes méditations de l'Empereur. Ce sont les seuls qui aient été vraiment ses *confidents politiques*. Confidents rivaux, tous deux l'ont écouté avec des affections différentes et tous deux doivent se souvenir dans des intérêts opposés. M. de Bassano était encore fidèle à Napoléon quand la fortune ne l'était déjà plus; il doit accuser la fortune; M. de Talleyrand aura besoin de l'excuser.

Tant de regards se sont rencontrés dans les mêmes temps sur les mêmes circonstances, qu'il ne faut pas s'étonner si tant de plumes viennent à s'y rencontrer de même. Cette variété de versions aura plus d'avantages que d'inconvénients, quand ce ne serait que de constater les points essentiels sur lesquels les témoins à portée d'être bien instruits diffèrent ou sont d'accord. La répétition même ne saurait être qu'apparente : chacun a sa nuance; aucune position n'était absolument la même, et cette différence suffit pour modifier tous les rapports à l'infini. En effet : « Sans altérer un fait historique, mais en étendant ou resserrant les circonstances qui s'y rapportent, que de faces différentes on peut lui donner! Mettez un même objet à divers points de vue : à peine paraîtra-t-il le même, et pourtant rien n'a changé, que l'œil du spectateur. » (J.-J. ROUSSEAU : *Émile*, liv. IV.)

Chacun de nous peut donc, sans cesser d'être vrai, montrer un Napoléon différent.

La vérité relative est la seule qu'on puisse demander aux contemporains : je vais dire la mienne.

Ce portrait que j'essaie, à l'aide de quelques détails qui me sont personnels, doit être court; pour abréger encore, je puis me trouver dans le cas de citer ceux qui ont déjà parlé avant moi. C'est un peu ma méthode, car, en pareille matière, j'aime mieux un témoin qu'un raisonnement. Toutes les fois que cela m'arrivera, je prie qu'on veuille bien ne pas le prendre en mauvaise part. Certainement ce ne sera pas de ma part prétention de confirmer une assertion par la mienne, mais bien plutôt désespoir de mieux dire. Je puis bien convenir, sans malice, que ce sera peut-être aussi quelquefois désir de prendre acte de certains témoignages qu'il ne faut pas perdre.

CHAPITRE II

NAPOLÉON A QUARANTE ANS

Pour décrire la personne de Napoléon, je me reporte à l'époque de son second mariage. Ce n'est déjà plus le Napoléon que M. de Bourrienne a longtemps suivi; ce n'est pas encore celui que les écrivains de Sainte-Hélène nous dépeindront plus tard; c'est celui que j'ai connu.

Commençons en style de signalement : sa taille était de cinq pieds deux pouces; il était petit, mais bien fait; cependant il avait le cou un peu court et peut-être déjà trop de ventre.

La fibre était molle et la lymphe épaisse. Son teint n'était jamais coloré; ses joues étaient d'un blanc mat, ce qui lui faisait un visage plein et pâle, mais non de cette pâleur qui dénote une personne malade. Je ne l'ai jamais vu incommodé à se mettre au lit. Jamais, comme il le disait, il n'a senti sa tête ni son estomac. Je ne lui ai connu d'indisposition qu'une gêne à la vessie, qui lui était quelquefois incommode.

Il me semble que les médecins attribuaient ce malaise à la répercussion d'anciennes dartres ou plutôt de la gale qu'il avait prise et mal guérie au siège de Toulon.

Ses cheveux châtains étaient coupés courts autour de la tête et le coiffaient à plat. Il avait la tête ronde, le front large et élevé; des yeux gris-bleus, le regard doux, le nez bien fait, la bouche d'une forme gracieuse et les dents belles. Sa vue n'était pas excellente; il y suppléait à l'aide d'une lorgnette de spec tacle qu'il portait toujours. Chez lui, l'odorat était extrêmement susceptible. Je l'ai vu s'éloigner de plus d'un serviteur qui était loin de soupçonner la secrète aversion qu'il avait encourue.

La régularité de ses traits prenait facilement dans le travail et la préoccupation une teinte de sévérité imposante; mais, dans le laisser-aller de l'intimité, son sourire reprenait une grande amabilité. Il riait rarement; quand il riait, il poussait des éclats; mais c'était plutôt pour forcer l'ironie que par grosse joie. Au surplus, nul visage d'homme ne changeait plus vivement au gré des impressions de l'âme : de ce même regard qui naguère était caressant, tout à coup il en sortait des éclairs (1).

(1) Cf. MENEVAL : « Napoléon était d'une taille moyenne (5 pieds 2 pouces); à l'époque où j'ai été attaché à son cabinet, il jouissait d'une

C'est à tort qu'on lui a reproché l'usage immodéré du café et du tabac. Il prenait du café comme tout le monde. Il ne faisait que respirer son tabac; mais il changeait de tabatière à chaque instant. Dès qu'il avait flairé, il renversait la tabatière et la tendait à l'un de nous en lui disant : « Allez me chercher du tabac. » C'était un de nos dérangements habituels. Nous trouvions sur la commode de sa chambre à coucher une file de tabatières préparées d'avance pour suffire aux renouvellements de la journée. Dans les appartements, cette commission était la plus fréquente qu'il donnât à ses chambellans. Pendant le Conseil, j'ai vu plus d'un ministre la rechercher comme une faveur.

Le reproche qu'on a fait à Napoléon d'abuser des bains est plus fondé; il en prenait trop et les prenait

santé vigoureuse; ... il avait alors un embonpoint médiocre que développa plus tard le fréquent usage des bains... Son cou était un peu court... Il avait le front large et haut, les yeux gris et investigateurs, le nez droit et bien conformé, d'assez belles dents, l'arc de la bouche parfaitement dessiné... Son teint était sans couleur, mais d'une pâleur transparente sous laquelle on voyait circuler la vie. Ses cheveux châtains... très fins étaient alors coupés courts... Le galbe de son visage et l'ensemble de ses traits étaient d'une régularité irréprochable. Quand il était excité par quelque passion violente, sa figure prenait une expression sévère... ses yeux lançaient des éclairs... Dans l'état ordinaire, son visage était calme, doucement sérieux. Il s'illuminait du plus gracieux sourire quand il était déridé par la bonne humeur ou par le désir d'être agréable. Dans la familiarité, il avait le rire bruyant et railleur. » *(Souvenirs historiques*, p. 1 à 5, *passim.)*

trop chauds. Il est probable qu'il a dû à cette mauvaise habitude l'embonpoint prématuré dont ses peintres d'histoire ne lui ont guère fait grâce. On ne peut, du moins, l'imputer à la bonne chère, car, certes, celui-là n'était pas ami de la table! Il était sobre, il vivait frugalement et mangeait vite, trop vite pour tout son monde. Au surplus, la nature l'avait doué d'un avantage assez singulier, celui de ne pouvoir commettre d'excès de table, quand même il l'aurait voulu : « Si je dépassais le moins du monde mon *tirant d'eau,* disait-il, mon estomac rendrait aussitôt le superflu. »

Quand il se promenait dans les allées de son jardin, il aimait à marcher un peu courbé, les mains dans ses poches, ou bien en se dandinant, les mains derrière le dos. Il avait un autre tic d'habitude que M. Bourrienne a très bien remarqué : c'était, en parlant ou en dictant, un mouvement involontaire de l'épaule droite qu'il relevait en même temps qu'il lui échappait un léger pincement de la bouche, de gauche à droite. Cela se répétait surtout quand il se laissait fortement préoccuper.

Il dormait quand il voulait et comme il voulait. Quelque besoin qu'il eût de sommeil, trois ou quatre heures pouvaient suffire. Je le voyais se relever sans aucun effort au premier réveil de la nuit, se mettre au travail; ensuite se recoucher et se rendormir promptement. Dans l'été, il aimait à faire la méridienne. Habituellement il dormait à peu près sept heures sur vingt-quatre; mais c'était toujours en plusieurs sommes, s'interrompant à volonté la nuit comme le jour. Pendant l'évacuation de Leipzig, il a pu dormir tranquillement deux heures sur un fauteuil : l'explosion du pont vint le réveiller.

S'il était depuis trop longtemps en repos, il s'imposait quelque rude exercice ; si au contraire il se trouvait à bout d'une trop grande fatigue, il se condamnait à vingt-quatre heures d'un repos forcé. Il appelait cela « rétablir l'équilibre ».

Il s'était fait infatigable, non seulement à cheval, mais aussi à pied ; il marchait quelquefois cinq à six heures de suite sans s'en apercevoir. Revenant d'Espagne au mois de janvier 1809, je l'ai vu faire à franc étrier en moins d'une matinée la course de Valladolid à Burgos (23 lieues). On a déjà cité quelque part sa promenade de Vienne au Semmering. La distance est de dix-huit à vingt lieues. Il la parcourut à cheval dans la matinée, déjeuna au Semmering et revint aussitôt. Il faisait souvent des chasses de trente-six lieues. Dans les plus rudes journées de la retraite de Moscou, il quittait volontiers sa voiture, et prenant un bâton à la main, marchait avec les grenadiers de la garde.

CHAPITRE III

CARACTÈRE DE NAPOLÉON

Ceux qui cherchent à deviner le caractère privé de Napoléon à travers son caractère politique, s'exposent à s'en faire une bien fausse idée. On arrive ainsi à lui supposer tous les défauts des hommes forts et violents, sans lui tenir compte de toutes les qualités qui sont inséparables de la force de l'âme.

Je veux bien qu'il ait dit : « Je ne suis pas méchant, mais malheur à qui se trouve sous les roues de mon grand char politique, quand il est une fois lancé ! » Ce sont là paroles de théâtre ; on me fait entendre le grand acteur ; mais je reconnais bien mieux Napoléon quand on lui fait dire : « Laissons la nuit s'écouler sur l'injure de la veille », ou bien encore : « Les hommes ne sont pas foncièrement ingrats. » Notez que c'était à Sainte-Hélène qu'il conservait cette indulgence !... Loin d'être méchant, Napoléon était naturellement bon. S'il eût été méchant avec autant de puissance, en serait-on à lui reprocher deux ou trois actes de violence ou de colère pendant un gouvernement qui a duré quinze années!

Le sang chaud de la Corse coulait dans ses veines; mais la retenue du commandement l'avait de bonne heure habitué à tempérer son premier mouvement. Il avait quelque peine à supporter la contradiction, surtout quand elle était maladroite, qu'elle venait par surprise et que les convenances n'étaient pas ménagées; mais s'il s'emportait quelquefois, il revenait promptement: « Sa colère, comme celle d'Agricola, ne laissait aucune trace. Vous n'aviez à craindre ni son silence ni sa rancune; il croyait qu'il valait mieux blesser que haïr (1). » Or bien des gens savent que c'est souvent un avantage d'être blessé par une main généreuse. « J'aurai cette grâce la première fois que je serai *bourré* », disait le ministre Decrès. A la vérité l'Empereur n'était pas fâché qu'on le craignît un peu (2). Ce qu'il redoutait le plus, c'était de passer pour trop facile. Ses boutades étaient presque toujours calculées. « Il le faut bien, disait-il, quand il voulait justifier ce qu'il appelait ses duretés, il le faut bien;

(1) *Cæterum ex iracundia nihil supererat; secretum et silentium non timeres; honestius putabat offendere quam odisse.*

(2) « Son grand principe général, dit Mme de Rémusat, auquel il donnait toute espèce d'application dans les plus grandes choses comme dans les plus petites, était qu'on n'avait de zèle que lorsqu'on était inquiet. »

sans cela ils viendraient me manger dans la main. »

Extrêmement simple dans toute sa personne, s'il aimait le luxe dans son entourage, c'était encore un calcul : une grande représentation lui semblait un moyen de supériorité qui imposait et rendait l'action du gouvernement plus facile.

Dans son intérieur Napoléon était ami sûr et le meilleur des maîtres (1). Sa conversation particulière était pleine de charme et d'originalité (2). Quel que fût le sujet qu'il traitât, il ne manquait jamais de donner un air d'enjouement à ses observations.

Il aimait à s'abandonner à une aimable familiarité ; les Anglais l'ont remarqué jusque sur le *Northumberland :* — Il apprend que le capitaine Baatz, qui fait partie de l'équipage, s'est trouvé autrefois contre lui avec Sydney Smith à Saint-Jean-d'Acre : « Ah coquin! vous étiez là, lui dit-il en lui prenant l'oreille ; et il demanda aussitôt des nouvelles de sir Sydney. Dans sa conversation, « c'était un feu roulant de questions, » dit encore Warden. — Oui, mais « dans une audience, reprend M. de Pradt, personne n'écoutait mieux ; on pouvait tout lui dire. » Dans la chaleur de la conversation, peut-être parlait-il quelquefois un

(1) M. de Pradt.
(2) M. de Bourrienne.

peu trop. Son premier secrétaire Bourrienne lui reproche d'avoir laissé ainsi échapper plus d'un secret. Son dernier secrétaire ne le défendra pas sur ce point. Il y avait en effet des moments où par un excès de force, il croyait pouvoir impunément se débarrasser de la cuirasse. Cela dépendait aussi des interlocuteurs : que risquait-il avec le bonhomme Monge ; avec l'honnête et digne Montalivet ; avec le respectable M. de Montesquiou? Je ne parle ici que des hommes qui n'étaient pas dans les liens habituels du secret : peut-être avait-il trop de confiance dans la conquête qu'il prétendait avoir faite de tels ou tels qu'il se piquait d'avoir convertis. Bien certainement il ne se tenait pas assez boutonné avec les Fontanes et autres gens d'esprit de cet esprit (1).

Aucun service domestique n'a été plus doux et plus facile que le sien ; il gâtait presque tout son monde ; son mameluk se marie : il veut payer le dîner de la noce et prend dans sa petite cassette de

(1) Fontanes avait été distingué par l'Empereur qui, de commis secondaire dans le ministère de l'intérieur, l'avait successivement élevé au rang de président du Corps législatif et de grand maître de l'Université. Fontanes devait aussi à l'Empereur son rappel de l'exil. En 1814, il fut un de ceux qui mirent en évidence leur trahison. Il vota la déchéance. La place de grand maître avait été supprimée par le roi. Au retour de l'île d'Elbe, Fontanes osa faire valoir ses droits à cette place. L'Empereur lui fit demander comment il oserait se présenter devant la jeunesse, cette jeunesse « qui est un juge incorruptible ».

quoi acheter au marié un coupon de 500 francs de rente sur le Grand-Livre.

Tous les ans il paye de sa poche une gratification de 3,000 francs à César, son ancien cocher qui l'a sauvé de la machine infernale.

Il faisait une bonne pension à sa nourrice. Il avait donné de bonnes places aux enfants; il apprend que la petite-fille de sa nourrice vient à Paris et je le vois prendre dans sa petite cassette 10,000 francs en or pour Faustin Poli.

Jeté à terre par un cheval mal dressé et se relevant avec colère, il a le malheur de frapper le piqueur d'un coup de cravache...; pour chercher à s'en consoler, il fait remettre cent louis au malheureux piqueur.

Il a vu la berceuse du roi de Rome désolée de voir que son fils venait de tomber à la conscription; il se fait suivre aussitôt dans son cabinet par Mme de Montesquiou pour lui remettre de la main à la main le prix d'un remplaçant, et ce qu'il faut dire, c'est que le bon jeune homme qu'il racheta ainsi sera plus tard ce fidèle Marchand qui le suivra comme valet de chambre à l'ile d'Elbe et lui fermera les yeux à Sainte-Hélène.

« Quand vous mariez-vous donc, Menevalot? » dit-il un jour à son secrétaire; c'était le diminutif qu'il lui donnait quelquefois d'amitié. Meneval refusait alors un mariage avantageux, parce que, n'ayant que sa place, il lui répugnait d'épouser une femme qui lui apportât tout. « Est-elle jeune et jolie? lui demanda l'Empereur. — Oui, Sire. — Est-elle aimable? — Oui, Sire. — Et vous n'hésitez que parce qu'elle vous semble trop riche? — Oui, Sire. — Combien a-t-elle donc? — 300,000 francs, Sire. — Oh, oh! Eh bien, je vous en donne autant : maintenant que vous voilà aussi riche qu'elle, j'espère bien que vous ne serez plus si honteux. » Meneval ne se le fit pas dire deux fois et peu de jours après, il se maria.

Au retour de chaque voyage, de chaque campagne, l'Empereur se plaisait à récompenser généreusement tous ceux qui avait eu quelque peine à son service personnel; mais c'était toujours sur sa bourse particulière et sans que les fonds généraux s'en ressentissent jamais.

Il était attaché à ses vieux serviteurs, à ses vieux compagnons, comme à ses vieux habits. Son plus ancien domestique Hébert, que j'avais vu entrer à son service comme jockey à l'état-major de la rue des Capucines en l'an IV, et qui l'avait suivi en Italie et en Égypte, il l'avait fait concierge à Rambouillet et lui faisait en outre une haute paye sur sa petite cassette. Il avait admis le père Hébert comme huissier du cabinet. Son ancien valet de chambre Hambart, il l'avait fait concierge de Meudon.

Il avait horreur du changement, craignait les nouvelles figures et tenait singulièrement à conserver tous les hommes qui s'étaient formés sous son ombre. C'était même un grand titre à son indulgence qu'une connaissance qui datait de loin avec lui (1). Jamais il n'a su s'en détacher entièrement, quelle que fût la gravité des raisons qui lui commandaient de le faire. Les amis qu'il ne pouvait garder fidèles, il aimait mieux les conserver douteux que les perdre. Il ignorait sans doute qu'il n'y a pas de haine pire que celle des ci-devant amis ; mais s'il avait la présomption de se croire au-dessus de tels et tels ressentiments, il l'a payée trop cher.

Les exemples de sa générosité politique ne manquent pas. Qui est-ce qui n'a pas entendu parler de la grâce accordée aux frères Polignac, du pardon du prince de Hatzfeldt, etc?

Pour moi, je ne connaissais pas le trait suivant, je

(1) Cf. Meneval : « Il avait beaucoup de peine à se détacher des personnes qui avaient eu part à sa confiance, même quand elle était ébranlée. Cette bienveillance, cette mémoire des services rendus... s'étendaient aux plus modestes emplois de sa maison... Un pauvre diable de cocher, qu'un état d'ivresse continuel rendait incapable de faire son service, a longtemps esquivé son congé parce qu'il avait conduit un fourgon à la bataille de Marengo. »

le relève dans un mémoire qui me tombe sous la main : « Le sénateur Lanjuinais se trouva compromis dans deux conspirations successives. Napoléon ne le fit pas même interroger; et cependant Lanjuinais déplaisait. »

Voici des exemples d'une générosité d'un autre genre; je n'ai pas connu le quart des actes de sa bienfaisance privée; mais ma liste serait encore trop longue pour être insérée ici. Un fragment suffira; et qu'on ne m'accuse pas de trahir un mystère de charité : la faute en est à ceux qui ont rendu de telles révélations nécessaires; d'ailleurs je ne vais nommer que des personnes qui n'existent plus.

Par exemple, Napoléon a donné de sa poche :

A Mme de Pons, sœur de l'ancien chirurgien du roi	600 fr.
A M. de Marbeuf, lieutenant au 25e de dragons	12,000 —
A M. Jacques de Juigné	12,000 —
A l'aide de camp Juigné, malade	6,000 —
Par les mains de Mme de Mortemart à Mme Durocher, religieuse	1,500 —
A un vieux prêtre pensionnaire de l'hospice de Montpierreux, à Fontainebleau	400 —
Au curé des Quatre-Chemins de la Vendée	2,000 —
A Mme de Néville	14,000 —
A Mme de Choiseul-Stainville, ancienne abbesse de Metz	6,000 —
A Mme de Geslin, fille naturelle de Louis XV	2,000 —
A Mme de Narbonne	18,000 —

Combien de mariages dotés par l'Empereur et combien de familles auxquelles il a été prescrit par l'organe même de la religion de ne pas oublier qu'ils devaient leur union à la bienfaisance de Napoléon (1) !

(1) Le récit suivant que j'extrais d'une lettre du baron Fain complétera ces traits du caractère généreux de Napoléon : « C'était dans les premiers jours de septembre 1810 ; on était à Saint-Cloud ; l'Empereur travaillait dans son cabinet et j'écrivais sous sa dictée, lorsque le chambellan de service vint annoncer le prince de Ponte-Corvo ; son élection comme prince héréditaire de Suède venait d'être connue ; l'Empereur le fait entrer aussitôt, et du plus loin qu'il le voit, lui adresse son compliment de la manière la plus cordiale. Après les généralités que les nouvelles de Suède comportaient, la conversation ne tarda pas à devenir plus intime. L'Empereur demande gaiement au prince s'il est en fonds pour se rendre à Stockolm. Celui-ci fait l'aveu de l'embarras qu'il éprouve : — « Eh bien, reprend vivement l'Empereur ! c'est le cas « d'avoir recours à ses amis ; il ne convient pas que vous soyez à la dis« crétion des banquiers et des hommes d'affaires. Je vais vous remettre « un million en or. Sera-ce assez ? » Je ne puis répéter ici tous les termes dont le prince s'est servi pour exprimer ses remerciements ; le langage de la reconnaissance la plus vive ne saurait y suffire.

« Je reçus ordre aussitôt de faire un bon d'un million. L'Empereur le signa sur le coin même de la table et en le remettant au prince, il avait cet air de satisfaction que lui donnait toujours le plaisir de rendre service. Le prince l'ayant remarqué se sentit encouragé à parler de sa principauté de Ponte-Corvo ; il désirait la conserver. Cette demande étonna l'Empereur qui chercha à tourner la chose en plaisanterie. — « Et vos « camarades, lui dit l'Empereur, ils ne peuvent pas tous devenir rois ; il « faut bien leur laisser quelque chose de votre héritage ! » Le prince, voyant qu'il ne fallait pas insister sur ce point, demanda à conserver du moins la dotation de 10,000 francs de rente qu'il avait sur le Grand-Livre ; mais cette seconde demande n'ayant pas été mieux accueillie que la première, il ne parla plus pour son compte. Il se contenta de demander avec les plus grandes instances que cette rente fût transmise

Je m'arrête, car il faut finir et j'ai encore trois témoins à faire entendre. Comme ils ne sont pas suspects, ils me serviront à résumer le caractère de Napoléon. En justice il faut des témoins quand on accuse; en histoire, c'est surtout quand on loue qu'il faut en avoir.

1° Témoignage de M. de Bourrienne :

« Napoléon n'était ni haineux ni vindicatif. Quand il avait un mouvement de mauvaise humeur, cela passait comme un nuage et s'exhalait en paroles... Je puis assurer qu'il était sensible, bon, accessible à la pitié, et que dans l'habitude de la vie privée il avait de la bonhomie : oui, de la bonhomie! et beaucoup d'indulgence pour la faiblesse humaine qu'il connaissait et qu'il savait apprécier (1). »

à son frère (ou à son neveu). L'Empereur finit par céder sur ce point. L'entretien se termina par de nouvelles protestations de la part du roi de Suède.

« Le dimanche suivant, le prince de Suède ne manqua pas de venir faire sa cour à Saint-Cloud; il amena son fils Oscar et voulut que cet enfant baisât la main du plus grand homme de son siècle et du plus généreux.

« Voici comment l'Empereur et le prince de Suède se sont quittés pour ne plus se revoir! » Le récit que Thiers fait de cette entrevue est assez différent. Il ne semble pas que M. de Talleyrand en ait été témoin, comme l'indique cet historien. (Cf. *Histoire du Consulat et de l'Empire*, t. XIII, p. 95.)

(1) Pendant tout le temps que M. de Bourrienne a été employé comme secrétaire, soit auprès du général Bonaparte, soit auprès du Pre-

2° Témoignage de M. l'ancien archevêque de Malines.

« On a fait de Napoléon une espèce de mangeur d'hommes, un soldat brutal et incivil! Rien de plus faux... Il faisait du bruit et ne frappait pas : l'orageuse nuée se dissipait dans une grêle, dans un ouragan de paroles auxquelles lui-même n'attachait le moment d'après aucune importance. Je l'ai entendu dire après une bourrasque de la plus grande violence contre un de ses proches : « Le malheureux! Il « me fait dire ce que je ne pense pas et ce que je « n'aurais jamais pensé à dire! » Le quart d'heure passé, il rappelait ceux qu'il avait écartés et revenait vers ceux qu'il avait offensés : *j'en ai l'expérience.* » (M. de Pradt, 1821.)

3° M. le comte Pastoret nous fournira le dernier trait de cette apologie. Je le prends dans une brillante allocution qu'il a prononcée au nom de la Société philanthropique de Paris.

« Quand du Tibre au Nil, du sommet des Cordillières au fond de la Dalmatie, tout parle de sa gloire,

mier Consul, il n'a jamais eu d'appointements fixes; il prenait dans la bourse du général ce dont il avait besoin, et il n'est pas arrivé une seule fois que le général lui en ait demandé compte : « C'était la caisse commune, dit M. de Bourrienne; nous étions camarades comme on l'est au collège. » *(Note de l'auteur.)*

nous, uniquement occupés de ses bienfaits, organes des malheureux, nous dirons : il nous aima, il nous secourut : que son nom soit à jamais béni dans la cabane du pauvre, comme il est honoré et respecté dans le palais des rois. »

CHAPITRE IV

SES GRANDES QUALITÉS, SES PASSIONS ET SES FAIBLESSES

Je ne crois pas nécessaire de m'étendre sur la supériorité de ses facultés intellectuelles : elles se sont développées dans toutes ses actions et dans tous les genres. Son habileté dans l'art de la guerre est la supériorité qu'on lui a le moins contestée de son vivant; on l'a pourtant taxée de bonheur; mais les détracteurs se sont tus en le voyant subir la grande épreuve des revers. Peut-être sa supériorité administrative doit-elle le recommander davantage. Certes, personne n'admire plus que moi son génie à la guerre, son étonnante activité, son art admirable à remuer les grandes masses et à trouver l'ordre dans le désordre même; et pourtant ce grand homme me semble avoir été plus grand encore comme administrateur que comme général. Le sénateur Fontanes a déjà proclamé « que sa renommée de conquérant ne serait dans l'avenir que la plus faible partie de sa gloire ». J'ai connu un homme de beaucoup d'esprit qui allait plus loin : séparant dans Napoléon le général et l'empereur, M. Hoffmann (1) prétendait qu'on pouvait reprocher jusqu'à un certain point au général d'avoir détrôné l'empereur.

Les grandes qualités ont toutes leurs revers. Napoléon avait le tort de se confier un peu trop dans sa force et je crois qu'on peut lui appliquer en partie ce passage de Plutarque : « Il était malaisé de divertir Alexandre de choses quelconques qu'il eût envie de faire, parce que la fortune, lui cédant dans toutes ses entreprises, le rendait entier et ferme en ses opinions, et la grandeur de son courage faisait qu'il s'obstinait invinciblement en toutes choses, quand il les avait une fois entreprises. »

Quant à ce qu'on appelle vices, Napoléon n'en avait aucun. Longtemps les libellistes ont trépigné sur sa tombe, et chacun de leurs cris n'a servi qu'à faire reconnaître une de ses belles qualités !

Il a fait des fautes, sans doute! Il faut bien qu'il en ait commis puisqu'il a succombé; mais quelque

(1) Hoffmann, littérateur, s'adonna d'abord aux tragédies lyriques et aux livrets d'opéra. Certains couplets d'*Ariodant* qui commencent par « femme sensible » furent longtemps populaires. Il entra ensuite comme critique au *Journal des Débats* et au *Journal de l'Empire* et montra dans cette seconde partie de sa carrière beaucoup d'esprit et de savoir. Le mot que cite le baron Fain est tiré d'une lettre que lui avait adressée en 1825 M. Hoffmann, au sujet du *Manuscrit de 1813*.

dissection qu'on lui fasse subir, la curiosité du scalpel ira se perdre dans le nombre d'ennemis qui l'a accablé et dans les affections qui l'ont trahi!

Qu'importe au surplus que les astronomes découvrent des taches dans le soleil? Les peuples n'en verront toujours que l'éclat.

Napoléon était assez grand pour avoir des faiblesses; aussi en a-t-il eu; mais presque tout ce que des chroniques d'antichambre ont publié sur cet article est entaché de médisance et d'exagération. Il ne faut pas perdre de vue que Napoléon était en général d'une grande réserve avec les dames. « Il n'a jamais attaqué; il était plutôt sur la défensive; » c'est un personnage d'un caractère grave qui nous en donne l'assurance (1). Napoléon avait coutume de dire : « La chasteté est pour les femmes ce que la bravoure est pour les hommes : je méprise un lâche et une femme sans pudeur (2). »

Avec de tels sentiments, Napoléon ne devait se trouver réellement engagé que dans des liaisons délicates. La vie militaire peut avoir eu ses licences; la vie de la cour peut avoir eu les siennes; la morale de nos opéras ne chante pas en vain : « Rien ne plaît

(1) L'ancien archevêque de Malines.
(2) Mme Durand, dame rouge chez l'impératrice Marie-Louise.

tant aux yeux des belles que le courage des guerriers. » Le retour des héros que « la victoire ramène » leur plaît encore davantage; mais les courtes distractions qui en résultèrent n'ont pu qu'effleurer bien légèrement le cœur de Napoléon. Deux ou trois intimités un peu sérieuses ne sauraient cependant être dissimulées. Hâtons-nous de dire que les personnes qui en ont été l'objet, aussi aimables que belles, ont mérité bien plus le titre d'amies que celui de maîtresses. Dans le temps ces liaisons étaient ignorées; elles n'ont eu aucune influence sur les affaires; aucun scandale n'en est résulté; on ne s'est mis à les soupçonner que longtemps après : « car tout se sait à la cour (1). » Les dames ne peuvent jamais échapper à l'éclat qu'un grand prince jette sur elles; comme Sémélé, elles se brûlent aux feux de Jupiter. Quelques noms ont donc été publiés; quelques voiles ont été soulevés. Je ne veux rien dire à cet égard et la curiosité n'y perd pas grand'chose, car, j'en conviens volontiers, je n'étais pas trop initié dans ces sortes de secrets. Ce qu'il y a de certain, c'est que Napoléon a laissé deux fils naturels. Il les avait déjà quand il épousa Marie-Louise. Leur naissance avait démenti pleinement les vaines allégations de Joséphine et ne

(1) Le duc de Saint-Simon.

contribua pas peu au divorce, en donnant à Napoléon la conscience qu'il pourrait obtenir un héritier d'une seconde épouse, plus jeune que la première. Cette épreuve faite et le second mariage consommé, je n'ai plus entendu parler d'autres enfants de l'amour. Revenons aux deux qui ont été en ce monde les précurseurs du roi de Rome.

L'un, qui date de 1806, est le fils d'une dame Éléonore avec laquelle l'Empereur n'avait jamais eu qu'une rencontre de bal masqué. On a retiré l'enfant à la mère; on l'a fait élever secrètement sous le nom du général Macon, tué dans la campagne précédente et qui ne laissait personne pour revendiquer son nom. M. Mathieu, ancien notaire et beau-père de mon camarade Meneval, a bien voulu être le tuteur. J'ai vu pour la première fois Léon Macon chez Meneval, en 1822; il pouvait avoir quatorze à quinze ans, et je ne saurais dire combien j'ai été ému en voyant revivre sous les traits de cet enfant le jeune général Bonaparte lui-même, tel à peu près que je l'avais vu pour la première fois en 1796 se présentant à l'état-major de la rue des Capucines pour y prendre le commandement de l'armée de l'intérieur.

L'autre fils doit dater du temps que Napoléon a passé à Schœnbrünn, dans les premiers mois de 1809. C'est le fils d'une jeune comtesse polonaise, amie de

Napoléon. L'enfant a été élevé par les soins de sa mère. Cambacérès avait reçu, je crois, avec le titre de tuteur, la confidence de son origine. Je ne l'ai jamais vu.

Un codicille de conscience que Napoléon a inséré dans son testament de Sainte-Hélène contient les dernières dispositions qu'il ait faites en faveur de ces deux jeunes gens... Les bâtards des héros n'ont pas besoin d'être légitimés pour hériter de leur gloire; cela dépend d'eux.

Je n'ai pas cru devoir affecter une réserve trop marquée sur ces matières; toutefois j'ai hâte de finir ce chapitre. Le témoignage d'un honnête homme vient ici m'aider à en sortir. Voici dans quels termes l'ancien roi de Hollande croit devoir parler à ce sujet de son frère Napoléon : « Époux d'une première femme beaucoup plus âgée que lui, Napoléon a vécu maritalement avec elle dans la plus grande union. On n'a à lui reprocher aucun scandale. Marié en secondes noces à l'âge de quarante-deux ans, il fut pour sa seconde épouse d'une courtoisie, d'une amabilité, d'une grâce parfaites, et ses soins pour elle ne se démentirent jamais. »

CHAPITRE V

SES OPINIONS

Ses opinions religieuses étaient à la hauteur de la philosophie moderne ; son esprit était tout entier à la tolérance. Partout où il a porté ses armes, il a conduit la tolérance comme par la main ; partout où il a trouvé plusieurs religions, il a fait cesser la domination qui en faisait primer une sur les autres. « La foi, disait Napoléon, est hors d'atteinte de la loi. C'est la propriété la plus intime de l'homme et l'on n'a pas le droit d'en faire rendre compte (1). »

Quant au dogme de l'immortalité de l'âme, son aumônier nous dit qu'il n'a jamais entendu Napoléon en parler sans la plus profonde conviction (2). Je puis ajouter qu'il regardait l'immortalité de l'histoire comme un acompte. Au surplus Napoléon se félicitait avec M. de Las Cases de ce que ses opinions morales fussent de nature à ne pas l'arrêter, lorsqu'à

(1) Lettres du Cap.
(2) M. de Pradt, 1821.

l'imitation des anciens, il voudrait se soustraire aux dégoûts et aux traverses de la vie.

Quant à ses opinions politiques, elles étaient libérales; mais je ne me le dissimule pas : la contradiction apparente de ses actions et les préventions qu'une confusion de temps, de principes et d'hommes inspirent depuis 1814 à la nouvelle école constitutionnelle exigent que je m'explique : or, Caton luimême trouvait « qu'il est toujours malaisé de rendre de pareils comptes devant les hommes d'un autre siècle que celui où l'on a vécu ».

L'éducation politique de Napoléon, commencée par la lecture des écrivains de l'antiquité, s'est achevée dans les camps de la République. Ces impressions premières ne se sont jamais effacées. Comme César, Napoléon avait été républicain avant d'être Empereur et, comme César, il était peut-être le seul Romain qui eût gardé quelque chose de républicain sous l'Empire. Dans le laisser-aller de la vie privée, les souvenirs de sa jeunesse patriotique se réveillaient sans cesse et sous toutes les formes. Fredonnait-il machinalement un air! c'était : « Allons, enfants de la Patrie » ou « Veillons au salut de l'empire! (1) ».

(1) Veillons au salut de l'empire,
Veillons au maintien de nos droits.
(Chant républicain, par A. Boys.)

Une tirade tragique lui revenait-elle en la mémoire ! c'étaient les Romains de Corneille et de Voltaire qui lui fournissaient ses morceaux de prédilection. Dans les meilleurs passages de ses allocutions impériales, on retrouve une foule de tournures et d'expressions qui peuvent à bon droit passer pour des réminiscences du style républicain.

Cependant, depuis son avènement au commandement en chef, il ne craignait rien tant que de laisser deviner par quelles idées premières les opinions de sa jeunesse avaient passé, et sa politique à cet égard allait au point de ménager et même de rechercher les hommes de l'opinion contraire. Cette fausse honte, il l'avait prise à son arrivée à Paris, vers le milieu de l'an III ; transporté trop brusquement des bivouacs de l'armée du Var dans les salons dorés de la réaction thermidorienne, il ne put se défendre de toutes les préventions qui l'assaillirent. Cette société se disait la *société par excellence, la société du suprême bon ton:* comment un jeune homme ne l'aurait-il pas prise pour l'organe de la véritable opinion? C'est là qu'il entendit pour la première fois que la République n'était pas tenable ; que la Terreur l'avait tuée ; que ce n'était plus qu'un système de dupes et d'ambitieux sans moyens ; qu'enfin tout ce qui pouvait être de bonne compagnie s'en détachait, etc., etc. Ne pouvant se résoudre à passer dans ce monde pour un homme de mauvais ton et de mauvais goût, Napoléon commença dès lors à tenir ses opinions en réserve. Reconnu quelques mois après le premier général de l'Europe, il crut alors n'avoir plus besoin de dater sa vie que du jour de sa première victoire; il se fit du moins cette illusion et bientôt la pente d'une si haute position entraîna l'homme par-dessus ses doctrines. Mais s'il ne pensait plus à faire triompher une cause qu'il considérait comme abandonnée par les *gens d'élite*, il ne voulut jamais la sacrifier. Si les hommes de la cause adverse le trouvèrent accessible et favorablement disposé, ce ne fut que dans les rapports qui pouvaient leur être personnels, en raison de leur propre mérite et des préventions généreuses qu'il se faisait volontiers en leur faveur; mais non pas au profit de leur parti, ni de leurs systèmes qu'il n'a jamais cessé de traiter en ennemis. La réconciliation de tous les hommes de mérite avec les intérêts créés par la révolution et la fusion de tous les genres de supériorité dans un système purement national devinrent son idée favorite. C'est à cette modification que ses opinions républicaines se sont prêtées bien avant que le calcul de son propre intérêt eût fini par lui faire entendre que ce pouvait bien être aussi à son profit.

Le 18 fructidor, à l'aspect du coup d'État par lequel le pouvoir directorial changea de main si facilement, il fut sans doute conduit à penser qu'un 18 brumaire serait également facile, et peut-être était-il encore républicain, si, en se saisissant d'un sceptre à Saint-Cloud, il crut dans ce premier moment ne saisir que la dictature!...

Quoi qu'il en soit, un point est incontestable, c'est qu'une fois entré dans un pareil chemin, il n'y pouvait marcher qu'avec la majorité de la nation. Or, cette séduction de bonne compagnie dont nous avons déjà parlé, était là qui professait plus haut que jamais à ses oreilles que l'opinion était dégoûtée de formules et d'hommes de la Révolution et qu'il fallait un gouvernement nouveau. Et c'est ici qu'on doit reconnaître à quel point cette influence aristocratique, si puissante sur l'esprit prévenu de Napoléon, se trouva contre-balancée par la résistance même de son opinion et de ses véritables sentiments personnels. Tout en ayant l'air d'écouter les détracteurs, il ne se laissait pas dévier de son système de transaction. Si la liberté publique perdit ses formes tribunitiennes, elle conserva du moins une sauvegarde essentielle : l'égalité des droits.

L'égalité des droits était tout aux yeux de Napoléon : il y voyait tout le bien de la Révolution française exprimé en un seul mot et il se faisait grande gloire d'avoir conservé ce principe vital *sain et sauf;* il s'exagérait la reconnaissance qu'on lui en aurait un jour, tandis que les rhéteurs du parti contre-révolutionnaire proclamaient de leur côté : « que son plus beau triomphe dans la postérité serait d'avoir défendu contre toutes les révoltes de l'esprit humain l'ordre social prêt à se dissoudre (1). »

Quant à la petite guerre que Napoléon faisait aux idéologues, pour l'expliquer il suffit de se souvenir qu'il existe ordinairement peu d'accord entre les grands rois et les philosophes. Thomas nous assure que leur grandeur se choque et se repousse.

N'a-t-on pas dit de Mirabeau lui-même qu'il aimait la liberté, pourvu toutefois qu'il en restât le maître absolu et que rien ne lui résistât (2). Napoléon eut peut-être cela de commun avec Mirabeau.

Je n'irai pas entreprendre ici un mémoire justificatif à ce sujet; mais j'ai dû mettre sur la voie d'un combat intérieur qui a toujours existé entre les opinions de l'homme et les nécessités du Trône.

(1) M. de Fontanes, discours du 14 janvier 1805.
(2) M. de Levis.

CHAPITRE VI

CONCLUSION

Les places que la postérité donne sont sujettes comme les autres au caprice de la fortune. « Malheur à la réputation du Prince à qui son ennemi survit ! » (Montesquieu).

Après avoir été lancé dans des événements où toujours un grand nombre d'hommes sont sacrifiés et dans des combinaisons où toujours de grands maux sont inévitables, malheur au Prince forcé d'en laisser l'histoire à la discrétion des ressentiments qu'il n'a pas eu le temps de satisfaire ou de punir ! Tous les écrivains, dit le docteur Johnson, s'empressent de servir contre lui de témoins au vainqueur. Ce n'est pas, répond Voltaire, que les gens de lettres soient plus lâches et plus bas que des courtisans, mais leurs lâchetés restent, parce qu'elles ont le tort d'être écrites.

Le cardinal de Richelieu lui-même n'a pu être insensible au malheur d'un grand homme dont la réputation reste à la merci de ses ennemis. « Tel le blâme après sa mort qui l'eût loué s'il eût vécu. On accuse facilement ceux qui ne sont plus en état de se défendre. Quand l'arbre est tombé, tous accourent aux branches pour achever de le mettre en morceaux. La bonne ou la mauvaise fortune dépend de la dernière période de la vie ; le bien et le mal passent à la postérité et la malice des hommes fait plutôt croire à l'un qu'à l'autre. »

C'était en faveur du, célèbre Walstein que le cardinal de Richelieu dressait cette protestation. La remarque subsiste ; elle est de tous les temps et vient de trouver encore ici sa place ; mais un refuge protecteur contre les injustices et les contradictions des premiers jugements s'est heureusement ouvert pour Napoléon dans la postérité qui commence. Duclos a observé dans sa jeunesse que ceux qui avaient vécu sous Louis XIV et qui lui survivaient lui étaient le moins favorables ; mais il ajoute que les mauvaises impressions se sont effacées à mesure que ceux qui avaient des malheurs à reprocher à ce règne ont disparu.

Il en sera de même de Napoléon : plus les ressentiments contemporains s'affaibliront, mieux on le connaîtra et plus il grandira ! Que de gens se sauveront sur sa planche du grand naufrage de l'oubli ! Il n'est pas jusqu'à son almanach impérial qui ne devienne un livre d'histoire. En tête du drame de chaque année on voudra y chercher la liste des personnages et le nom des acteurs; c'est la grandeur des événements qui donne du relief aux actions; c'est l'importance du rôle qui seule appose le cachet de l'immortalité sur les noms propres : aussi les noms d'histoire ne sont-ils pas communs! Voyez les grands des petits siècles! Comme ils sont de courte durée : c'est à peine l'illumination d'un soir. La génération qui les suit ne peut plus les distinguer de la foule dans laquelle ils ont vécu. Le feu d'artifice est-il fini, les lampions s'éteignent l'un après l'autre, et dans l'obscurité qui survient promptement, on entrevoit à peine quelques blanches fumées qui s'évaporent! Le brouillard devient de plus en plus confus à mesure que la postérité s'éloigne; il faut avoir été volcan pour jeter des feux qu'on puisse apercevoir à travers cette profonde nuit, et c'est un volcan qui fumera longtemps que celui dont les lueurs ont éclairé la grande figure de Napoléon!

Galerie de Diane.

Corridor noir de Service

Guichet
du garde
du portefeuille.

Table des Cartes

Cabinet des Cartes
Passage
allant du Cabinet
à la Chambre à
Coucher.

Cabinet.

Salon de l'Empereur.

Façade sur le Jardin des Tuileries.

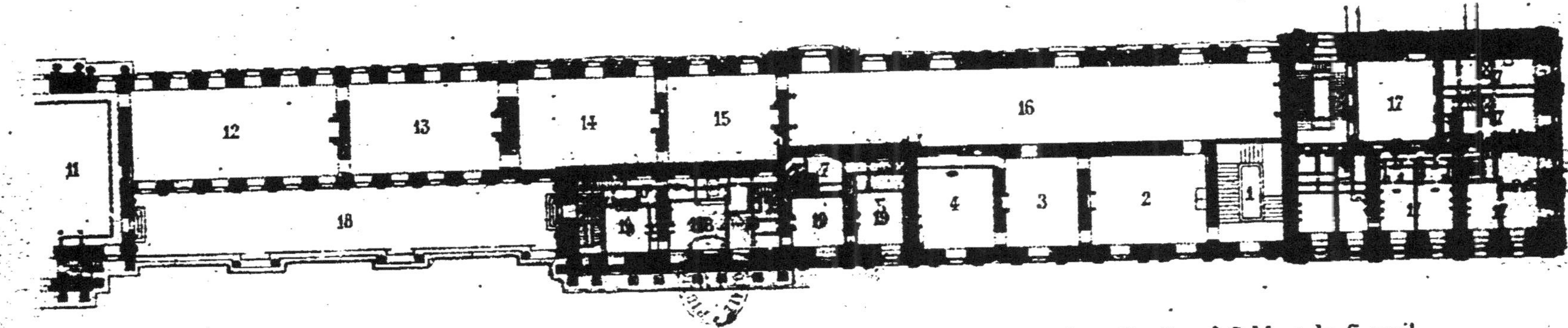

1. Escalier de l'appartement d'habitation.
2. Antichambre.
3. Salon de service.
4. Salon de l'Empereur.
5. Cabinet de l'Empereur.
6. Cabinet topographique.
7. Garde du Portefeuille.
8. Chambre à coucher de l'Empereur.
9. Cabinet de toilette de l'Empereur.
10. Huissier de l'appartement.
11. Salon des Maréchaux.
12. Salon des Officiers.
13. Salon de la Paix.
14. Salon du Trône.
15. Grand Cabinet du Conseil.
16. Galerie de Diane.
17. Appartement du Pape.
18. Terrasse sur le jardin.
19. Petit appartement de l'Empereur.
20. Escalier de service.

LES APPARTEMENTS DE L'EMPEREUR AUX TUILERIES

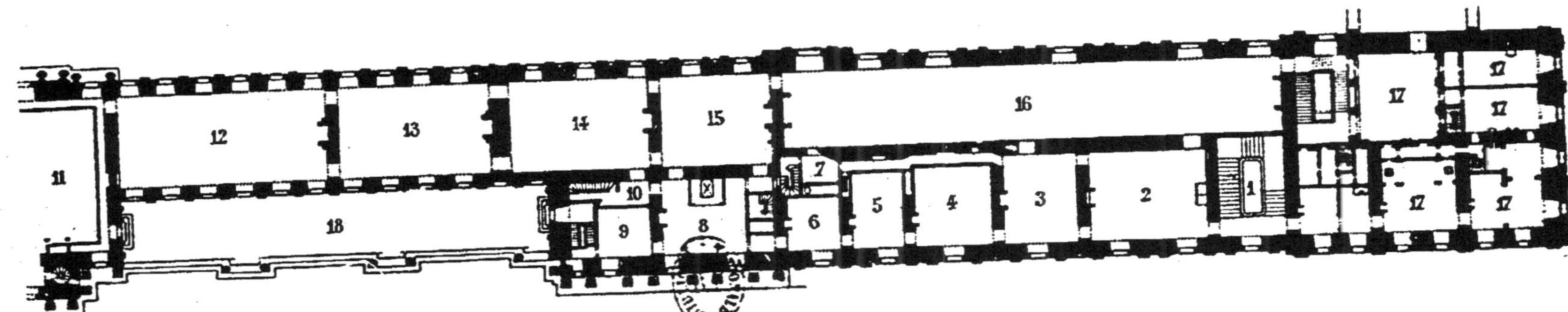

1. Escalier de l'appartement d'habitation.
2. Antichambre.
3. Salon de service.
4. Salon de l'Empereur.
5. Cabinet de l'Empereur.
6. Cabinet topographique.
7. Garde du Portefeuille.
8. Chambre à coucher de l'Empereur.
9. Cabinet de toilette de l'Empereur.
10. Huissier de l'appartement.
11. Salon des Maréchaux.
12. Salon des Officiers.
13. Salon de la Paix.
14. Salon du Trône.
15. Grand Cabinet du Conseil.
16. Galerie de Diane.
17. Appartement du Pape.
18. Terrasse sur le jardin.
19. Petit appartement de l'Empereur.
20. Escalier de service.

LES APPARTEMENTS DE L'EMPEREUR AUX TUILERIES

PIÈCE ANNEXE N° 1

LISTE

DES ÉTRANGERS AYANT APPARTENU AU CONSEIL D'ÉTAT
PAR SUITE DES RÉUNIONS FAITES A L'EMPIRE

Étrangers devenus conseillers d'État.

1802. M. Galli.
1804. M. Deloc.
1805. M. le comte Corvetto.
1807. Comte Asinari de Saint-Marsan.
Saint-Martin.
1808. Giunti.
1809. Prince Néri-Corsini.
1810. Duc d'Albery (neveu du Prince Primat).
Appelius.
Gogel.
Van Maanen, premier président de la cour impériale de la Haye.
Vanderheym.

Étrangers devenus maîtres des requêtes.

1806. Comte Wischer de Celles, ci-devant auditeur.
1807. Baron Dalpozzo, premier président de la cour impérial de Gênes.
1810. Chevalier Fabbroni, directeur des ponts et chaussées au delà des Alpes.

1810. De Bruyn.
Baron de Conninck Outrive.
Helvoët, préfet de la Loire.
Six d'Osterleck, directeur du Grand-Livre de Hollande.
Vandenhout.
Baron Voute, directeur de la caisse centrale du Trésor, à Amsterdam.
1812. Comte de Brignole, ci-devant auditeur.

Étrangers devenus auditeurs. — Italiens

1807. Balbe-Berton Crillon.
Baglioni Oddi.
Comte de Brignoles, plus tard maître des requêtes.
1808. Littardi, sous-préfet à Parme.
Monaldi.
Odescalchi.
Palavicini, sous-préfet à Moulins.
Potenziani, sous-préfet à Chiavari.
Baron Prié, introducteur des ambassadeurs.
1809. Capeï, administrateur des biens de la couronne, à Parme.
Capponi.
Carraciolo.
Collicola.
Colonna d'Avella.
Griffoli.
Guasco de Casteletto.
Provana de Collegno.
Priero.
Serristori.
Spada.
Taparelli de Zey, commissaire spécial de police, à Luxembourg.
1810. Boccardi, sous-préfet à San Remo.
Bracci.
Doria Dolceacqua.

1810. Durazzo, sous-préfet à Nice.
Gaetani.
Galeazzini, commissaire spécial de police, à Rouen.
Gallesio, sous-préfet à Pontremoli.
Graziani.
Gianotti, sous-préfet à Ivrée.
De Robiano.
Santa Croce, sous-préfet à Sienne.
1811. Billiotti (neveu du cardinal Maury).
de Bobiano.
Colli de Felizzano, sous-préfet à Pistoja.

Étrangers devenus auditeurs. — Belges et Hollandais.

1803. Comte d'Arberg, chambellan, préfet du Weser.
1804. Gowuinde Stassart, préfet des Bouches de la Meuse.
1805. De Celles (Wicher), plus tard maitre des requêtes.
Baron Duval de Beaulieu, fils du maire de Mons.
1810. Abbema, ancien secrétaire du cabinet de Hollande.
De Baillet, sous-préfet d'Anvers.
De Bayne, sous-préfet à Albi.
Beaufort (Liedekerke).
Beckman Schore, avocat général à Hambourg.
Cornelissen, maire d'Anvers.
Esebeck, sous-préfet à Mayence.
De Hawe, commissaire spécial de police, à Brême.
Joppen, sous-préfet à Coblentz.
De Langhe, sous-préfet à Bruges.
De Lomessen, sous-préfet à Aix-la-Chapelle.
De Loose (Guislain) sous-préfet d'Anvers.
Meyers.
Mollerus.
Olbers.
Ruolz.
De Salperwick, sous-préfet à Brême.
Saur, fils du sénateur.
Schiplaken (Defraye de), sous-préfet à Mons.
Secus.

1810. Baron de Stuers, ancien secrétaire du cabinet de Hollande, secrétaire général du département du Zuiderzée.
Van Citters.
Van der Brugghen, sous-préfet à Luxembourg.
Vanderlinden d'Hoogworst.
Van der Rhœr, sous-préfet à Maëstricht.
Van Ertborn, sous-préfet à Oudenarde.
Vangobbelschroy, sous-préfet, à Deventer.
Vanderhaagen Mussain, sous-préfet à Leuwarden.
Vanvredenburg, sous-préfet à Haarlem.
Vermeulen, sous-préfet à Bois-le-Duc.
De Witt, sous-préfet à Amsterdam.

1811. O. Sullivan de Grass, sous-préfet à Arnheim.

PIÈCE ANNEXE N° 2

LIVRET

ITINÉRAIRE ET CHRONOLOGIQUE DU CABINET

CONTENANT

L'INDICATION DU LIEU OÙ NAPOLÉON A COUCHÉ

CHAQUE JOUR

POUR SERVIR A LA VÉRIFICATION DES DATES

DE L'EMPIRE

DEPUIS 1806 JUSQU'EN 1815

PAR LE BARON FAIN

JOURNAL DES SÉJOURS DE L'EMPEREUR (1)

Veniet tempus quo posteri visere visendumque minoribus suis gestient: quis sudores tuos hauserit campus; quæ refectiones tuas arbores, quæ somnum tuum saxa prætexerint; quod denique tectum magnus hospes impleverit.

(PLINE, *Panégyr.*)

DÉPART	OBJET DU VOYAGE	RETOUR
	VOYAGES DU PREMIER CONSUL	
Paris, nuit du 15 au 16 floréal an 8 (6 mai 1800).	Guerre d'Italie. Victoire de Marengo.	A Paris, nuit du 13 messidor an 8 (2 juillet 1800).
Paris, minuit, 18 nivôse an 10 (8 janvier 1802).	Lyon. Consulte de la République italienne.	Paris, 11 pluviôse an 10 (8 février 1802), 6 heures du soir.
Paris, 5 brumaire an 11 (27 octobre 1802).	Le Premier Consul et Madame visitent les manufactures du pays de Caux et le camp d'Ivry.	Saint-Cloud, le 23 brumaire an 11 (14 novembre 1802).
Paris, 5 messidor an 11 (24 juin 1803).	Visite Calais, Boulogne, Ostende, Gand, Anvers.	
11 brumaire an 12 (3 novembre 1803).	Visite la flottille.	Saint-Cloud, 26 brumaire an 12 (18 novembre 1803).
	VOYAGES DE L'EMPEREUR	
Saint-Cloud, le 29 messidor an 12 (18 juillet 1804).	Visite au camp de Boulogne. Retour par Coblentz, Aix-la-Chapelle, Mayence, etc.	Saint-Cloud, 20 vendémiaire an 13 (12 octobre 1804).
Paris, 10 germinal an 13 (31 mars 1805).	Italie. Couronnement. Visite à Gênes.	Fontainebleau, 26 messidor an 13 (15 juillet 1805).
Saint-Cloud, 14 thermidor an 13 (2 août 1805).	Visite au camp de Boulogne.	Malmaison, 16 fructidor an 13 (3 septembre 1805).

DATES		SÉJOURS	ÉVÉNEMENTS
An 14.	**1805.**		
Vendémiaire.	*Septembre.*		
2	24 Mardi.	Départ de Paris.	
3	25 M.	En route.	L'armée passe le Rhin.
4	26 J.	Arrivée à Strasbourg.	
Du 5 au 8		Séjour à Strasbourg.	
	Octobre.		
9	1 Mardi.	L'Empereur passe le Rhin.	
10	2 M.		
11	3 J.		
12	4 V.		
13	5 S.	Passage du Danube et du Lech.	
14	6 D.		
15	7 L.		
16	8 M.	....	Combat de Vertingen.
17	9 M.	....	Combat de Günzbourg.
18	10 J.		
19	11 V.	....	Combat d'Albeck.
20	12 S.	....	Entrée à Munich.
21	13 D.		
22	14 L.	....	Combat d'Elchingen. Prise de Memingen.
23	15 M.		
24	16 M.		
25	17 J.	....	Prise d'Ulm.
26	18 V.	....	Commencement de la campagne d'Italie.
27	19 S.	....	Capitulation du général Verneck.

(1) J'ai adopté pour l'orthographe des noms, quelquefois défigurée dans le manuscrit, celle qui a été suivie par les éditeurs de la *Correspondance de Napoléon.*

DATES		SÉJOURS	ÉVÉNEMENTS
28	20 D.		
29	21 L.		
30	22 M.		
Brumaire.			
1	23 M.		
2	24 J.	Arrivée de l'Empereur à Munich.	
3	25 V.		
4	26 S.		
5	27 D.		Passage de l'Inn.
6	28 L.		
7	29 Mardi.		Prise de Braunau.
8	30 M.		
9	31 Jeudi.		Combat de Lambach.
	Novembre.		
10	1 Vendredi.		Entrée à Lintz.
20	11 Lundi.		Affaires de Krems et Dirnstein.
22	13 Mercredi.		Entrée à Vienne.
25	16 Samedi.		Combat de Hollabrünn.
Frimaire.	*Décembre.*		
11	2 Lundi.		*Bataille d'Austerlitz.*

1806

DATES	SÉJOURS	ÉVÉNEMENTS
Janvier.		
26	Retour à Paris. *(Ici commencent mes annotations journalières au cabinet.)*	
Du 27 janvier au 30 mars	Séjour à Paris.	
31 mars	Départ pour la Malmaison.	
Avril.		
Du 1er au 4	Séjour à la Malmaison.	
Samedi 5	Retour aux Tuileries.	
Du 6 au 8	Séjour à Paris.	
Mercredi 9	Départ pour la Malmaison.	
10 et 11	Séjour.	
Samedi 12	Voyage à Grignon.	
Dimanche 13	Arrivée à Saint-Cloud.	
Du 14 au 19	Séjour à Saint-Cloud.	
Dimanche 20	A Paris le matin, le soir à Saint-Cloud.	
Du 21 au 1er mai	Séjour à Saint-Cloud.	
Mai.		
2	Départ pour Rambouillet.	
Samedi 3	Retour à Saint-Cloud le soir.	
Du 4 au 8	Séjour à Saint-Cloud.	
Vendredi 9	Voyage à Rambouillet.	
S. 10	Retour à Saint-Cloud le soir.	
D. 11	Venu à Paris. Retour à Saint-Cloud.	
Du 12 au 31	Séjour à Saint-Cloud.	
Juin.		
Du 1er au 3	Séjour à Saint-Cloud.	
Mercredi 4	Voyage à Paris. Retour à Saint-Cloud.	Réception de l'ambassadeur turc.
Du 5 au 30	Séjour à Saint-Cloud.	
Juillet.		
Du 1er au 11	Séjour à Saint-Cloud.	
Samedi 12	*Id.*	Confédération du Rhin.
Du 13 au 17	*Id.*	
Vendredi 18	*Id.*	Reddition de Gaëte.
S. 19	*Id.*	
D. 20	*Id.*	Traité conclu avec la Russie par M. d'Oubril (non ratifié).
Du 21 au 31	*Id.*	

DATES	SÉJOURS	ÉVÉNEMENTS
Août.		
Du 1er au 15	Séjour à Saint-Cloud.	
S. 16	Départ pour Rambouillet.	
Du 17 au 25	Séjour à Rambouillet.	
Mardi 26	Retour à Saint-Cloud.	
Du 27 au 31	Séjour à Saint-Cloud.	
Septembre.		
Du 1er au 24	Séjour à Saint-Cloud.	Le 13 septembre, mort de M. Fox.
Jeudi 25	Départ de Saint-Cloud ; dîner à Châlons.	
V. 26	Arrivée à Metz. Départ.	
S. 27	En route.	
D. 28	Arrivée à Mayence.	
29 et 30	Séjour.	
Octobre.		
1er	Départ de Mayence le soir.	
J. 2	Déjeuner chez le prince primat à Aschaffenburg. Arrivée à Würzburg.	
V. 3	Séjour à Würzburg.	
S. 4	*Id.*	Entrevue avec le roi de Würtemberg.
D. 5	*Id.*	
L. 6	Départ de Würzburg. Arrivée à Bamberg.	
Mardi 7	Séjour à Bamberg.	
M. 8	Départ. Arrivée à Kronach.	
J. 9	Départ de Kronach. Coucher à Ebersdorf.	Combat de Schleiz.
V. 10	Départ. Coucher à Schleiz.	Combat de Saalfeld.
S. 11	Départ. Coucher à Auma.	
D. 12	Coucher à Gera.	
L. 13	Coucher au bivouac en avant d'Iéna.	
M. 14	Coucher à Iéna.	*Bataille d'Iéna.*
M. 15	Coucher au palais de Weimar.	
J. 16	Séjour à Weimar.	
V. 17	Coucher à Naumbourg.	Combat de Halle.
S. 18	Coucher à Merseburg.	
D. 19	Coucher à Halle.	
L. 20	Séjour à Halle.	
M. 21	Coucher à Dessau chez le Prince.	
M. 22	Coucher à Wittenberg.	
J. 23	Coucher à Kropstadt.	
V. 24	Coucher à Potsdam.	
S. 25	Séjour.	Capitulation de Spandau. Entrée du maréchal Davout à Berlin.
D. 26	Visite à Spandau. Coucher à Charlottenburg.	Combat de Zehdenik.
L. 27	Entrée à Berlin.	
M. 28	Séjour.	Capitulation du général Hohenlohe.
M. 29	*Id.*	*Id.* de la ville et du fort de Stettin.
J. 30	*Id.*	
V. 31	*Id.*	Occupation de Cassel.
Novembre.		
Samedi 1er	Séjour à Berlin.	Capitulation de Küstrin.
Du 2 au 24	Suite du séjour à Berlin.	Le 6 novembre, prise de Lubeck. Le 7 — capitulation de Blücher. Le 8 — capitulation de Magdebourg. Le 19 — entrée à Hambourg. Le 20 — Hameln capitule.
Mardi 25	Coucher à Küstrin.	
M. 26	Coucher à Meseritz.	
J. 27	Coucher à Posen.	
V. 28	Séjour à Posen.	Entrée à Varsovie.
29 et 30	*Id.*	
Décembre.		
Du 1er au 15	Suite du séjour à Posen.	Le 2 décembre, reddition de Glogau. Le 6 — entrée à Thorn.

DATES	SÉJOURS	ÉVÉNEMENTS
Mardi 16	**Départ de Posen.**	
M. 17	**Coucher à Kutno.**	
J. 18	**Coucher à Lowicz.**	
V. 19	**Coucher à Varsovie.**	
20, 21, 22	**Séjour.**	
Mardi 23	**Départ de Varsovie à 5 heures matin. Coucher au bivouac d'Okunin.**	**Combat de Czarnowo.**
M. 24	**Coucher à Nasielsk.**	**Combat de Nasielsk; affaire de Lopaczin.**
J. 25	**Coucher à Lopaczin.**	
V. 26	**Coucher à Paluki.**	**Affaire de Neidenbourg; combat de Pultusk.**
S. 27	**Coucher à Golymin.**	
D. 28	**Séjour.**	
L. 29	**Combat à Pultusk.**	
30, 31	**Séjour.**	
1807		
Janvier.		
Jeudi 1er	**Retour à Varsovie.**	
Du 2 au 29	**Séjour.**	**Le 8, Breslau capitule.** **Le 25, combat de Mohrungen.**
Vendredi 30	**Départ. Coucher à Przasnysz.**	
S. 31	**Coucher à Willenberg.**	
Février.		
1er	**Séjour.**	**Combat de Passenheim.**
Lundi 2	**Coucher à Passenheim.**	
M. 3	**Coucher à Getkendorf.**	**Combat de Bergfriede.**
M. 4	**Coucher à Schlitt.**	
J. 5	**Coucher à Arensdorf.**	**Combat de Deppen.**
V. 6	**Coucher à Gros-Glandau.**	**Combat de Hof.**
S. 7	**Coucher à Eylau.**	**Combat d'Eylau. Schweidnitz capitule.**
D. 8	**Coucher sur le champ de bataille.**	***Bataille d'Eylau.***
L. 9	**Coucher à Eylau.**	
Du 10 au 16	**Séjour à Eylau.**	**Le 16, combat d'Ostrolenka.**
Mardi 17	**Départ d'Eylau. Coucher à Landsberg.**	
M. 18	**Coucher à Freimarkt.**	
J. 19	**Coucher à Liebstadt.**	**Les Anglais forcent les Dardanelles.**
V. 20	**Séjour.**	
S. 21	**Coucher à Osterode.**	
Du 22 au 28	**Séjour.**	**Le 23, combat de Dirschau.**
Mars.		
Du 1er au 31	**Suite du séjour à Osterode.**	**Le 3, les Anglais repassent les Dardanelles.** **Le 9, l'armée prend position devant Danzig.** **Le 10, combat de Willenberg.** **Le 25, changement du ministère anglais. M. Canning remplace lord Howick (Grey).**
Avril.		
Mercredi 1er	**Départ d'Osterode, coucher au château de Finkenstein.**	
Du 2 au 24	**Séjour à Finkenstein.**	**Le 13, mort de l'impératrice d'Autriche.** **Le 16, victoire sur les Suédois.** **Le 17, combat de Finkenstein; prise de Glatz.** **Le 18, armistice avec les Suédois.** **Le 24, le feu commence devant Danzig.**
Samedi 25	**Coucher à Marienburg.**	
D. 26	**Retour à Finkenstein.**	
Du 27 au 30	**Séjour à Finkenstein.**	**Le 27, réception de l'ambassadeur persan.**
Mai.		
Du 1er au 7	**Suite du séjour à Finkenstein.**	**Le 5, mort du jeune prince royal de Hollande.**

DATES	SÉJOURS	ÉVÉNEMENTS
Vendredi 8	Coucher à Elbing.	
S. 9	Retour à Finkenstein.	
Du 10 au 24	Séjour.	Le 21, capitulation de Danzig.
Lundi 25	Coucher à Strasbourg	
Mardi 26	Retour à Finkenstein.	
Du 27 au 30	Séjour.	Le 27, arrivée de l'ambassadeur ottoman. Le 29, déposition du sultan Sélim.
Dimanche 31	Départ; coucher à Oliva, près Danzig.	
Juin.		
Lundi 1er	Coucher à Danzig.	Capitulation de Neiss.
M. 2	Coucher à Marienburg.	
M. 3	Retour à Finkenstein.	
J. 4	Séjour.	
V. 5	*Id.*	Combats de Spanden et Lomitten. Retraite de Gustadt (maréchal Ney).
S. 6	Départ. Coucher au bivouac à Saalfeld.	Premier combat de Deppen (maréchal Ney).
D. 7	Coucher au bivouac près Deppen.	
L. 8	Coucher à Alt-Reichau.	Deuxième combat de Deppen.
M. 9	Coucher à Guttstadt.	Combat en avant de Guttstadt.
M. 10	Coucher sur le champ de bataille d'Heilsberg.	Bataille d'Heilsberg.
J. 11	Séjour sur le champ de bataille.	
V. 12	Coucher à Eylau.	Entrée à Heilsberg.
S. 13	Séjour.	
Dimanche 14	Coucher sur le champ de bataille.	*Bataille de Friedland.*
Lundi 15	Coucher à Paterswalde près Wehlau.	
M. 16	Coucher à Wehlau.	Occupation de Kœnigsberg.
M. 17	Coucher au château de Drusken.	L'armée arrive sur les bords du Niemen.
J. 18	Coucher à Skaisgirren.	Conférence avec le prince Labanof.
V. 19	Coucher à Tilsit sur le Niemen.	
		Le 24, conférence de l'Empereur avec le prince Labanof et le maréchal Kalkreuth.
Jeudi 25	*Id.*	Entrevue des deux Empereurs de France et de Russie.
V. 26	Suite du séjour à Tilsit (*intra muros*, nouveau logement).	Conférence avec le roi de Prusse sur l Niemen. Tilsit est neutralisée. L'empereur Alexandre y vient demeurer.
S. 27	*Id.*	L'empereur Alexandre et le roi de Pruss dinent tous les jours suivants chez l'empereur Napoléon.
28, 29 et 30	*Id.*	
Juillet.		
Du 1er au 8	*Id.*	Le 7, conclusion de la paix avec Russie.
Jeudi 9	Départ de Tilsit à 6 heures du soir.	Échange des ratifications avec la Russie. Signature de la paix avec la Prusse.
V. 10	Arrivée à Kœnigsberg.	
S. 11	Séjour.	Échange des ratifications avec la Pruss
D. 12	Séjour.	
L. 13	Départ à 6 heures du soir.	
M. 14	Passage à Marienwerder à midi.	
M. 15	*Id.* à Posen à 10 heures du soir.	
J. 16	*Id.* à Glogau à midi.	
V. 17	Arrivée à Dresde.	
Du 18 au 21	Séjour.	
Mercredi 22	Départ pour Paris.	
23, 24, 25, 26	En route.	
Lundi 27	Arrivée de l'Empereur à Saint-Cloud à 6 heures du matin.	
Du 28 au 31	Séjour à Saint-Cloud.	
Août.		
Du 1er au 12	Séjour à Saint-Cloud.	Le 10, le prince de Bénévent remet

DATES	SÉJOURS	ÉVÉNEMENTS
		portefeuille des relations extérieures à M. de Champagny. Le 12, prise de possession de Cattaro.
Jeudi 13	L'Empereur vient coucher à Paris.	Le Danemark déclare la guerre à l'Angleterre.
14 et 15	Séjour à Paris.	
D. 16	*Id.*	Attaque de Copenhague par les Anglais.
17 et 18	*Id.*	
Mercredi 19	*Id.*	Prise de possession de Corfou.
Jeudi 20	*Id.*	Prise de Stralsund (maréchal Brune).
V. 21	*Id.*	
S. 22	*Id.*	Mariage du prince Jérôme.
D. 23	*Id.*	Occupation de Livourne (Miollis).
L. 24	Retour à Saint-Cloud.	Armistice entre les Russes et les Turcs.
Du 25 au 31	Séjour à Saint-Cloud.	
Septembre.		
Du 1er au 5	*Id.*	
Dimanche 6	Départ pour Rambouillet.	
L. 7	Séjour.	Capitulation de Copenhague.
Du 8 au 15	Suite du séjour à Rambouillet.	
Mercredi 16	Retour à Saint-Cloud.	
17 et 18	Séjour.	
Samedi 19	L'Empereur vient coucher à Paris.	
D. 20	Séjour.	
L. 21	Coucher à Fontainebleau.	
Du 22 au 30	Séjour à Fontainebleau.	
Octobre.		
Du 1er au 31	Suite du séjour à Fontainebleau.	Le 20, évacuation de Copenhague par les Anglais. Le 30, conspiration de l'Escurial.
Novembre.		
Du 1er au 15	Suite du séjour à Fontainebleau.	Le 5, M. Tolstoï remet ses lettres de créance. Le 6, déclaration de guerre de la Russie à l'Angleterre.
Le 16	Départ de l'Empereur.	
17, 18, 19, 20	En route.	
Samedi 21	Arrivée de l'Empereur à Milan.	
Du 22 au 25	Séjour à Milan.	
Jeudi 26	Départ. Coucher à Brescia.	
V. 27	Coucher à Vérone.	
S. 28	Coucher à Stra.	
D. 29	Entrée à Venise.	
L. 30	Séjour.	Entrée de l'armée française à Lisbonne.
Décembre.		
Du 1er au 7	Suite du séjour à Venise.	
Mardi 8	Départ. Coucher à Trévise.	
M. 9	Coucher à Palmanova.	
J. 10	Coucher à Udine.	
V. 11	Séjour à Udine.	
S. 12	Départ. Visite d'Osoppo.	
D. 13	Arrivée à Mantoue à minuit.	
L. 14	Départ de Mantoue.	
M. 15	Arrivée à Milan.	
Du 16 au 23	Séjour.	
Jeudi 24	Départ. Coucher à Alexandrie.	
Vendredi 25	Séjour à Alexandrie.	
S. 26	Coucher à Turin.	
D. 27	Séjour.	
L. 28	Départ.	
Du 29 au 31	En route.	
1808		
Janvier.		
Vendredi 1er	L'Empereur arrive aux Tuileries.	

DATES	SÉJOURS	ÉVÉNEMENTS
Du 2 au 31	Séjour à Paris.	
Février.		
Du 1er au 29	*Id.*	Le 2, occupation de Rome (Miollis).
Mars.		
Du 1er au 21	*Id.*	Le 19, révolution d'Aranjuez; abdicatio du roi d'Espagne.
Mardi 22	L'Empereur va dîner à Saint-Cloud.	
M. 23	Séjour à Saint-Cloud.	
J. 24	*Id.*	Entrée des Français à Madrid.
Du 25 au 31	*Id.*	
Avril.		
Vendredi 1er	*Id.*	
S. 2	Départ.	
D. 3	En route.	
L. 4	Arrivée à Bordeaux.	
Du 5 au 12	Séjour.	
Mercredi 13	Coucher à Mont-de-Marsan.	
J. 14	Coucher à Bayonne.	
15 et 16	Séjour.	
Dimanche 17	L'Empereur va se loger au château de Marracq.	
Du 18 au 30	Séjour à Marracq.	Le 18, émeute à Burgos. Le 20, arrivée de Ferdinand VII Bayonne. Le 26, arrivée du prince de la Paix Bayonne. Le 27, arrivée de l'Impératrice à Marracq. Le 30, arrivée du roi Charles IV et de la reine.
Du 1er au 31	Suite du séjour à Marracq.	Le 2, révolte à Madrid. Le 5, signature du traité de Bayonne avec le roi Charles. Le 10, signature du traité avec le prince des Asturies. Le 24, réunion de la Toscane à la France.
Juin.		
Du 1er au 30	Suite du séjour à Marracq.	Le 6, le roi de Naples est déclaré roi d'Espagne. Le 7, le nouveau roi d'Espagne arrive à Bayonne. Le 15, ouverture de la junte de Bayonne.
Juillet.		
Du 1er au 20	Suite du séjour à Marracq.	Le 6, signature de la constitution d pagne. Le 9, départ du roi Joseph de Bayonne. Le 20, entrée du roi Joseph à Madrid.
Jeudi 21	Départ de Marracq.	
V. 22	Coucher à Pau.	
S. 23	Coucher à Tarbes.	
Dimanche 24	Arrivée à Auch. Départ le soir.	
L. 25	Arrivée à Toulouse.	
26 et 27	Séjour.	
Jeudi 28	Départ de Toulouse.	Révolution de Constantinople. Avènement de Mahmoud.
V. 29	Arrivée à Montauban. Départ le soir.	
S. 30	Arrivée à Agen.	
D. 31	Arrivée à Bordeaux.	
Août.		
Lundi 1er	Séjour à Bordeaux.	Évacuation de Madrid.
M. 2	*Id.*	
M. 3	Départ de Bordeaux.	

DATES	SÉJOURS	ÉVÉNEMENTS
J. 4	Passage à Saintes. Arrivée à Rochefort.	Attaque de Saragosse.
V. 5	Séjour à Rochefort.	
S. 6	Départ. Passage à La Rochelle. Coucher à Niort.	
D. 7	Départ de Niort. Passage à Fontenay.	
L. 8	Passage à Napoléon. Arrivée à Nantes.	
M. 9	Séjour à Nantes.	
M. 10	*Id.* Course à Paimbœuf.	
J. 11	Départ de Nantes. Coucher à Angers.	
V. 12	Coucher à Tours.	
S. 13	Passage à Blois	
D. 14	Arrivée de l'Empereur à Saint-Cloud.	
Du 15 au 20	Séjour à Saint-Cloud.	Soumission de Bilbao.
Dimanche 21	L'Empereur va à Paris. Grande parade.	Bataille de Vimeiro, en Portugal.
Du 22 au 31	Séjour à Saint-Cloud.	Le 22, suspension d'armes en Portugal. Le 30, signature de la convention de Lisbonne.
Septembre.		
Du 1er au 20	Suite du séjour à Saint-Cloud.	Le 7, le roi Joachim arrive dans son royaume. Le 8, signature de la convention avec la Prusse. Le 11, l'Empereur va à Paris.
Mercredi 21	L'Empereur va à Paris voir les Panoramas.	
J. 22	Départ pour Erfurt à 6 heures du matin. Coucher à Châlons.	
V. 23	Coucher à Metz.	
S. 24	Coucher à Kaiserslautern.	
D. 25	Coucher à Francfort.	L'empereur de Russie arrive à Weimar.
L. 26	En route.	
M. 27	Arrivée à Erfurt à 9 heures du matin.	L'empereur de Russie vient demeurer à Erfurt.
[illegible]	Séjour à Erfurt.	
Octobre.		
Du 1er au 5	Séjour à Erfurt.	
Jeudi 6	L'Empereur va coucher à Weimar.	
V. 7	Retour à Erfurt.	
Du 8 au 13	Séjour.	
Vendredi 14	Départ d'Erfurt.	
15, 16 et 17	En route.	
Mardi 18	Arrivée à Saint-Cloud à 11 heures du soir.	
Du 19 au 24	Séjour à Saint-Cloud.	
Mardi 25	L'Empereur va coucher à Paris.	Ouverture de la session du Corps législatif.
26 et 27	Séjour à Paris.	
V. 28	Coucher à Rambouillet.	
S. 29	Départ pour Bayonne.	
30 et 31	En route.	
Novembre.		
1er et 2	En route.	
Jeudi 3	Arrivée à Marracq à 3 heures du matin.	
V. 4	Coucher à Tolosa	L'Empereur entre en Espagne.
S. 5	Coucher à Vitoria.	
Du 6 au 9	Séjour.	Le 6, la place de Rosas est investie.
Jeudi 10	Départ dans la nuit. Déjeuner à Armiñon. L'Empereur porte son quartier général le soir au bivouac de Cubo.	Prise de Burgos.
V. 11	Arrivée à Burgos.	
Du 12 au 22	Séjour.	
Mercredi 23	Départ de Burgos. Coucher à Aranda.	Bataille de Tudela.
Du 24 au 28	Séjour à Aranda sur le Douro.	
Mardi 29	Coucher au bivouac de Boceguillas.	
M. 30	Coucher au bivouac de Buitrago.	Combat de Somo-Sierra.
Décembre.		
J. 1er	Coucher au bivouac de Saint-Augustino.	
V. 2	Coucher au château de Chamartin devant Madrid.	

DATES	SÉJOURS	ÉVÉNEMENTS
S. 3	Coucher au bivouac devant Madrid.	
D. 4	Coucher au château de Chamartin.	Capitulation de Madrid.
L. 5	*Id.*	Capitulation de Rosas.
Du 6 au 21	*Id.*	Le 13, occupation de Tolède. Le 17, le général Saint-Cyr débloque Barcelone.
Jeudi 22	Départ de Chamartin. Coucher au bivouac de Gadarassina.	
V. 23	Coucher au bivouac de Villacastin.	
S. 24	Coucher à Arevalo.	Les Anglais commencent leur retraite.
D. 25	Coucher à Tordesillas.	
L. 26	Séjour.	
M. 27	Coucher à Medina de Rio Seco.	
M. 28	Coucher à Valderas.	
J. 29	*Id.*	
V. 30	Coucher à Benavente.	
S. 31	*Id.*	
1809		
Janvier.		
Dimanche 1er	Coucher à Astorga.	
L. 2	*Id.*	
3, 4 et 5	Coucher à Benavente.	
V. 6	Coucher à Valladolid.	
Du 7 au 16	Séjour.	
M. 17	Départ de Valladolid.	
M. 18	En route.	
J. 19	Arrivée à Bayonne.	
20, 21, 22	En route.	
Lundi 23	Arrivée de l'Empereur à Paris.	
Du 24 au 31	Séjour.	
Du 1er au 27	Suite du séjour à Paris.	Le 20, reddition de Saragosse.
Mardi 28	Séjour à Paris à l'Elysée.	
Mars.		
Du 1er au 8	*Id.*	
Jeudi 9	Sa Majesté va à Rambouillet.	
Du 10 au 14	Séjour à Rambouillet.	
Mercredi 15	Retour au palais de l'Élysée.	
16, 17, 18	Séjour.	
Du 19 au 23	Séjour à la Malmaison.	
Vendredi 24	Retour à l'Élysée.	
Du 25 au 31	Séjour.	
Avril.		
Du 1er au 12	Séjour à l'Elysée.	Le 9, les Autrichiens passent l'Inn.
Jeudi 13	Sa Majesté part pour l'Allemagne.	
V. 14	En route.	
S. 15	Arrivée à Strasbourg à 4 heures du matin. Départ 6 heures après.	
D. 16	En route.	Affaire de Landshut.
L. 17	Arrivée à Donauwœrth à 2 heures du matin.	
M. 18	Coucher à Ingolstadt.	
M. 19	Sa Majesté porte son quartier général à Vohburg.	Combats de Pfaffenhofen et d'Abensberg. Combat de Peising. Bataille de Thann.
J. 20	Coucher à Abensberg.	Bataille d'Abensberg.
V. 21	Coucher à Landshut.	Combat et prise de Landshut.
S. 22	Coucher à Eglesheim.	Bataille d'Eckmühl.
D. 23	Coucher à la Carthausenbrieff.	Prise de Ratisbonne.
L. 24	Coucher à Ratisbonne.	
M. 25	Séjour.	
M. 26	Coucher à Landshut.	
J. 27	Coucher à Mühldorf.	
V. 28	Coucher à Burghausen.	
S. 29	Séjour.	
D. 30	*Id.*	L'armée d'Italie reprend l'offensive.

DATES	SÉJOURS	ÉVÉNEMENTS
Mai.		
Lundi 1er	Coucher à Ried.	Sa Majesté entre en Autriche.
M. 2	Coucher à Lambach.	
M. 3	Coucher au bivouac d'Ebelsberg.	Combat d'Ebelsberg.
J. 4	Coucher à Enns.	
5 et 6	Séjour à Enns.	
D. 7	Coucher à Mœlk.	
L. 8	Coucher à Saint-Pœlten.	
M. 9	Séjour à Saint-Pœlten.	
M. 10	Coucher à Schœnbrünn.	L'armée arrive sous les murs de Vienne.
Du 11 au 17	Séjour à Schœnbrünn.	Le 13, occupation de la cité de Vienne.
Jeudi 18	Coucher à Ebersdorf.	
V. 19	Séjour.	
S. 20	Sa Majesté bivouaque sur le Danube.	
D. 21	*Id.*	
L. 22	Sa Majesté revient coucher à Ebersdorf.	Bataille d'Essling.
Du 23 au 31	Séjour à Ebersdorf.	Le 29, arrivée du prince Eugène à Ebersdorf.
		Le 31, mort du duc de Montebello.
Juin.		
Du 1er au 3	Suite du séjour à Ebersdorf.	
Dimanche 4	Sa Majesté va coucher à Schœnbrünn.	Le prince Eugène commence la campagne.
Du 5 au 30	Séjour à Schœnbrünn.	Le 10, publication du décret qui réunit Rome à l'Empire.
		Le 14, bataille de Raab (prince Eugène).
		Le 22, capitulation de Raab.
Juillet.		
Samedi 1er	Sa Majesté établit son quartier général dans l'île	
2, 3, 4	Séjour dans l'île Lobau.	Le 3, l'armée commence le passage du Danube.
Mercredi 5	Sa Majesté bivouaque dans la plaine d'Enzersdorf.	Bataille d'Enzersdorf.
J. 6	Séjour au bivouac.	*Bataille de Wagram.*
V. 7	Quartier général à Wolkersdorf.	
8 et 9	Séjour.	
L. 10	Départ à 4 heures du matin. Sa Majesté s'arrête quelques heures à Wilfersdorf et va coucher à Laa.	
M. 11	Sa Majesté couche au camp devant Znaym.	Combat de Znaym.
M. 12	*Id.*	Signature de l'armistice.
J. 13	Retour à Schœnbrünn.	
Du 14 au 31	Séjour.	Le 28, bataille de Talavera (Espagne).
		Le 30, débarquement des Anglais à Flessingue.
Août.		
Du 1er au 30	Séjour à Schœnbrünn.	Le 11, bataille d'Alménaïde (Espagne).
		Le 15, capitulation de Flessingue.
		Le 16, ouverture des conférences d'Altemburg.
Jeudi 31	Départ pour Raab. Sa Majesté y couche.	
Septembre.		
Vendredi 1er	Retour à Schœnbrünn à 3 heures après midi.	
Du 2 au 7	Séjour.	
V. 8	Sa Majesté va coucher à Krems.	
S. 9	Retour à Schœnbrünn.	
Du 10 au 14	Séjour.	
Vendredi 15	Sa Majesté part pour faire une tournée en Moravie.	
S. 16	Arrivée à Brünn dans la nuit.	
D. 17	Séjour à Brünn.	
L. 18	Coucher à Akgen.	
M. 19	Retour et coucher à Schœnbrünn.	

DATES	SÉJOURS	ÉVÉNEMENTS
Du 20 au 30	Séjour à Schœnbrünn.	Le 28, M. de Champagny revient d'Altemburg.
Octobre.		
Du 1er au 15	Séjour à Schœnbrünn.	Le 14, signature de la paix à Vienne.
L. 16	Départ de Sa Majesté à 3 heures après midi. Coucher à Malk.	
M. 17	Départ de Malk.	
M. 18	Arrivée à Passau.	
J. 19	Départ de Passau à 9 heures du matin.	Échange des ratifications.
V. 20	Arrivée à Nymphenburg.	
S. 21	Séjour.	Le contre-amiral Baudin sort de Toulon avec trois vaisseaux et un convoi pour Barcelone.
D. 22	Départ à 5 heures du matin.	
L. 23	Sa Majesté passe à Strasbourg à midi.	
24 et 25	En route.	Le 24 au soir, deux des vaisseaux du contre-amiral Baudin échouent sur les côtes de Cette et se brûlent le 26. Le *Borée* et une frégate entrent à Cette.
Jeudi 26	Sa Majesté arrive à Fontainebleau.	
V. 27	Séjour.	Signature de la convention militaire à Vienne.
Du 28 au 31	Suite du séjour.	
Novembre.		
Du 1er au 13	Suite du séjour à Fontainebleau.	Le 13, le roi de Saxe arrive à Paris.
Mardi 14	Sa Majesté arrive à Paris.	
Du 15 au 30	Séjour à Paris.	Le 30, arrivée du roi de Naples à Paris.
Décembre.		
Vendredi 1er	Suite du séjour à Paris.	Arrivée des rois de Wurtemberg et de Hollande.
Du 2 au 15	Suite du séjour à Paris.	Le 8, arrivée du vice-roi. Le 10, capitulation de Gironne. Le 11, départ du roi de Saxe.
Samedi 16	L'Empereur va à Trianon.	Dissolution du mariage de l'Empereur et de l'Impératrice Joséphine.
Du 17 au 25	Séjour à Trianon.	Le 22, arrivée du roi et de la reine de Bavière à Paris.
Mardi 26	Retour à Paris à midi.	Évacuation de Flessingue par les Anglais.
Du 27 au 31	Séjour à Paris.	
1810		
Janvier.		
Du 1er au 31	Séjour à Paris.	Le 6, paix avec la Suède.
Février.		
Jeudi 1er	*Id.*	Entrée du roi d'Espagne à Séville.
Du 2 au 6	*Id.*	
Mercredi 7	*Id.*	Signature du contrat de mariage entre l'Empereur et la princesse Marie-Louise d'Autriche.
Du 8 au 19	*Id.*	
Mardi 20	Sa Majesté va coucher à Grignon.	
M. 21	Sa Majesté va à Rambouillet.	
J. 22	Séjour à Rambouillet.	
V. 23	Retour à Paris.	
Du 24 au 28	Séjour à Paris.	
Mars.		
Du 1er au 19	Suite du séjour à Paris.	
Mardi 20	L'Empereur va coucher à Compiègne.	
Du 21 au 26	Séjour à Compiègne.	
Mardi 27	*Id.*	Arrivée de l'impératrice Marie-Louise à Compiègne à 9 heures et demie du soir.
28 et 29	*Id.*	
V. 30	Départ. L'Empereur et l'Impératrice dînent à Saint-Cloud.	

DATES	SÉJOUR	ÉVÉNEMENTS
S. 31	Séjour à Saint-Cloud.	
Avril.		
D. 1er	*Id.*	Mariage civil de l'Empereur à Saint-Cloud.
L. 2	L'Empereur vient à Paris.	Mariage devant l'Église à Paris (fêtes).
M. 3	Séjour à Paris.	
M. 4	Leurs Majestés vont coucher à Saint-Cloud.	
J. 5	Leurs Majestés vont coucher à Compiègne.	
Du 6 au 26	Séjour à Compiègne.	
V. 27	Départ. L'Empereur couche à Saint-Quentin.	
S. 28	Coucher à Cambrai.	
D. 29	Coucher à Lacken.	
L. 30	Coucher à Anvers.	
Mai.		
M. 1er		
M. 2		
J. 3		
V. 4		
S. 5		
D. 6	Sa Majesté part pour Bois-le-Duc où elle couche.	
L. 7	Séjour.	
M. 8	Coucher à Berg-op-Zoom.	
M. 9	Coucher à Middelburg.	
J. 10	Séjour dans l'île de Walcheren.	
V. 11	Séjour à Middelburg.	
S. 12	*Id.*	
D. 13	Sa Majesté revient coucher à Anvers.	
L. 14	Coucher à Lacken.	Capitulation de Lerida.
15 et 16	Séjour à Lacken.	
J. 17	Départ à 8 heures du matin. Arrivée à Gand.	
V. 18	Départ de Gand à 4 heures du matin. L'Empereur parcourt la côte de l'Escaut. Il arrive à Bruges à 9 heures du soir. L'Impératrice était venue directement à Bruges.	
S. 19	Séjour à Bruges.	
D. 20	Coucher à Ostende.	
L. 21	Coucher à Dunkerque.	
M. 22	Coucher à Lille.	
M. 23	Séjour à Lille.	
J. 24	Coucher à Calais.	
V. 25	Coucher à Boulogne.	
S. 26	Coucher à Dieppe.	
D. 27	Coucher au Havre.	
28 et 29	Séjour au Havre.	
Mercredi 30	Coucher à Rouen.	
J. 31	Séjour à Rouen.	
Juin.		
V. 1er	Retour à Saint-Cloud.	
Du 2 au 30	Séjour à Saint-Cloud.	
Juillet.		
Du 1er au 5	Séjour à Saint-Cloud.	
Vendredi 6	Départ de l'Empereur pour Rambouillet.	
Du 7 au 16	Séjour à Rambouillet.	Le 8, décret qui réunit la Hollande à l'Empire. Le 12, reddition de Ciudad-Rodrigo.
Mardi 17	Retour à Saint-Cloud.	
18 et 19	Séjour à Saint-Cloud.	
V. 20	L'Empereur va coucher à Paris.	
21 et 22	Séjour à Paris.	
L. 23	Sa Majesté revient coucher à Saint-Cloud.	
Du 24 au 31	Séjour à Saint-Cloud.	
Août.		
Mercredi 1er	Séjour à Saint-Cloud.	
J. 2	Sa Majesté va coucher à Trianon.	

DATES	SÉJOURS	ÉVÉNEMENTS
Du 3 au 10..................	Séjour à Trianon.	
Samedi 11..................	Retour à Saint-Cloud.	
12 et 13..................	Séjour à Saint-Cloud.	
M. 14..................	Sa Majesté va coucher à Paris.	
M. 15..................	Retour à Saint-Cloud.	
Du 16 au 31..................	Séjour à Saint-Cloud.	
Septembre.		
Du 1er au 20..................	Séjour à Saint-Cloud.	
V. 21..................	L'Empereur va coucher à Paris.	
22 et 23..................	Séjour à Paris.	
L. 24..................	Sa Majesté va coucher à Fontainebleau.	
Du 25 au 30..................	Séjour à Fontainebleau.	
Octobre.		
Du 1er au 31..................	Séjour à Fontainebleau.	
Novembre.		
Du 1er au 15..................	Séjour à Fontainebleau.	
V. 16..................	Retour à Paris.	
Du 17 au 30..................	Séjour à Paris.	
Décembre.		
Du 1er au 31..................	Séjour à Paris.	
1811		
Janvier.		
Du 1er au 31..................	Séjour à Paris.	
Février.		
Du 1er au 28..................	Suite du séjour à Paris.	
Mars.		
Du 1er au 31..................	Suite du séjour à Paris.	Le 20, naissance du roi de Rome.
Avril.		
Du 1er au 19..................	*Id.*	
Samedi 20..................	L'Empereur va coucher à Saint-Cloud.	
Du 21 au 30..................	Séjour à Saint-Cloud.	
Mai.		
Du 1er au 13..................	*Id.*	
Mardi 14..................	L'Empereur va coucher à Rambouillet.	
Du 15 au 21..................	Séjour.	
Mercredi 22..................	Départ de Rambouillet. L'Empereur va coucher à Caen.	
23, 24, 25..................	Séjour à Caen.	
D. 26..................	Coucher à Cherbourg.	
27, 28, 29..................	Séjour à Cherbourg.	
J. 30..................	Coucher à Saint-Lô.	
V. 31..................	Coucher à Alençon.	
Juin.		
S. 1er..................	Séjour à Alençon.	
D. 2..................	Coucher à Chartres.	
L. 3..................	Séjour à Chartres.	
M. 4..................	Retour de Sa Majesté à Saint-Cloud.	
5, 6, 7..................	Séjour à Saint-Cloud.	
S. 8..................	L'Empereur va coucher à Paris.	
D. 9..................	Sa Majesté va coucher à Saint-Cloud.	Baptême du roi de Rome, à Paris.
Du 10 au 30..................	Séjour à Saint-Cloud.	Le 28, prise de Tarragone.
Juillet.		
Du 1er au 9..................	Suite du séjour à Saint-Cloud.	
Mercredi 10..................	Coucher à Trianon.	
Du 11 au 22..................	Séjour à Trianon.	
Mardi 23..................	Retour à Saint-Cloud.	
Du 24 au 31..................	Séjour à Saint-Cloud.	

DATES	SÉJOURS	ÉVÉNEMENTS
Août.		
Du 1er au 5	Séjour à Saint-Cloud.	
Mardi 6	Sa Majesté va coucher à Rambouillet.	
Du 7 au 12	Séjour à Rambouillet.	
Mardi 13	L'Empereur vient coucher à Saint-Cloud.	
M. 14	Sa Majesté vient coucher à Paris.	
J. 15	Retour et coucher à Saint-Cloud.	
Du 16 au 22	Séjour à Saint-Cloud.	
V. 23	Coucher à Trianon.	
Du 24 au 28	Séjour à Trianon.	
J. 29	Coucher à Compiègne.	
30 et 31	Séjour à Compiègne.	
Septembre.		
Du 1er au 18	Suite du séjour à Compiègne.	
J. 19	L'Empereur va coucher à Boulogne.	
20 et 21	Séjour.	
D. 22	Coucher à Ostende.	
L. 23	Coucher à Breskens.	
M. 24	Coucher à bord du *Charlemagne*.	
25 et 26	Séjour à bord en rade de Flessingue.	
V. 27	Coucher à Flessingue.	
S. 28	Séjour à Flessingue.	
D. 29	Coucher à Anvers.	
L. 30	Séjour. (L'Impératrice a rejoint l'Empereur.)	
Octobre.		
Du 1er au 3	Séjour à Anvers.	
Vendredi 4	Départ d'Anvers à 3 heures du matin. L'Empereur après avoir été à Willemstadt et à Helvoet-Fluys, couche dans un yacht mouillé près de Gorée.	
S. 5	Coucher à Bréda.	
D. 6	Coucher à Utrecht.	
7 et 8	Séjour.	
Mercredi 9	L'Empereur fait son entrée à Amsterdam.	
Du 10 au 14	Séjour à Amsterdam.	
Mardi 15	L'Empereur part pour visiter le Helder, le Texel et le Nord-Hollande. Sa Majesté couche au Helder.	
M. 16	Sa Majesté visite le Helder et les passes et revient coucher au Helder.	
J. 17	Retour à Amsterdam.	
Du 18 au 23	Séjour à Amsterdam.	
J. 24	L'Empereur quitte Amsterdam, passe à Harlem, visite l'écluse de Cadwick et vient coucher à La Haye.	
V. 25	Arrivée à Rotterdam.	
S. 26	Séjour. A midi départ.	
D. 27	L'Empereur traverse Attrich et va coucher au château de Loo.	
L. 28.	Coucher à Zwolle (l'Impératrice reste au Loo).	
M. 29	Coucher au Loo.	
M. 30	Coucher à Nimègue.	
J. 31	Arrivée à Wesel. (L'Impératrice part de Nimègue pour se rendre directement à Dusseldorf.)	
Novembre.		
V. 1er	Séjour à Wesel.	
S. 2	L'Empereur arrive à midi à Dusseldorf.	
3 et 4	Séjour à Dusseldorf.	
Mardi 5	Leurs Majestés couchent à Cologne.	
M. 6	Séjour à Cologne. (Revue à Bonn.)	
J. 7	Coucher à Liège.	
V. 8	Coucher à Givet.	
S. 9	Coucher à Mézières.	
D. 10	Coucher à Compiègne.	
L. 11	Coucher à Saint-Cloud.	

DATES	SÉJOURS	ÉVÉNEMENTS
Du 12 au 29	Séjour à Saint-Cloud.	
L. 30	L'Empereur vient coucher à Paris.	
Décembre.		
Du 1er au 31	Séjour à Paris.	
1812		
Janvier.		
Du 1er au 31	Suite du séjour à Paris.	Le 9, prise de Valence.
Février.		
Du 1er au 14	*Id.*	
Samedi 15	*Id.* (coucher à l'Élysée).	
Du 16 au 29	*Id.* *id.*	
Mars.		
Du 1er au 29	Suite du séjour à l'Élysée.	
L. 30	Sa Majesté va coucher à Saint-Cloud.	
M. 31	Séjour à Saint-Cloud.	
Avril.		
Du 1er au 30	Suite du séjour à Saint-Cloud.	
Mai.		
Du 1er au 8	*Id.*	
S. 9	Départ pour l'inspection de la grande armée à 6 heures du matin. Coucher à Châlons.	
D. 10	Coucher à Metz.	
L. 11	Coucher à Mayence.	
M. 12	Séjour.	
M. 13	Coucher à Würtzburg.	
J. [illegible]	Coucher à Bayreuth.	
V. 15	Coucher à Plauen.	
S. 16	Arrivée à Dresde.	
Du 17 au 28	Séjour à Dresde.	Le 18, arrivée à Dresde de l'empereur et de l'impératrice d'Autriche. Le 26, arrivée du roi de Prusse.
V. 29	Coucher à Glogau.	
S. 30	Coucher à Posen.	
D. 31	Séjour à Posen.	
Juin.		
L. 1	*Id.*	
M. 2	Départ à 6 heures du matin. Arrivée à Thorn à 6 heures du soir.	
3, 4 et 5	Séjour à Thorn.	
S. 6	Départ de Thorn à 2 heures après midi.	
D. 7	Arrivée à Danzig à 8 heures du soir.	
8, 9, 10	Séjour à Danzig.	
Jeudi 11	Coucher à Marienburg.	
V. 12	Coucher à Kœnigsberg.	
Du 13 au 16	Séjour à Kœnigsberg.	
Mercredi 17	Départ. Déjeuner à Wiblen. Coucher à Insterburg.	
J. 18	Coucher à Gumbinnen.	
19 et 20	Séjour.	
D. 21	Coucher à Wilkowyszki.	
L. 22	Coucher au bivouac de Naugardyszki.	
M. 23	Coucher au bivouac devant Kauen.	
M. 24	Coucher à Kovno.	Passage du Niemen. Commencement des hostilités.
25 et 26	Séjour.	
S. 27	Coucher à la ferme de Owzianiskia, près Evé.	
D. 28	Entrée à Vilna.	Combat de Deweltovo livré par le duc de Reggio au comte Wittgenstein.
29 et 30	Séjour.	
Juillet.		
Du 1er au 15	Suite du séjour à Vilna.	

DATES	SÉJOURS	ÉVÉNEMENTS
Jeudi 16	Départ de Vilna à 10 heures du soir.	
V. 17	Sa Majesté passe une partie du jour à Sventsiany.	
S. 18	Arrivée à Glouboko͏̈ie.	Le 20, le prince d'Eckmühl entre à Mohilef.
19, 20, 21	Séjour à Gloubokoïe.	Perte de la bataille de la Tornus par le duc de Raguse (près Salamanque).
Mercredi 22	Départ de Gloubokoïe.	Combat contre Bagration, en avant de Mohilef.
J. 23	L'Empereur s'arrête [illegible] Ouchatch et vient coucher à Kamen.	
V. 24	L'Empere[illegible] vient coucher à Biéchenkovitchi; il oc[illegible]upe le château de M. Chreptowicki.	
S. 25	S[illegible]jour à Biéchenkovitchi.	Premier combat d'Ostrowno.
D. 26	Coucher au bivouac à 3 lieues en avant d'Ostrowno, à gauche de la route de Vitebsk.	Deuxième combat d'Ostrowno.
L. 27	Coucher au bivouac vis-à-vis de Vitebsk.	Troisième combat d'Ostrowno.
M. 28	Sa Majesté entre à Vitebsk et va coucher au bivouac en avant d'Agaponowitschina.	
M. 29	L'Empereur revient à Vitebsk.	
30 et 31	Séjour à Vitebsk.	
Août.		
Du 1er au 12	Suite du séjour à Vitebsk.	Le 1er, combat de Bioloc, sur la Drissa (duc de Reggio).
Jeudi 13	Départ à une heure du matin. Coucher au bivouac de Rossasna.	
V. 14	Coucher au bivouac de Boyarintsova, entre Liadoni et Krasnoï.	Combat de Krasnoï.
S. 15	Coucher au bivouac près la porte de Korouitnia.	
D. 16	Coucher au bivouac devant Smolensk, à droite de la route. Première [illegible]ition.	
[illegible]	[illegible]ivouac [illegible]evant [illegible] [illegible], p[illegible]us près de la route. Deuxième position.	[illegible]
M. 18	L'Empereur couche à Smolensk.	Deuxième combat de Polotsk.
Du 19 au 23	Séjour à Smolensk.	Le 19, combat de Voloutina.
L. 24	Départ de Smolensk à minuit.	
M. 25	Coucher à Dorogobouje.	
M. 26	Départ de Dorogobouje à 11 heures du soir.	
J. 27	Arrivée à 5 heures du matin à Jaszkhowo, près la porte de Slavkovo. Départ à 11 heures du soir.	
V. 28	L'Empereur passe la matinée au château de Ronibki et va coucher sur les hauteurs à 2 lieues en arrière de Viazma, au château de	
S. 29	Sa Majesté entre à Viazma.	
D. 30	Séjour à Viazma.	
L. 31	Coucher à Velitchevo.	
Septembre.		
M. 1	Combat à Ghjatsk.	
2 et 3	Séjour.	
V. 4	Coucher au bivouac près de Ghridneva.	
S. 5	Coucher sur les hauteurs de Borodino.	Combat de Borodino.
D. 6	*Id.*	
L. 7	Coucher sur le champ de bataille auprès de la première redoute enlevée.	Bataille de la Moskowa.
M. 8	Coucher au village de ...... à 1/4 de lieue en arrière de Mojaïsk.	
M. 9	Coucher à Mojaïsk.	
10 et 11	Séjour.	
S. 12	Coucher à Potolina, près de Preobrajenskoe et Tatarki.	
D. 13	L'Empereur porte son quartier général 3 lieues plus loin, au château de Borisovka, près Nicolskoe.	
L. 14	L'Empereur couche à Moscou dans une maison du faubourg de Mojaïsk.	Entrée à Moscou.

DATES	SÉJOURS	ÉVÉNEMENTS
M. 15	Coucher au Kremlin.	
M. 16	Coucher à Petrowskoe, près Moscou.	
J. 17	Séjour à Petrowskoe.	
V. 18	Coucher au Kremlin.	
Du 19 au 30	Séjour au Kremlin.	
Octobre.		
Du 1er au 18	Suite du séjour au Kremlin.	
Lundi 19	Départ de Moscou. L'Empereur va coucher au delà de Desna, au château de Troïtskoïe.	
M. 20	Séjour.	
M. 21	Déjeuner au château Soltikof. Coucher au château d'Ignatovo.	
J. 22	Coucher à Fominskiya.	
V. 23	Coucher à Borovsk.	
S. 24	Coucher au bivouac de Ghorodnia.	
D. 25	Sa Majesté après avoir été à Maloiaroslawetz revient coucher à Ghorodnia.	
L. 26	L'Empereur revient coucher à Borovsk.	
M. 27	Coucher à Vereya.	
M. 28	Coucher au château d'Oupinskoïe, entre Mojaïsk et Borodino.	
J. 29	Coucher à Ghjatsk.	
V. 30	Coucher à Velitchevo.	
S. 31	Coucher à Viazma.	
Novembre.		
D. 1er	Séjour à Viazma.	
L. 2	Coucher à Semlevo.	
M. 3	Coucher au château de Jaszkhovo, près de Slavkovo.	
M. 4	Séjour à Slavkovo.	
J. 5	Coucher à Dorogobouje.	
V. 6	Coucher à Mikhaïlovka.	
S. 7	Coucher à un château près Pnevo.	
D. 8	Coucher à Ghoredikino.	
L. 9	Coucher à Smolensk.	
Du 10 au 13	Séjour.	
S. 14	Coucher à Korouitnia.	
D. 15	Coucher à Krasnoï.	
L. 16	Séjour.	
M. 17	Coucher à Liadoni.	Combat de Krasnoï.
M. 18	Coucher à Doubrovna.	
J. 19	Coucher à Orcha.	
V. 20	Coucher à Baran.	
S. 21	Coucher à Kamienka.	
D. 22	Coucher à Tolotchine.	
L. 23	Coucher à Bobr.	
M. 24	Coucher à Lochnitsa	
M. 25	Coucher à Borisov-Staroï.	
J. 26	Coucher à Stoudienka.	Passage de la Beresina.
V. 27	Coucher à Zanivki.	
S. 28	Séjour.	Bataille de la Beresina.
D. 29	Coucher à Kamen.	
L. 30	Coucher à Plechtchennitsy.	
Décembre.		
M. 1er	Coucher à Staïki, près Nestanowitski.	
M. 2	Coucher à Selitche.	
J. 3	Coucher à Molodetchna.	
V. 4	Coucher à Benitsa.	
S. 5	Départ de Smorgoni à 8 heures du soir pour la France.	
Du 6 au 17	En route.	
18	Arrivée aux Tuileries à 11 heures du soir.	
Du 19 au 31	Séjour à Paris.	

DATES	SÉJOURS	ÉVÉNEMENTS
1813		
Janvier.		
Du 1er au 18	Suite du séjour à Paris.	
Mardi 19	L'Empereur va coucher à Fontainebleau.	
Du 20 au 26	Séjour à Fontainebleau.	Le 25, signature du Concordat.
Mercredi 27	Retour à Paris.	
Du 28 au 31	Séjour à Paris.	
Février.		
Du 1er au 28	Séjour à Paris.	
Mars.		
Du 1er au 6	Suite du séjour à Paris.	
D. 7	Coucher à Trianon.	
Du 8 au 14	Séjour à Trianon.	
L. 15	Revue au Champ-de-Mars. Retour à Trianon le soir.	
Du 16 au 22	Séjour à Trianon.	
Mardi 23	L'Empereur vient coucher à Paris.	
Du 24 au 27	Séjour à Paris.	
D. 28	Coucher à l'Elysée.	
29, 30, 31	Séjour à l'Elysée.	
Avril.		
Du 1er au 6	Suite du séjour à l'Élysée.	Le 1er, communication au Sénat, rupture avec la Prusse.
Mercredi 7	L'Empereur vient coucher à Saint-Cloud.	
Du 8 au 14	Séjour à Saint-Cloud.	
J. 15	Départ de l'Empereur à 4 heures du matin pour Mayence.	
V. 16	En route.	
S. 17	Arrivée à Mayence à 2 heures du matin.	
Du 18 au 23	Séjour à Mayence.	
S. 24	Départ de Mayence à 8 heures du soir.	
D. 25	Arrivée à Erfurt à 9 heures du soir.	
26 et 27	Séjour à Erfurt.	
Mercredi 28	Passage à Weimar. Coucher à Eckartsberga.	
J. 29	Coucher à Naumburg.	
V. 30	Coucher à Weissenfels.	
Mai.		
S. 1er	Coucher à Lützen.	Mort du duc d'Istrie.
D. 2	*Id.*	Bataille de Lutzen.
L. 3	Coucher à Pegau.	
M 4	Coucher à Borna.	
M. 5	Coucher à Colditz.	
J. 6	Coucher à Waldheim.	
V. 7	Coucher à Nossen.	
S. 8	Entrée à Dresde.	
Du 9 au 17	Séjour à Dresde.	
M. 18	Coucher à Hartau.	
M. 19	Coucher à Kleinfortchen en deçà de Bautzen.	
J. 20	Coucher à Bautzen.	Première bataille de Bautzen. Passage de la Sprée.
V. 21	Coucher sur le champ de bataille près Baschütz.	Deuxième bataille à Wurschen, près Hochkirch.
S. 22	Coucher sous la tente près Makersdorf.	
D. 23	Coucher à Görlitz.	Mort du duc de Frioul, blessé à Makersdorf la veille.
L. 24	Séjour.	
M. 25	Coucher à Bunzlau.	
M. 26	Séjour.	
J. 27	Coucher à Liegnitz.	
V. 28	Séjour.	
S. 29	Coucher à Rosnig.	
D. 30	Coucher à Neumarkt.	
L. 31	Séjour.	

DATES	SÉJOURS	ÉVÉNEMENTS
Juin.		
Du 1er au 4	Suite du séjour à Neumarkt.	Le 1er, entrée à Breslau. Suspension d'armes.
S. 5	Coucher à Liegnitz.	Le 4, signature de l'armistice.
D. 6	Coucher à Haynau.	
L. 7	Coucher à Bunzlau.	
M. 8	Coucher à Görlitz.	
M. 9	Coucher quelques heures à Bautzen.	
J. 10	Arrivée à Dresde à 4 heures du matin, logé à la maison Marcolini.	
Du 11 au 30	Séjour à Dresde.	Perte de la bataille de Vittoria, en Espagne.
Juillet.		
Du 1er au 9	Suite du séjour à Dresde.	
Samedi 10	Déjeuner à Torgau. Coucher à Wittenberg.	
D. 11	Coucher à Dessau.	
L. 12	Coucher à Magdeburg.	
M. 13	Coucher à Leipzig.	
M. 14	Départ de Leipzig à 6 heures du soir.	
J. 15	Arrivée à Dresde à 3 heures du matin.	
16, 17, 18, 19	Séjour à Dresde.	
Mardi 20	Coucher à Luckau.	
M. 21	L'Empereur va à Lübben et revient coucher le	
J. 22	22 à Dresde à 4 heures du matin.	
23 et 24	Séjour à Dresde.	
D. 25	Départ de Dresde à 4 heures du matin.	
L. 26	Coucher à Mayence.	L'Impératrice était arrivée à Mayence le même jour.
Du 27 au 31	Séjour à Mayence.	
Août.		
Dimanche 1er	Départ de Mayence à 6 heures du soir.	
2 et 3	En route par Würzburg, Bamberg, Bayreuth et Plauen.	
Mercredi 4	Arrivée à Dresde à 9 heures du matin.	
Du 5 au 14	Séjour à Dresde.	
D. 15	Départ de Dresde à 5 heures du soir. Coucher à Bautzen.	
L. 16	Séjour.	
M. 17	Coucher à Reichenbach	
M. 18	Coucher à Görlitz.	
J. 19	Coucher à Zittau.	Prise de Gabel. Entrée en Bohème.
V. 20	Retour à Görlitz. Coucher à Lauban.	
S. 21	Coucher à Lœvenberg.	Combat de Lœvenberg, en Silésie.
D. 22	Séjour.	
L. 23	L'Empereur revient coucher à Görlitz.	
M. 24	Coucher à Bautzen.	
M. 25	Coucher à Stolpen.	
J. 26	Arrivée à Dresde à 10 heures du matin.	Attaque des alliés sur Dresde.
Du 27 au 31	Séjour à Dresde.	Le 27, bataille de Dresde. Le 30, malheureuse affaire du général Vandamme.
Septembre.		
1 et 2	Séjour à Dresde.	
Vendredi 3	Coucher à Hartau.	
S. 4	Coucher à Hockerke.	Combat de Weissenberg.
D. 5	Coucher à Bautzen.	Combat de Reichenbach. Reprise de Görlitz.
L. 6	Retour à Dresde à 6 heures du soir.	Retraite du maréchal Ney.
M. 7	Séjour à Dresde.	
M. 8	Coucher à Dohna.	Combat de Dohna.
J. 9	Coucher à Liebstadt.	
V. 10	Coucher à Breitenau.	La grande armée alliée est rejetée en Bohème.
S. 11	Coucher à Pirna.	

DATES	SÉJOURS	ÉVÉNEMENTS
D. 12	Retour à Dresde.	
13 et 14	Séjour.	
Mercredi 15	Coucher à Pirna.	
J. 16	Coucher à Peterswalde.	
V. 17	Séjour.	Combat entre Bollendorf et Kulm.
S. 18	Coucher à Pirna.	
19 et 20	Séjour.	
M. 21	Coucher à Dresde.	
M. 22	Coucher à Hartau.	
J. 23	Séjour.	
V. 24	Coucher à Dresde.	
Du 25 au 30	Séjour à Dresde.	
Octobre.		
Du 1er au 6	Suite du séjour à Dresde.	
Jeudi 7	Départ. Déjeuner à Meissen. Coucher à Seerhausen près Oschatz.	
V. 8	Coucher à Wurzen.	
S. 9	Coucher à Eilenburg.	
D. 10	Coucher à Düben.	
Du 11 au 14	Séjour.	
V. 15	Coucher à Reudnitz près Leipzig.	
S. 16	Coucher au bivouac sur le champ de bataille près Liebertwolkwitz.	Bataille de Wachau près Leipzig.
D. 17	Séjour sous la tente.	
L. 18	Coucher à Leipzig à l'auberge de Prusse.	Deuxième bataille de Leipzig.
M. 19	Coucher à Markrannstædt.	Évacuation de Leipzig.
M. 20	Coucher à Weissenfels.	
J. 21	Coucher à Eckartsberga.	Combat de Freyburg.
V. 22	Coucher à Erfurt. L'Empereur s'est arrêté quelques heures à Ollendorf.	
23 et 24	Séjour à Erfurt.	
L. 25	Coucher à Gotha.	
M. 26	Coucher à Wach.	
M. 27	Coucher à Hunfeld.	
J. 28	Coucher à Schlüchtern.	
V. 29	Coucher à Langenselbold.	
S. 30	Coucher au bivouac près Hanau.	Bataille de Hanau.
D. 31	Coucher à Francfort.	
Novembre.		
L. 1er	Coucher à Höchst.	
M. 2	Arrivée à Mayence à 5 heures du matin.	
Du 3 au 6	Séjour.	
Dimanche 7	Départ à 10 heures du soir.	
L. 8	En route.	
M. 9	Arrivée à Saint-Cloud à 5 heures du soir.	
Du 10 au 19	Séjour à Saint-Cloud.	
L. 20	Coucher à Paris.	
Du 21 au 30	Séjour à Paris.	
Décembre.		
Du 1er au 31	Suite du séjour à Paris.	
1814		
Janvier.		
Du 1er au 24	Suite du séjour à Paris.	
Mardi 25	Départ à 6 heures du matin. Arrivée à Châlons à minuit.	
M. 26	Coucher à Vitry.	
J. 27	Coucher à Saint-Dizier.	
V. 28	Coucher à Montiérender.	
S. 29	Coucher à Maizières.	Combat de Brienne.
D. 30	Coucher à Brienne.	
L. 31	Séjour à Brienne.	
Février.		
M. 1er	Coucher à Brienne.	Combat de la Rothière.

DATES	SÉJOURS	ÉVÉNEMENTS
M. 2	Coucher à Piney.	
J. 3	Coucher à Troyes.	
4 et 5	*Id.*	
D. 6	Coucher au Grès.	
L. 7	Coucher à Nogent-sur-Seine.	
M. 8	*Id.*	
M. 9	Coucher à Sézanne.	
J. 10	Coucher à Champaubert.	Combat de Champaubert.
V. 11	Coucher à la ferme des Grenaux près la Haute-Epine, entre Montmirail et Vieux-Maisons.	Bataille de Montmirail.
S. 12	Coucher à Nesles (1) vis-à-vis de Château-Thierry.	Combat de Château-Thierry.
D. 13	Coucher à Château-Thierry.	
L. 14	Coucher à Montmirail.	Bataille de Vauchamps.
M. 15	Coucher à Meaux.	
M. 16	Coucher à Guignes.	
J. 17	Coucher à Nangis.	Combat de Bailly entre Mormans et Nangis.
V. 18	Coucher à Surville.	Combat de Montereau.
S. 19	Séjour à Surville.	
D. 20	Coucher à Nogent-sur-Seine.	
L. 21	Séjour.	
M. 22	Coucher à Châtres près Méry.	
M. 23	Coucher au bourg des Noës à Troyes.	
24 et 25	Séjour à Troyes.	
Samedi 26	Séjour à Troyes.	Occupation de Châtillon-sur-Seine.
D. 27	Coucher au village d'Herbisse.	
L. 28	Coucher au château d'Esternay.	
Mars.		
M. 1er	Coucher à Jouarre, près la Ferté.	
M. 2	Coucher à la Ferté-sous-Jouarre.	
J. 3	Coucher à Bezu-Saint-Germain.	
V. 4	Coucher à Fismes.	
S. 5	Coucher à Berry-au-Bac.	
D. 6	Coucher à Corbeny.	
L. 7	Coucher à Bray-en-Laonnais.	Bataille de Craonne.
M. 8	Coucher à Chavignon.	
9 et 10	Séjour.	
V. 11	Coucher à Soissons.	
S. 12	Séjour.	
D. 13	Départ de Soissons à 9 heures du matin.	
L. 14	Entrée à Reims à 2 heures du matin.	
15 et 16	Coucher à Reims.	
J. 17	Coucher à Epernay.	
V. 18	Coucher à Fère-Champenoise.	
S. 19	Coucher à Planey.	
D. 20	Coucher à Arcis-sur-Aube.	Premier combat d'Arcis-sur-Aube.
L. 21	Coucher à Sompuis.	Deuxième combat d'Arcis.
M. 22	Coucher au Plessis, près d'Orconte.	
M. 23	Coucher à Saint-Dizier.	
J. 24	Coucher à Doulevant.	
V. 25	Séjour.	
S. 26	Coucher à Saint-Dizier.	Combat à Saint-Dizier.
D. 27	*Id.*	
L. 28	Coucher à Doulevant.	
M. 29	Coucher à Troyes.	
M. 30	L'Empereur s'arrête à la Cour de France (Fromenteau).	
J. 31	Sa Majesté revient à Fontainebleau à 7 heures du matin.	L'ennemi entre à Paris.
Avril.		
Du 1er au 19	Séjour à Fontainebleau.	
Mercredi 20	L'Empereur part de Fontainebleau.	
J. 21	Coucher à Briare.	

(1) Ferme de Lumeront.

DATES	SÉJOURS	ÉVÉNEMENTS
V. 22	Coucher à Nevers.	
S. 23	Coucher à Roanne.	
24 et 25	En route.	
M. 26	Coucher au Luc.	
M. 27	Coucher à Fréjus.	
J. 28	Séjour.	
V. 29	Embarqué à 8 heures du soir sur la frégate anglaise l'*Indomptée*.	
S. 30	En mer.	
Mai.		
Du 1er au 3	En mer.	
Mercredi 4	Débarque à Portoferrajo à 4 heures après midi.	
Du 5 mai 1814 au 25 février 1815.	Séjour à l'île d'Elbe.	
1815		
Février.		
Dimanche 26	Départ de l'île d'Elbe à 8 heures du soir sur le brick l'*Inconstant*.	
27, 28	En mer.	
Mars.		
Mercredi 1er	Débarqué au golfe Jouan à 4 heures du soir.	
J. 2	Coucher à Séranon.	
V. 3	Coucher à Barrême.	
S. 4	Coucher à Malijai.	
D. 5	Coucher à Gap.	
L. 6	Coucher à Corps.	
M. 7	Coucher à Grenoble.	
M. 8	Séjour.	
J. 9	Coucher à Bourgoin.	
V. 10	Coucher à Lyon.	
11, 12	Séjour.	
L. 13	Coucher à Mâcon.	
M. 14	Coucher à Châlon-sur-Saône.	
M. 15	Coucher à Autun.	
J. 16	Coucher à Avallon.	
V. 17	Coucher à Auxerre.	
S. 18	Séjour à Auxerre.	
D. 19	Coucher à Pont-sur-Yonne.	Louis XVIII quitte Paris.
L. 20	Rentrée de l'Empereur dans sa capitale à 8 heures du soir. Sa Majesté avait déjeuné à Fontainebleau.	
Du 21 au 31	Séjour aux Tuileries.	
Avril.	*Id.*	
Mai.	*Id.*	
Juin.		
Du 1er au 11	Suite du séjour à Paris.	
L. 12	Départ pour l'armée. Coucher à Laon.	
M. 13	Coucher à Avesnes.	
M. 14	Coucher à Beaumont.	
J. 15	Coucher à Charleroi.	
V. 16	Coucher à Fleurus.	Bataille de Fleurus.
S. 17	Coucher à la ferme des Cailloux, près Genappe.	
D. 18		Bataille entre Genappe et la forêt de Soigne, à Mont-Saint-Jean.
L. 19	A 5 heures du matin, l'Empereur était à Charleroi; à 9 heures, à Philippeville. Départ de Philippeville pour Paris.	Retraite.
M. 20	En route pour Paris.	
M. 21	Arrivée à Paris à 8 heures du matin à l'Élysée.	
J. 22		Abdication.
V. 23		
S. 24	L'Empereur se retire à la Malmaison.	
Du 25 au 28	Séjour.	
J. 29	Départ de la Malmaison.	
V. 30	Passage à Tours.	

DATES	SÉJOURS	ÉVÉNEMENTS
Juillet.		
1, 2	Passage à Poitiers. Arrivée à Niort et séjour.	
L. 3	Arrivée à Rochefort.	
M. 4	Séjour.	
M. 5	*Id.*	
6 et 7	Suite du séjour à Rochefort.	
S. 8	L'Empereur s'embarque sur la frégate la *Saale*.	
Du 9 au 14	En rade.	
S. 15	L'Empereur passe sur le *Bellerophon*.	
Du 16 au 21	En mer.	
S. 22	Arrivée dans la baie de Thorbay sur les côtes d'Angleterre.	
Du 23 juillet au 5 août	Séjour sur le *Bellerophon* dans la baie de Thorbay.	
D. 6 août	L'Empereur est transféré sur *le Northumberland*.	
Du 7 au 10	Séjour dans la baie.	
V. 11	Sortie du canal de la Manche. Départ pour Sainte-Hélène.	
Du 12 août au 15 octobre	En mer.	
L. 16	Entrée dans le port de Sainte-Hélène.	
M. 17	Débarquement.	
M. 18	Séjour aux Ronces chez M. Balcombe.	
Du 19 octobre au 16 décembre	Suite du séjour chez M. Balcombe.	
Dimanche 17 décembre	Translation de la résidence de l'Empereur à Longwood.	
Du 18 au 31	Séjour à Longwood.	
1816	*Id.*	
1817	*Id.*	
1818	*Id.*	
1819	*Id.*	
1820	*Id.*	
1821, samedi 5 mai		Mort de Napoléon à 5 h. 49 de l'après-midi.

TABLE DES MATIÈRES

PREMIÈRE PARTIE

NAPOLÉON DANS SON APPARTEMENT INTÉRIEUR

LA MATINÉE DE L'EMPEREUR DANS SON APPARTEMENT INTÉRIEUR

DEUXIÈME PARTIE

NAPOLÉON DANS SON CABINET EXTÉRIEUR ET DANS SES CONSEILS

CHAPITRE VII

CHAPITRE VIII

CHAPITRE IX

TROISIÈME PARTIE

NAPOLÉON DANS LES HEURES CONSACRÉES A LA COUR ET A L'INTIMITÉ, DANS SES GRANDS VOYAGES ET DANS SES CAMPAGNES DE GUERRE.

CHAPITRE PREMIER

CHAPITRE II

CHAPITRE III

CHAPITRE IV

CHAPITRE V

CHAPITRE VI

CHAPITRE VII

QUATRIÈME PARTIE

NAPOLÉON DANS SA PERSONNE, SON CARACTÈRE ET DANS SES OPINIONS INDIVIDUELLES

CHAPITRE PREMIER

CHAPITRE II

CHAPITRE III

CHAPITRE IV

CHAPITRE V

CHAPITRE VI

PARIS. TYPOGRAPHIE PLON-NOURRIT ET Cie, 8, RUE GARANCIÈRE. — 10

Documents manquants (pages, cahiers...)

NF Z 43-120-13

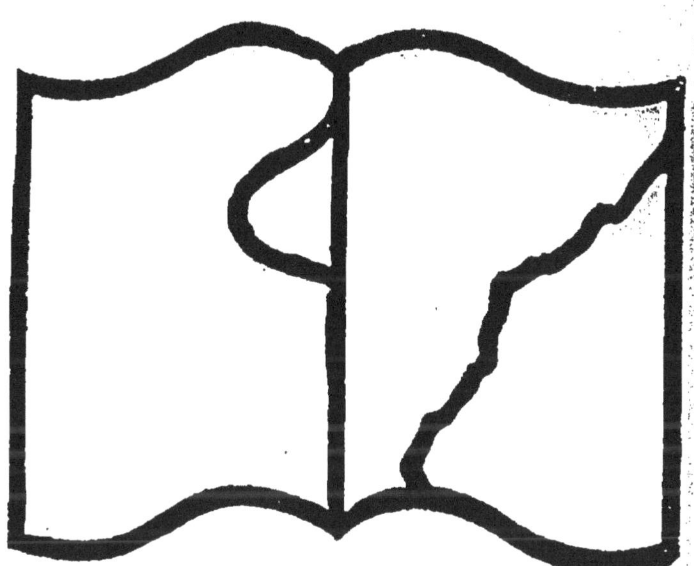

www.ingramcontent.com/pod-product-compliance
Ingram Content Group UK Ltd.
Pitfield, Milton Keynes, MK11 3LW, UK
UKHW020155250726
13967UKWH00003B/1083

9 782012 922921